Andreas Kieling
mit Sabine Wünsch
Bären, Lachse, wilde Wasser

PIPER

Zu diesem Buch

Im Frühjahr 2005 geht ein Traum endlich in Erfüllung: Auf dem legendären Chilkoot Trail ziehen der berühmte Tierfilmer Andreas Kieling und sein zwölfjähriger Sohn Erik ins Quellgebiet des Yukon River, begleitet nur von ihrem Hund Cita – Ehefrau Birgit und der jüngste Sohn Thore werden später zu ihnen stoßen. Anstrengende Märsche auf Skiern und das Abenteuer einer wochenlangen Flußfahrt auf dem Yukon liegen vor ihnen: die intensivste, aufregendste Zeit in Eriks Kindheit. Sie durchqueren das Land von Indianern, erleben hautnah kämpfende Grizzlys und die längste Lachswanderung der Erde. Wie sein Vater erliegt Erik der Faszination des Lebens in der Natur – ein Wissen, das keine Schule der Welt vermittelt und das man nur draußen lernen kann ... Das spannend erzählte Dokument einer einzigartigen Reise war auch Thema von Kielings großem ARD-Dreiteiler »Abenteuer Yukon«.

Andreas Kieling, geboren 1959 in Gotha, floh mit sechzehn aus der DDR, bereist seit 1990 als vielfach preisgekrönter Dokumentarfilmer die Welt und kam vor allem Wildtieren besonders nahe. Er lebt mit seiner Familie auf einem Bauernhof in der Eifel und veröffentlichte in zahlreichen Magazinen wie Stern und Geo. Er ist durch vielfältige TV-Auftritte als  Deutschlands Tierexperte Nr. 1 bekannt und wurde mit dem Panda Award, dem »Oscar des Tierfilms« ausgezeichnet. Zuletzt erschienen »Bären, Lachse, wilde Wasser« und »Meine Expeditionen zu den Letzten ihrer Art. Bei Berggorillas, Schneeleoparden und anderen bedrohten Arten«.

Andreas Kieling
mit Sabine Wünsch

Bären, Lachse, wilde Wasser

Als junge Familie durch Kanada und Alaska

Mit 32 Seiten farbigem Bildteil und einer Karte

Ein MALIK Buch

Piper München Zürich

Mehr über unsere Autoren und Bücher:
www.piper.de

Ohne den NDR-Naturfilm »Abenteuer Yukon« wäre diese Expedition nicht zustande gekommen. Für die Unterstützung dieser Reise danke ich den Firmen Fjällräven, Meindl, Blaser, Sachtler, Sony Video, Carl Zeiss Sports Optics, Volkswagen, Grabner, Iridium – France Télécom, Mediatec und Scubapro.
Außerdem möchte ich auf diesem Weg nochmals unseren Freunden Jim und Don sowie »meinem« Piloten Randy danken, ohne deren Hilfe vieles bedeutend schwieriger, umständlicher, wenn nicht gar unmöglich gewesen wäre.
Und nicht zuletzt danke ich meiner wunderbaren Birgit – für alles.

Für Cita,
Großvater im Wald
und Kim in den ewigen Jagdgründen

Ungekürzte Taschenbuchausgabe
1. Auflage Januar 2009
2. Auflage August 2009
© 2007 Piper Verlag GmbH, München,
erschienen im Verlagsprogramm Malik
Umschlagkonzept: semper smile, München
Umschlaggestaltung: Birgit Kohlhaas
Umschlagfotos: Andreas Kieling
Fotos: Andreas Kieling und Frank Gutsche
Karte: Eckehard Radehose, Schliersee
Satz: Satz für Satz. Barbara Reischmann, Leutkirch
Papier: Munken Print von Arctic Paper Munkedals AB, Schweden
Druck und Bindung: CPI – Clausen & Bosse, Leck
Printed in Germany   ISBN 978-3-492-25308-6

Inhalt

Prolog 7

Männerurlaub –
Mit meinem Sohn Erik auf Tour

Wieder in Alaska 10
Über die »goldene Treppe« 14
Ski ade 23
Der schlimmste Tag 29
Von Schokolade und Schlafsack, Romantik und Realität 36
»Wo sind denn all die Tiere, Papa?« 40
Abschied von Erik 46

Mein Solo-Trip

Auf der Suche nach Moschusochsen 50
Die taffe Cita 57
Wer ist hier der »Wilde«? 59
Thommy aus Hoyerswerda … 61
… und andere seltene Vögel 67
In einem Land vor unserer Zeit 69

Familienurlaub

Mit dem *Tardis* zu Papa 74
Wiedersehen am Teslin River 80
Ein Dampfer mitten im Urwald 84
Worauf haben wir uns da nur eingelassen? 88
Die »berüchtigten« Five Finger Rapids 97
Havarie 103
Meine »dritte Geburt« 115
Birgit 119
Verschnaufpause in Fort Selkirk 122
Lockruf des Goldes 125
In der Goldgräberstadt 128
Bei den Argonauten von heute 134

»Nach Golde drängt, am Golde hängt doch alles« 141
Kielings auf Goldsuche 142
Dawsons Kuriosa 145
Im Dschungel von Dawson 152
Die Flößer-Mädels 154
Welcome to Alaska 166
Bärenhatz 174
Powwow in Circle 179
Im Herzen der Yukon Flats 186
Das schwarze Gold Alaskas 199
Von verfressenen Bären und Bärenfilmern 204
Sepp, der Pilzesammler 208
Der »Bärenflüsterer« 212
Gegen den Strom 215
»Unsere kleine Farm« 218
Die letzte Etappe 227

Wieder allein unterwegs

Steve 234
Die letzten Zeugen der Eiszeit 236
Begegnung mit dem *spirit grizzly* 239
Das Geschäft mit der Jagd 242
Die Inuit-Lady Minigray 244
Auf Karibujagd 258
Schattenseiten 265
Kotzebue 270
Die Brunft der Elche 273
Im Jagdlager der Inupiaqs 277
Regen, Regen, Regen 294
Zwangsdiät 300
Ich glaub, mich tritt ein Elch 305
Endspurt 310

Nachklang 313
Nachwort von Birgit Kieling 316
Karte 318
Der Autor 320

Prolog

Kein Dock, keine Rampe, nichts, was die Arbeit an dem kaputten Kiel erleichtern würde. Ich weiß nicht mehr, wie oft ich schon aufgetaucht bin, um Luft zu holen. Die Kälte des Yukon setzt mir trotz Trockentauchanzug zu. Gesicht und Finger sind eiskalt. Der zugleich skeptische und ängstliche Blick, mit dem mich Birgit bei jedem Auftauchen mustert, zerrt an meinen Nerven. Ich spüre, wie meine Kräfte und die Konzentration nachlassen. In welche Situation habe ich meine Familie da nur manövriert? Weitab jeglicher Zivilisation sitzen meine Frau, unsere zwei Kinder und ich auf einem kaputten Segelboot in der Wildnis Kanadas fest.

Und da passiert es. Von meinen Gedanken abgelenkt, tauche ich auf der falschen Seite des Schiffs auf. Sofort reißt mich die Strömung mit. Die zwölf Kilo Blei, die ich trage, damit mich der Auftrieb des Trockentauchanzugs nicht wie eine Luftblase an die Wasseroberfläche steigen läßt, ziehen mich nach unten. Ich rudere mit den Armen, strample mit den Beinen, um nach oben zu kommen. Keine Chance. Will den Bleigurt lösen, doch der Sicherheitsverschluß klemmt. Verdammt, ich habe keine Luft mehr! Ich greife nach meinem Tauchmesser, säble wie verrückt an dem Gurt, begehe in der Panik fast Harakiri, schlucke Wasser.

Doch dann, von einer Sekunde auf die andere, werde ich ganz ruhig, denke, das war's dann wohl. Kämpfe nicht mehr gegen das Ertrinken an. Wenn es denn so sein soll, ist es gut. Habe ein spannendes, erfülltes Leben gehabt, meine Träume gelebt. Also, was soll's? Im nächsten Moment spuckt mich der Yukon 200 Meter weiter wieder aus und spült mich ans Ufer. Während ich mir fast die Seele aus dem Leib kotze, wird mir klar, daß dies das Ende unserer Reise ist. Einer Reise, auf der mein Unfall von soeben sozusagen nur das Highlight in einer Reihe von Katastrophen – kleineren, aber auch größeren – war.

Dabei hat alles so schön begonnen ...

Männerurlaub – Mit meinem Sohn Erik auf Tour

Wieder in Alaska

März 2005. Zum zweiten Mal bin ich mit meinem elfjährigen Sohn Erik in Alaska unterwegs. Zwei Jahre zuvor waren wir mit unserem Segelboot *Tardis* durch die Shelikofstraße entlang der Südseite der Aleuten gesegelt, eine der gefährlichsten Routen weltweit. Gewaltige Stürme, plötzliche Wetterumschwünge und ein sehr hoher Tidenhub – zehn Meter liegen zwischen Ebbe und Flut – sind charakteristisch für dieses Gebiet, in dem das milde Nordpazifikklima auf die eisige Luft der Beringsee stößt. In geschützten Buchten waren wir an Land gegangen, und Erik hatte erstmals die Grizzlys, von denen ich ihm schon so viel erzählt hatte und die er aus meinen Filmen kannte, live und aus nächster Nähe gesehen.

Seit Erik fünf Jahre alt war, hatte er mir nach jeder Rückkehr aus Alaska – wo ich oft mehr als die Hälfte des Jahres verbringe – ein Loch in den Bauch gefragt. Und jedes Verhör hatte mit der Frage geendet: »Papa, wann nimmst du mich mal mit nach Alaska?« Natürlich freute ich mich über das Interesse meines Sohnes an der faszinierenden Welt, die mich vor 15 Jahren in ihren Bann geschlagen hat und seither nicht mehr losläßt. Für Erik war der Törn auf unserem *Tardis* (wir sagen immer »der *Tardis*«, obwohl uns klar ist, daß Schiffe eigentlich weiblich sind) entlang der Aleuten ein Abenteuer gewesen, das ihn tief beeindruckt hat.* Und er hatte Feuer gefangen: Alaska hat ihn ebenso infiziert wie mich, denn von da an hatte er mich ständig

---

* Nachzulesen in Kieling, Andreas: Der Bärenmann. Vater und Sohn unter Grizzlys in Alaska, Hamburg 2004.

mit der Frage gelöchert: »Papa, wann nimmst du mich *wieder* mit nach Alaska?«

Der wilde Norden ist für Erik das ideale »Spielfeld«, denn er ist wie ich ein Wassermensch, kein Bergtyp, und will als erstes immer wissen: »Kann ich da angeln?« und »Gibt's da große Fische?«

Ich war als Kind genauso. Magisch zog es mich zum Wasser. Wann immer ich einen Kanal, einen Fluß oder Strom sah, war ich nicht mehr zu halten. Mein erstes Boot war der auseinandergesägte Benzintank eines russischen Lkws der Marke Ural. Mit diesem unförmigen, rechteckigen Ungetüm und einer Dachlatte als Paddel dümpelte ich schon als Sieben-, Achtjähriger auf einem kleinen Waldsee herum, und damit es mir niemand wegnehmen konnte, befestigte ich eine Schnur daran und versenkte es jedesmal. Nur mit Mühe konnte ich das schwere Teil dann zu meiner nächsten Exkursion aus dem Schlick ziehen. Doch irgendwann wurde ich zu groß und zu schwer für das Gefährt und mußte es aufgeben.

Nach dem Umzug an die Saale machte ich mich mit meinem neuen Kumpel Michael auf die Suche nach einem Ersatz für den Benzintank. Ein Wassertrog auf einer Kuhweide kam uns da wie gerufen. Der ausgehöhlte, zylinderförmige Holzstamm hatte natürlich weder Bug noch Heck, aber praktischerweise zwei Griffe. Wir hatten gerade das Wasser ausgekippt und wollten unser neues Boot zur Saale schleppen, da kam der Bauer angerannt. Es gab mächtig Hiebe. Zum Glück bekomme ich sehr schnell Nasenbluten, und als mir das Blut übers Gesicht bis auf mein Hemd lief, bekam es der Bauer mit der Angst und ließ uns laufen. Zwei Tage später hatten wir mehr Erfolg, und kurz darauf fuhren wir in dem Wassertrog von Jena bis an die Einmündung in die Elbe bei Halle.

Irgendwann war uns der Trog nicht mehr gut genug, war ja auch kaum steuerbar. Da entdeckten wir eines Tages Masten, aus denen eine Telegraphenleitung errichtet werden sollte. Für uns Jungs ein Geschenk der Götter, war das doch das beste Material, um ein Floß zu bauen. Pfeil und Bogen und auch eine Angel gehörten zu unserer Standardausrüstung, dazu ein Feuerzeug, um ein Lagerfeuer machen zu können, über dem wir Kartoffeln und mit etwas Glück einen selbstgefangenen Fisch grillten. Wir waren wie Tom Sawyer und Huckleberry Finn. Und wenn unser Floß am Wehr zerbrach, setzten wir es anschließend wieder zusammen – unermüdlich.

Wie gesagt, Erik ist genauso ein Wassermensch wie ich und genauso von Alaska begeistert. Als ich ihn fragte, ob er wieder mit mir nach Alaska reisen wolle, diesmal, um auf dem Chilkoot Trail in das Quellgebiet des Yukon zu ziehen, schaute er mich aus großen Augen an. Er glaubte seinen Ohren nicht trauen zu können – und hatte vermutlich sowieso nur die zweite Hälfte von dem, was ich gesagt hatte, mitbekommen. Die Aussicht, mit dem Kanu auf dem Yukon zu paddeln ...
»Erik, hast du mir richtig zugehört? Zuerst müssen wir über den Chilkoot-Paß. Das wird alles andere als ein Spaziergang. Der Weg ist extrem anstrengend und schwierig – vor allem im Frühjahr, denn da ist es in Alaska noch eiskalt.«
»Was meinst du, Papa, schaffe ich das?«
»Da bin ich mir sicher.«
»Dann will ich mit!«
Erik weiß, daß ich ihn zu nichts überreden würde, was ich nicht verantworten könnte, und wenn ich ihm sage, daß ihm dies oder das gefallen wird oder er einer Aufgabe gewachsen ist, dann vertraut er mir – im Unterschied zu Thore, unserem jüngeren Sohn, der sehr stark von Birgit beeinflußt ist, die trotz meiner langjährigen Erfahrung in der Wildnis immer noch mit Ängsten zu kämpfen hat.

Die Tour mit Erik wäre nur der Anfang einer groß angelegten Unternehmung, die mich von Skagway beziehungsweise Dyea an die Quellen des Yukon und von dort bis zu seiner Einmündung in die Beringsee führen würde – knapp 3200 Kilometer durch die Wildnis. Im Fokus stand neben der atemberaubenden Landschaft mit ihrem sagenhaften Wild- und Pflanzenreichtum auch die Geschichte dieses Gebiets. Vor über 100 Jahren hatte der Goldrausch Tausende wagemutiger Männer – und einige Frauen – an den Klondike River, einen Nebenfluß des Yukon, gelockt. In der Erwartung unermeßlichen Reichtums hatten die Menschen härteste Strapazen auf sich genommen, und viele hatten ihre Hoffnungen mit dem Tod bezahlt. Nur wenige waren wohlhabend geworden. Auch Jack London war ohne ein Klümpchen Gold zurückgekehrt, dafür aber mit Geschichten, die die Welt begeisterten. Dieser Vergangenheit wollte ich nachspüren. Da ich diesmal weit länger als sonst von zu Hause fort sein würde, hatten Birgit und ich vereinbart, daß Erik mich in den Osterferien begleiten und in den Sommerferien dann die ganze Familie zu mir stoßen würde.

Birgit und ich waren schon einmal, 1991, den Yukon runtergepaddelt. Daß sie damals den Mut zu einem solchen Abenteuer aufgebracht hatte, rechne ich ihr noch heute hoch an, denn sie ist kein Wassermensch, hat zu Wasser eher ein zwiespältiges Verhältnis. Schwimmen und Baden, ja, aber große Flüsse sind ihr suspekt. Trotzdem ließ sie sich auf das Wagnis ein, mehrere Monate auf und an einem Fluß in der Wildnis zu leben. Die Reise wurde eine Bewährungsprobe für mich und meine Pläne, als Abenteurer und Filmer meinen Unterhalt zu verdienen, und für unsere Beziehung: Die ersten Wochen war unser Freund Michael mit von der Partie, was so manche Situation entspannte, doch dann lebten Birgit und ich mehrere Monate auf engstem Raum zusammen – untertags in einem Kanu, nachts in einem kleinen Zelt. Nur selten kamen wir an Siedlungen vorbei und konnten mal mit anderen Menschen reden. Wir waren zudem mit vielen Träumen und null Ahnung aufgebrochen, denn auch ich war damals noch ein absolutes Greenhorn.

Tagelang wurden wir oft von heftigen Regenfällen regelrecht durchweicht, dann wieder stürzten sich dicke, schwarze Moskitowolken auf uns. Als Birgit schließlich nach Deutschland zurückkehrte, während ich den Yukon noch bis zur Beringsee weiterpaddelte, stand unsere Beziehung auf der Kippe. Dabei hatten wir ursprünglich geplant, in irgendeiner der Indianersiedlungen am Yukon zu heiraten ... Na ja, aber wir sind noch immer zusammen, haben irgendwann mal auch geheiratet und mittlerweile zwei Söhne. Und ich habe mir als Tierfilmer einen Namen gemacht.

Und wie das halt so ist, mit der Zeit fängt man an, alte Erlebnisse zu romantisieren. Das ging dann so nach dem Motto: »Erinnerst du dich noch an die lustigen Indianer?« Die waren nicht lustig, sondern einfach nur betrunken. Oder: »Weißt du noch, wie schön das war, als der Elch damals in der Abendsonne durch den Fluß geschwommen ist?« Und allmählich reifte der Plan, noch einmal, wenn unsere Jungs dafür groß genug wären, gemeinsam den Yukon zu bereisen – zumindest ein Teilstück. Diese zweite Reise war also als »Familienurlaub« von langer Hand geplant, in erster Linie unternahmen wir sie aber für das Fernsehen.

Über die »goldene Treppe«

Ende März 2005 landen Erik und ich auf dem kleinen Flughafen in Skagway und fahren nach Dyea. Dyea, in einem Fjord gelegen, ist der Ausgangspunkt des Chilkoot Trails, auf dem die alten *stampeders* oder Argonauten – benannt nach den Argonauten Iasons auf der Suche nach dem Goldenen Vlies – vor über 100 Jahren nach Dawson City in Kanada zogen, um am Klondike Gold zu schürfen. Wir decken uns mit Vorräten ein, und ein letztes Mal für die nächsten Wochen schlafen wir in einem richtigen Bett und gönnen uns ein Essen in einem Restaurant.

Am nächsten Morgen geht es dann los. Der Winter ist nicht gerade die optimale Zeit für so ein Unternehmen. Um uns her ist alles weiß. Wobei gerade die weiße wilde Landschaft Erik fasziniert. Sooooo viel Schnee! Es hat um die minus 20 Grad, dazu starke Winde, das potenziert sich schnell zu gefühlten minus 40.

»Mensch, Papa, wann sehe ich denn endlich mal ein Tier?« beschwert sich Erik nach einiger Zeit, und ich merke, daß er sich unser Unternehmen doch ein klein bißchen anders vorgestellt hatte. Zwar kommt er mit der Kälte gut zurecht, wir sind ja auch in adäquate Kleidung verpackt, doch Bergsteigen ist halt nicht das seine. Er will an den Yukon, er will paddeln, und vor allem will er angeln und Tiere sehen! Die Bären sind zu dieser Jahreszeit aber noch im Winterschlaf; nur einer lugt mal zaghaft aus seiner Höhle, und die anderen Tiere – wie Elche, Dallschafe, Schneeziegen und Karibus – versuchen Energie zu sparen, das heißt, sie stehen fast bewegungslos herum und sind daher nur mit viel Glück auszumachen.

Doch Erik ist ein genauso zäher Knochen wie ich. Als ich ihm daher sage: »Hör mal, die nächsten zwei, drei Tage müssen wir uns richtig quälen, aber danach werden wir tolle Sachen erleben«, beißt er die Zähne zusammen. Und obwohl der Aufstieg auf 1100 Meter Meereshöhe zum Chilkoot-Paß auf Skiern und mit einem dicken Rucksack auf dem Rücken Eriks ganze Kraft erfordert, kommt nie ein Kommentar wie »Ich mag nicht mehr«. Ich bin unheimlich stolz auf meinen Sohn und bewundere seine Durchhaltekraft und seine Zähigkeit. Immerhin ist er erst elf Jahre alt.

Vier Tage nach unserem Aufbruch in Dyea bauen wir ein Stück unterhalb des Passes an einer einigermaßen windgeschützten Stelle unser Zelt auf. Es ist bitterkalt, minus 30 Grad. Auch Cita, unser Hannoverscher Schweißhund, friert erbärmlich, und wir ziehen ihr einen Anzug und Schühchen aus Fleece an, die wir noch in Deutschland extra für sie haben anfertigen lassen.

»Papa, wann gehen wir endlich auf Schneehuhnjagd? Seit Tagen versprichst du's mir!«

»Wir haben doch bislang keine gesehen, wie sollen wir da welche jagen?« entgegne ich. Im nächsten Moment entdecke ich ein paar Federknäuel. »Mensch, schau mal, Erik, da drüben sind welche.«

Im Nu hat Erik sämtliche Strapazen vergessen: das Schleppen, das Frieren, das Schwitzen, die Nasenlöcher zugefroren, die Wimpern vom Eis verklebt ... Schon läuft er zu der Stelle hinüber, dreht sich unterwegs kurz um, um mir zu bedeuten, daß ich nur ja den Jagdbogen mitbringen solle. Wir jagen beide gern mit Pfeil und Bogen. Zum einen haben die Tiere dadurch eine faire Chance zu entkommen, zum anderen werden nicht sämtliche Lebewesen im Umkreis durch den Knall einer Schußwaffe aufgeschreckt.

Der erste Pfeil geht dann prompt daneben, doch mit dem zweiten erbeuten wir unser Abendessen, und für Erik ist die Welt wieder in Ordnung, er ist rundum zufrieden und glücklich.

Als wir wenig später in unseren High-Tech-Schlafsäcken in einem High-Tech-Zelt liegen, frage ich Erik: »Kannst du dir vorstellen, wie das für die Menschen war, die hier über den Paß zogen, um am Klondike Gold zu schürfen? Die hatten noch keine Fleece-Sachen zum Anziehen und haben erbärmlich gefroren.«

»Wann war das denn?« will er wissen.

»Im August 1896 wurde im Bonanza Creek ...«

»... wie die Fernsehserie?« unterbricht mich Erik.

»Ja, genau. Damals wurde im Bonanza Creek ...«

»... wo ist der?«

»Da, wo der Klondike in den Yukon mündet. Also, 1896 wurde im Bonanza Creek ein großer Goldfund gemacht. Die Gegend ist aber so abgelegen, daß die Außenwelt erst ein Jahr später davon erfuhr, als nämlich im Juli 1897 ein Schiff mit einer Tonne Gold vom Yukon in Seattle anlegte. In wenigen Stunden verbreitete sich die Neuigkeit über die ganze Stadt und innerhalb einer Woche entlang der Westküste. Man kann sich kaum vorstellen, was dann hier abging. Als erstes kamen die Goldsucher aus San Francisco und andere Amerikaner, bald aber auch Deutsche, Italiener, Norweger und so weiter, sogar Chinesen und Japaner. Schon die Fahrt nach Alaska war ein Abenteuer für sich. Die Dampfer waren meist hoffnungslos überladen: statt 30 waren über 100 Passagiere an Bord, dazu Pferde und andere Tiere, tonnenweise Goldgräberausrüstung ... Kein Wunder, daß allein 1898 40 dieser Seelenverkäufer sanken. Die Mannschaft war oft völlig unerfahren, bestand zum Teil gar aus Goldgräbern, die sich ihre Überfahrt durch die Arbeit an Bord verdienten. Schlafen war aufgrund der heillosen Überbelegung nur im Turnus möglich, auf Essen mußte man nicht selten stundenlang warten, obwohl rund um die Uhr gekocht wurde. Reichlich Alkohol führte zu Streitigkeiten und Handgreiflichkeiten – auch mal mit tödlichem Ausgang. Nach der Ankunft entschieden sich die wenigsten für den einfacheren, aber längeren Weg über den White-Paß, die meisten wählten die ›goldene Treppe‹ über den Chilkoot.«

»Da gab's 'ne goldene Treppe?« fragt Erik mit vor Staunen weit aufgerissenen Augen.

»Eine Treppe ja, aber nicht golden. Stell dir vor, ein paar gewiefte Geschäftsmänner haben tatsächlich 1200 Stufen in das Eis des Berghangs geschlagen, um den Aufstieg zu erleichtern. Aber wer die benutzen wollte, mußte eine Gebühr zahlen. Das kam die Goldsucher ganz schön teuer, denn um oben am Paß die Grenze zwischen Alaska und Kanada überqueren zu dürfen, mußten sie nachweisen, daß sie 500 Kilogramm Nahrungsmittel dabeihatten, und zwar jeder! Außerdem brauchten sie ja jede Menge Ausrüstung zum Goldschürfen, Hacke, Spaten, Schaufel und so weiter. Da kam schnell eine Tonne zusammen.«

»Eine Tonne? Wow!«

»Und die konnten sie natürlich nicht in einem Rutsch tragen, also mußten sie ihre Sachen in mehreren Etappen transportieren. Das hieß, 30, 40 oder 50 Kilo, je nachdem, wie kräftig der einzelne war, ein Stück weit bringen, dann zurückmarschieren, den nächsten Schwung holen und so weiter; das Ganze bis zu dreißigmal. Viele sind schon da ausgestiegen. Das hat den Betreibern der goldenen Treppe natürlich nicht gefallen, da sie ja jedesmal ihre Gebühr kassierten. Deshalb haben sie für ein paar Annehmlichkeiten gesorgt, etwa ein Handlaufseil und kleine Ausweichstellen zum Verschnaufen. Denn damals kam nicht ab und zu mal einer hier entlang, sondern stiegen Hunderte von Menschen in einer langen Reihe die Stufen hoch – zumindest bis die Eisenbahn über den White-Paß fertig war, denn mit der schaffte man es dann in einem Tag mitsamt dem ganzen Gepäck von Skagway nach Whitehorse. Übrigens: Die, die an dieser Eistreppe vorzeitig aufgegeben haben, nannte man ›Kaltfüßer‹. Daher kommt der Ausdruck ›kalte Füße bekommen‹, wenn sich jemand davonmacht.«

»Und wie ging's von Whitehorse aus weiter?«

»Auf Schaufelraddampfern, zum Teil sogar in sehr luxuriöser Weise – für die, die es sich leisten konnten. Die Raddampfer fuhren flußabwärts bis nach Dawson City am Klondike. Und natürlich wieder zurück. Das war ein regelrechter Linienverkehr. Mit allen Tücken natürlich. Die Leute, die kein oder wenig Geld hatten, haben sich am Lake Tagish ein Boot oder ein Floß gebaut und sind auf eigene Faust den Yukon hinuntergefahren. Dabei sind viele ertrunken.«

»Was hatten die denn zum Essen dabei, damals gab's doch mit Sicherheit noch keine Fertiggerichte, oder?«

»Ich habe ehrlich gesagt keine Ahnung, was die Goldsucher an Nahrungsmitteln mitschleppten, aber Fertiggerichte gab's noch nicht, da hast du recht. Vor allem wußte man noch nicht, welche Nahrungsmittel sich am besten für das kalte Wetter und die Strapazen eignen, also zum Beispiel Schokolade als Energielieferant oder Fett, damit man nicht so leicht friert. Daß man bei so extremen Niedrigtemperaturen wie hier viel Fett braucht, unterschätzen auch heute noch die meisten Menschen. Die mitgebrachten Lebensmittel waren außerdem schnell aufgebraucht. Die Greenhorns aus Kalifornien, Oregon oder Portland dachten, ach, wenn es kalt wird, ziehe ich meine drei Paar Unterhosen übereinander an, und verhungern werde ich schon nicht; da steht doch bestimmt an jeder Ecke ein Elch oder ein Biber, den ich fangen oder schießen kann. Na ja, so kam es, daß während des Goldrauschs am Yukon die Menschen zu Tausenden verhungerten.«

Am nächsten Vormittag entdecke ich in einiger Entfernung zwei Elche.
»Hey, Erik, schau mal, da drüben, siehst du die beiden Elche?«
»Wo?«
»Ein Stückchen links von den Fichten. Hast du sie?«
»Ja!«
In Sekunden haben wir unsere Skier abgeschnallt und rennen los. Immer wieder brechen wir dabei durch den verharschten Schnee, kommen völlig außer Atem. Erik ist das egal, er will weiter, will die Elche aus der Nähe sehen. Doch die beiden Tiere, eine starke Kuh und ein junger Bulle, verhalten sich sehr scheu, und als sie dann noch Cita entdecken, ergreifen sie die Flucht.

Die folgende Nacht verbringen wir in einer Schneehöhle, die wir zufällig entdeckt haben. Sie ist gerade groß genug, daß Erik, Cita und ich darin Platz haben.
»Das ist fast ein bißchen unheimlich hier drin«, meint Erik, als wir in unseren Schlafsäcken liegen und die Stirnlampen ausgeknipst haben.
»Ja, es ist total ruhig. Draußen oder wenn man im Zelt liegt, hört man immer irgend etwas, und wenn es nur der Wind ist.«
»Stimmt, das ist mir noch gar nicht aufgefallen.«
»Was ist dir dann unheimlich, wenn nicht die Stille?«

Erik zögert mit der Antwort. Als ich schon glaube, daß er eingeschlafen ist, sagt er: »Na ja, so rundherum nur Schnee und Eis. Was ist, wenn die Decke in der Nacht einfach einstürzt?«

»Das wäre in dem Fall nicht weiter schlimm«, beruhige ich ihn, »weil sie nicht sehr dick ist. Wir würden nur furchtbar erschrecken, aber passieren könnte nichts. Willst du lieber doch im Zelt schlafen?«

»Nö!« kommt es wie aus der Pistole geschossen. »Jetzt nicht mehr.«

Die Abfahrt vom Chilkoot-Paß ist noch einmal richtig anstrengend. Zum einen sind wir keine besonders guten Skifahrer, zum anderen habe ich einen Packschlitten im Schlepptau. Häufig überschlagen wir uns auf den steilen Hängen, brechen durch harschige Stellen, geraten auf Eisplatten und gewinnen mehr Tempo, als uns lieb ist – bis uns die nächste Tiefschneewehe abrupt abbremst.

Nach anstrengenden Stunden, viel Schimpfen und Fluchen haben wir es endlich geschafft, und Erik wird für all die Mühe entlohnt. In einem kleinen Tal mit zaghafter Vegetation, ein paar Weidenbüschen, vereinzelten Erlen, Espen und Birken, sehen wir gleich mehrere Elche. Erik packt das Jagdfieber. Jagen heißt bei ihm in erster Linie: sich anpirschen, gute Fotos oder Filmaufnahmen machen.

»Ganz vorsichtig, Erik, Elche können ganz schön gefährlich werden«, mahne ich meinen Sohn leise.

Erik wirft mir einen skeptischen Blick zu. »Die sehen aber nicht so aus, Papa.«

Tatsächlich verleitet das Äußere der Elche, ihre großen braunen Kulleraugen, umrahmt von dichten langen Wimpern, die weiche krumme Nase, die meist gemächliche Gangart oder etwa das bedächtige Schaukeln des schweren Kopfes während der Rangkämpfe dazu, diese Tiere, die zur Familie der Hirsche zählen, als harmlos einzustufen.

»Ja, ich weiß, deshalb werden sie ja auch unterschätzt. Dabei werden in Alaska Jahr für Jahr mehr Menschen von Elchen verletzt als von jedem anderen Tier, Grizzly eingeschlossen. Gegen einen rasenden Elch hilft nur die rechtzeitige Flucht.«

»Und was machen sie, wenn sie einen angreifen?«

»In der Regel verpassen sie dir Huftritte. Dazu stellen sie sich auf die Hinterbeine und schlagen mit den Vorderläufen zu. Oder sie setzen ihr Geweih ein. So ein Geweih – nur Bullen haben übrigens eines – kann bis zu 35 Kilogramm wiegen.«

»Wow, fast soviel wie ich! Wieviel wiegt denn dann der ganze Bulle?«

»Die Alaska-Elchbullen können bis zu 750 Kilogramm auf die Waage bringen, Kühe immerhin noch bis zu 600 Kilo. Damit sind die Alaska-Elche die größten ihrer Art. Stell dir vor, die werden fast doppelt so schwer wie Moschusochsen.«

»Echt? Die Moschusochsen sehen aber doch viel wuchtiger aus!« Erik schüttelt ungläubig den Kopf.

»Das liegt an ihren zotteligen langen Haaren. Darunter sind sie eher schmächtig«, erkläre ich flüsternd, denn mittlerweile sind wir fast in Hörweite der Elche.

Wir suchen uns einen jungen Bullen aus und schleichen uns weiter an. Mehr zum Spaß werfe ich Cita ein »Cita, faß!« zu, und die reagiert sofort, schießt auf den Elch zu, gibt Standlaut.

Der taffe Elch – Elche scheinen genau zu wissen, wann Jagdzeit ist, dann verziehen sie sich in den Wald; ansonsten zeigen sie sich überraschend selbstbewußt – mustert sie mit großen Augen, legt die Ohren an ... und attackiert den Hund!

Cita bekommt es mit der Angst, dreht sozusagen auf dem Absatz um und sucht Schutz bei ihrem Herrchen. Der Elch hinterher. Ach, du Scheiße!

»Erik, paß auf, stell dich hinter den Baum da!« schreie ich.

Im nächsten Moment spurte ich ebenfalls los, finde keine Deckung, laufe weiter – und falle, gefolgt von Cita, in ein riesiges Schneeloch. Auch der Elch bricht ein, landet aber glücklicherweise nicht wie Cita auf, sondern neben mir. Zu dritt liegen wir nun in dieser Falle. Der Elch strampelt wie verrückt. Fast gerate ich in Panik, denn ich weiß: Ein Schlag gegen den Kopf von so einem gewaltigen Huf, und ich kann tot sein. Zu allem Überfluß vermeldet der Hund ununterbrochen, wau, wau, ich bin ein Schweißhund, was den Elch noch wilder um sich treten läßt.

»Papa, Paaaapa, komm da raus!«

Kurz sehe ich Eriks erschrockenen Blick, während ich darum kämpfe, nicht unter den Elch zu geraten – der würde mich glatt plattdrücken – und mich vor den Hufen zu schützen. Mit einem Satz befreit sich der Elch schließlich aus dem Loch und sucht das Weite.

Erik schaut mich mit großen Augen an, dann bricht er in Gelächter aus, und nach einigen Sekunden falle ich in sein Lachen ein.

»Mensch, Papa«, japst er, »schade, daß das nicht auf Film ist. Das sah richtig komisch aus!«

Behutsam erkläre ich Erik, daß und warum diese Situation, obwohl mich das Tier ja nicht attackiert hat, nicht ganz ungefährlich war. Ein schwieriger Balanceakt, denn ich muß Erik für Gefahren sensibilisieren, will aber nicht, daß er vor lauter Angst, was alles passieren könnte, die Lust an unserem Abenteuer verliert. Generell habe ich mich dazu für »Learning by doing« entschieden, die Art, wie auch ich groß wurde. Mit einer Ausnahme: Noch in Deutschland brachte ich Erik den Umgang mit dem Satellitentelefon bei, mit dem wir nicht nur Kontakt mit zu Hause halten, sondern notfalls auch Hilfe anfordern könnten.

Dieses »Lernen durch Erfahrung« führt allerdings dazu, daß Erik in manchen Situationen überfordert ist oder daß ich ihm zuviel zumute – was ich erst in dem Moment oder gar hinterher merke. Dann mache ich mir natürlich Vorwürfe. Erik sieht das jedoch ganz gelassen. Wenn man ihn auf eine gefährliche

Situation anspricht, die wir heil überstanden haben, reagiert er ganz cool. Nicht mit der Coolness, die die Gefahr leugnet, sondern eher mit der Haltung »Shit happens«, also muß man schauen, wie man am besten wieder rauskommt, und wenn man sich nicht ganz dumm anstellt – und einen Papa dabei hat, der seit vielen Jahren in der Wildnis unterwegs ist und entsprechend Erfahrung hat –, gelingt das auch.

Ski ade

Endlich kommen wir in das Yukon-Quellgebiet. Der Yukon hat keine eigentliche Quelle, vielmehr sammelt sich in einem Gebiet, das in etwa 100 Quadratkilometer umfaßt, ein verzweigtes Wassersystem zu Flüßchen und schmalen, langgezogenen Seen, wie dem Tagish, Bennett und Marsh, die schließlich den Anfang des Yukon bilden. Der Einfachheit halber bezeichne ich dieses Quellgebiet bereits ab hier als Yukon.

Überraschenderweise sehen wir sehr viele Weißkopfseeadler. Weißkopfseeadler sind nicht ganz so groß wie unsere einheimischen Seeadler, aber größer als die Steinadler, die in den Alpen leben. Eigentlich ziehen sie den Winter über nach Oregon und nach British Columbia an die Küste. Aber in den vielen kleinen Flüssen hier mit warmen Quellen spackeln ein paar Lachse herum – und die sind ein gefundenes Fressen für die Adler.

Es gibt fünf verschiedene Lachsarten in Alaska. Der größte ist der Königslachs, der zweitgrößte der Silberlachs. Außerdem gibt es den sehr kleinen Buckellachs und den Rotlachs, schließlich noch den Hundslachs, der wieder sehr groß werden kann. Hundslachs heißt er deswegen, weil er früher meist nur an Hunde verfüttert wurde. Inuits essen ihn, Indianer hingegen grundsätzlich nicht, für sie gilt er als minderwertig. Dabei schmeckt der Hundslachs wunderbar. Der größte Königslachs, den ich je fing, wog um die 27 Kilo. Lachse haben aufgrund des hohen Ölgehalts im Fleisch im Vergleich zu einem Hecht oder einem Karpfen ein sehr hohes spezifisches Gewicht.

Im Yukon River findet, soviel ich weiß, der längste Lachs-Run der Welt statt, zumindest der längste Nordamerikas. Die Lachse ziehen von der Beringsee zum Teil den ganzen Yukon hoch, dann noch durch die Seen Bennett oder Tagish und Marsh, bis sie irgendwo im Quellgebiet ablaichen. Dort kommen sie an wie Zombies. Das muß man sich mal vorstellen: 3000 Kilometer gegen den Strom schwimmen. Das ist eine irre Leistung. Außerdem nehmen die Lachse hier keine Nahrung mehr zu sich, sobald sie im Süßwasser sind. Anders als die Atlantiklachse, die wir in Europa haben, im Rhein, in der Sieg oder in der Elbe: Die laichen in einem Fluß ab, dann kehren sie zurück ins Meer, kommen im Jahr darauf wieder, laichen wieder ab und so weiter. Die fünf Pazifiklachsarten können nur einmal laichen und sterben danach. Das ist so eine Art Generationenvertrag. Keiner weiß genau, wie es funktioniert, aber man geht davon aus, daß es über Gerüche läuft, daß die Lachse zum Ablaichen exakt, wirklich exakt an die Stelle zurückkehren, wo sie selbst aus dem Ei geschlüpft sind. Und wenn ihnen 50 Meter vorher die Kraft ausgeht, wird halt nicht abgelaicht. Ein Lachs könnte ja auch sagen, ich bin jetzt 2000 Kilometer diesen Fluß hochgeschwommen, mir reicht's, ich gehe jetzt in irgendeinen Nebenfluß rein, lege meine Eier ab, such mir ein Männchen, das seine Milch drübergibt und fertig. Doch ein Lachs gibt nicht eher Ruhe, als bis er an seiner Geburtsstätte angekommen ist.

Im Quellgebiet dümpeln also immer noch ein paar Lachse im Wasser herum, zum Teil fallen ihnen schon die Augen aus, ganze Seiten mit Haut und Fleisch lösen sich ab, aber sie leben noch. Sie haben sich bereits gepaart, und eigentlich sterben sie danach. Das Fleisch, das sich dann im Wasser auflöst, ist die Nahrung für die Fingerlinge, also für die Brut vom Vorjahr. Und daran laben sich die großen Weißkopfseeadler. Einfach spektakulär: Es ist kalt, und zum Teil sind die Adler voller Rauhreif. Wir können ziemlich nah an die Vögel heran, denn sie haben überhaupt keine Scheu. Ebenso erstaunlich ist, daß sie sich wie Geier verhalten. Dazu muß man wissen, daß Adler normalerweise in Paaren leben, und bitte mit ganz viel Distanz zum Nachbarn. Sie beanspruchen ein großes Revier. Und hier sitzen sie einer neben dem anderen oder laufen sogar durch den Schnee, stürzen sich auf die letzten halbfauligen Lachse und streiten sich darum. Das hat so gar nichts Majestätisches mehr.

Doch dann hält es Erik nicht mehr: Er will nun endlich runter von den blöden Skiern, rein ins Kanu, rauf aufs Wasser und paddeln – und hoffentlich ein paar Fische fangen. Cita hingegen würde lieber an Land bleiben, das schmale Schlauchkanu ist ihr nicht geheuer.

Cita kann natürlich nicht wissen, daß sie in einem supertollen Boot sitzt, wohl das beste, was es an aufblasbaren Kanus auf dem Markt gibt. Es stammt von der österreichischen Firma Grabner, die ursprünglich Luftboote für das Militär baute. Die waren so robust und begehrt, daß Grabner bald auch eine zivile Version ins Programm nahm. So ein Boot hat den großen Vorteil, daß man es überallhin mitnehmen kann. Für den Transport gibt es einen Rucksack. Alles in allem, mit Paddel und Sitzbrettern, wiegt das Ganze so um die 30 Kilogramm. Das ist nicht viel. Das Problem sind nur die Bären. Sie lieben den Geruch von Gummi. Und Bären gibt es praktisch überall in Nordkanada und Alaska. Ich verlor schon ein Boot wegen eines Bären. Und einmal traf ich in Nordalaska Jäger, die einen Bären nicht rechtzeitig von ihrem Zodiac-Boot vertreiben hatten können; der eine paddelte, der andere pumpte wie verrückt, weil der Gummi total zerbissen war und sie nicht genug Reparaturflicken dabei hatten. Die hatten so ihre liebe Not, trotzdem mußte ich lachen, weil es wirklich lustig aussah.

Es folgen zwei wunderbare Tage. Wir kommen gut voran, finden abends geeignete Plätze für unser Zelt. Am dritten Morgen jedoch sehe ich, daß sich immer mehr Schelfeis auf dem Wasser bildet. Wenn der Yukon nun zufriert, sind wir aufgeschmissen! Große Eisblöcke lösen sich vom Ufer, driften mit uns den Fluß hinunter, und plötzlich stehen wir vor einer großen Eisbarriere.

»Papa?« Erik dreht sich zu mir um und schaut mich fragend an.

»Wir müssen hier raus.«

»Ooooch.«

»Erik, es geht nicht anders. Wir müssen an Land. Und ganz vorsichtig sein, denn die Eisschollen gehen zum Teil drei Meter ins Wasser rein, und du siehst, wie das Wasser hier wallt. Wenn es uns unter das Eis spült, kommen wir nicht mehr raus.«

Ich steuere das Ufer an, und wir klettern aus dem Kanu. Als wir beide und Cita sicheren Boden unter den Füßen haben, überlegen wir, wie es weitergehen soll. Das Ganze abbrechen? Den Hubschrauber rufen, damit er uns rausholt?

»Och, nö, Papa, ich hab doch noch keinen einzigen Fisch gefangen!«

Erik muß mich nicht lange überreden. Der Yukon ist auf diesem Abschnitt von Seen unterbrochen, die noch komplett zugefroren sind, doch es würde, wie ich weiß, immer wieder mal Stellen geben, die aufgrund stärkerer Strömung oder warmer Quellen bereits offen sind. Und irgendwann würde der Fluß dann durchgehend befahrbar sein. So ziehen wir am Ufer den Yukon entlang, nutzen freie Passagen zum Angeln und dazu, das Ein- und Aussteigen auf Eis zu üben. Beim Einsteigen klettert Erik noch auf festem Untergrund ins Kanu. Dann schiebe ich das Boot die letzten Meter über Schnee und Eis, verpasse ihm kurz vor dem offenen Wasser einen kräftigen Schups und springe im letzten Moment hinein. Das gerät nicht selten zu einer Wackelpartie, da sich an vielen Stellen, dummerweise gerade an den vom Ufer aus leicht zugänglichen, durch das Ineinanderschieben von Eisplatten regelrechte Verwerfungen gebildet haben. Beim Aussteigen steht einer von uns – in der Regel der leichtere, also Erik – vorsichtig auf, während der andere das Kanu ausbalanciert. Er stellt ein Bein vorsichtig auf das Eis, belastet es nur ein ganz kleines bißchen, stochert mit dem Paddel und prüft, ob das Eis fest ist. Dann legt er sein ganzes Gewicht auf dieses Bein, um zu sehen, ob das Eis wirklich trägt. Erst dann steigt er aus.

Für Erik ist das alles eine neue Welt. Vor allem ist er kein großer Läufer, und stundenlang auf Skiern durch die Tundra zu spuren oder über gefrorenes Wasser zu laufen, statt darin zu paddeln, ist absolut nicht sein Ding. Aber ich brauche nur zu sagen: Hör mal, wir sind hier auf einem See, ich glaub, hier unten sind dicke Forellen, hack mal ein Loch ins Eis, laß uns mal angeln. Man glaubt gar nicht, wie schnell er die Axt aus dem Kanu zieht und ein Loch kloppt. Angel fertig gemacht und rein – da kann das mieseste Wetter, die mieseste Stimmung sein. Er ist wieder glücklich, selbst wenn er nichts fängt.

»Hey, Erik, sollen wir mal schwimmen gehen?« ulke ich an einer der freien Stellen.

»Was?« Entsetzt schaut er mich an.

»Na ja, ist vielleicht doch ein bißchen zu kalt. Aber wie wäre es mal mit Zähneputzen und Haarewaschen?« ziehe ich ihn weiter auf.

»Meine Haare sind noch sauber!« behauptet er da prompt.

»Das glaubst du doch wohl selbst nicht?«

»Dooooch.«

Da will ich meinem Sohn mal zeigen, was ein Mann ist, und tauche meinen Kopf in das eisige Wasser.

»Ach, du Sch..., ist das kalt!« pruste ich los, als ich wieder Luft bekomme, denn für einen Moment hat mir die Kälte schier den Atem verschlagen.

Erik kann sich ein Grinsen nicht verkneifen. Tja, da muß ich jetzt durch. Ich drücke ein bißchen Shampoo aus der Tube und verteile es auf dem Kopf. Doch noch während ich rubble, bilden sich in meinen Haaren Eisklumpen. Und ich schaue wohl ziemlich belemmert drein. Denn mein Sohn wirft sich neben mir in den Schnee und kann sich nicht mehr halten vor Lachen.

Unsere Körperpflege kommt generell zu kurz und beschränkt sich in der Regel aufs Zähneputzen – sofern wir daran denken, die Zahnpasta mit in den Schlafsack zu nehmen, denn ansonsten ist sie am nächsten Morgen bretthart gefroren. Wer jetzt glaubt, wir würden eine Dunstglocke um uns her tragen, irrt. Zum einen riecht man durch das sehr trockene Klima generell nicht so leicht, zum anderen stinke ich komischerweise selbst dann nicht, wenn ich stark schwitze, und Erik ist noch zu jung zum Müffeln (die Duftstoffe der Schweißdrüsen – Schweiß an sich ist ja geruchsfrei – bilden sich nämlich erst in der Pubertät).

Das Extremste, was ich in der Hinsicht erlebte, war bei der Besteigung des Mount McKinley, des kältesten Berges der Erde. Die Gruppe startete an einem 16. Mai im Basislager und kam am 5. Juni dorthin zurück. In der ganzen Zeit konnte man sich nicht waschen, ganz klar. Und selbst nachdem wir vom Basislager aus nach Talkeetna geflogen worden waren, rannten wir nicht gleich unter die Dusche.

Als ich mit Erik im Golf von Alaska und in der Beringsee unterwegs war, wählten wir oft die harte Tour: Heute scheint die Sonne, Wassertemperatur ist zwar nur fünf Grad, aber wir legen uns jetzt irgendwo in eine Bucht, wärmen uns richtig auf wie Eidechsen in der Sonne, dann beißen wir die Zähne zusammen und springen ins kalte Wasser. Gesagt, getan. Aber jedesmal blieb uns für einen Moment das Herz stehen. Für die »kleine Wäsche zwischendurch« hatten wir Feuchttücher dabei, wie man sie zur Babypflege verwendet. Auch keine schlechte Lösung, doch die Dinger sind halt sehr schwer. Auf dem *Tardis* war das ja kein Problem.

Dann kommt der Moment, wo wir endlich wieder offenes Wasser vor uns haben. Das Abendlicht ist wunderschön, der Himmel leuchtet und bietet uns ein dramatisches Farbenspiel in Violettönen. Es ist nicht mehr ganz so kalt, und der Fluß fließt relativ schnell, aber nicht als Wildwasser dahin.

»Schau mal, Papa«, deutet Erik auf den Yukon, »da können wir doch morgen wieder paddeln, oder?«

»Ja, sieht ganz danach aus.«

»Puh, wird auch Zeit!«

Die Aussicht, am nächsten Tag endlich wieder »richtig« auf dem Wasser sein zu können und zu genießen, wie die Landschaft an einem vorbeizieht, statt mühsam mit all dem Gepäck durch Schnee zu stapfen, spornt meinen Sohn – und ehrlich gesagt nicht nur ihn – an, und in Nullkommanichts haben wir unser kleines Lager errichtet und sitzen vor gigantischer Kulisse an einem wärmenden, knisternden Lagerfeuer. Und als Belohnung für die Plackerei der letzten Tage gibt es für jeden von uns eine Extraportion Schokolade zum Nachtisch. Herrlich!

Am nächsten Morgen sind wir schon in aller Frühe auf den Beinen. Die Vorfreude auf das Paddeln macht uns ganz kibbelig, und Cita, die unsere Aufregung natürlich spürt, springt hierhin und dorthin, läuft uns ständig zwischen die Beine und bringt einmal vor lauter Übermut Erik zu Fall.

»Mensch, Cita, jetzt mach mal Platz, los, sitz!« ruft Erik und verpaßt ihr einen Klaps. So gern er sonst mit unserem Hund spielt, heute hat er keine Geduld dafür.

Der schlimmste Tag

Schließlich haben wir trotz Citas Sperrfeuer das Lager abgebrochen und unsere Sachen verstaut. Das Ufer, überschneit und zugeweht, ist auch hier noch zugefroren. Da wir nicht wissen, wie dick das Eis ist, schieben wir das Kanu vorsichtig Richtung offenes Wasser, Erik vorn am Bug, ich hinten, so, wie wir es geübt haben. Cita haben wir schon ins Boot gesetzt, weil sie beim Einsteigen nach wie vor Probleme macht – das Kanu ist ihr wahrscheinlich suspekt (kalter Boden, wackelig), sie ist halt kein Wasserhund, ist es auch auf der ganzen Reise nicht geworden.

»Erik, paß auf, nicht daß hier drunter was lose ist.«

Ich sichere gerade das Boot, damit Erik reinklettern kann, da bricht direkt unter uns eine riesige Scholle Eis ab, kippt und wird sofort in die Strömung gezogen. Erik fällt in das eisige Wasser, reagiert zum Glück blitzschnell und klammert sich am Rand des Bootes fest, das langsam hinter ihm herrutscht.

»Papaaaa!«

Mein Sohn hat Angst. Er hängt bis zur Brust in eiskaltem Wasser, die Luft hat minus 20 Grad, er wird abgetrieben, und sein Vater ist nicht im Boot!

»Erik, halt dich fest!« schreie ich und schaffe es im letzten Moment, in das Kanu hineinzuspringen. »Halt dich fest, halt dich fest!«

»Papa, Papa!«

Das Boot ist verdammt lang und auch noch vollgeladen. Erik hängt vorn am Bug, und ich bin hinten. Mir bleiben nur wenige Sekunden, bis seine nassen Handschuhe gefrieren und er den Halt verliert – und das Boot hat außen keine Fangleinen, an denen man sich leichter festhalten könnte!

Die Gedanken rasen durch meinen Kopf. Mein Junge säuft ab – ich muß zu ihm – Erik geht unter – verdammter Yukon – Erik!

Zum Glück gerät Cita nicht in Panik. Sie liegt einfach im Boot – an ihrem Stammplatz an der äußersten Spitze im Bug – und hält sich ganz ruhig.

»Brav, Cita, schön Platz«, rufe ich ihr sicherheitshalber zu, denn wenn sie jetzt aufspringt und zu toben anfängt, ist alles verloren.

Während wir mit wahnsinnig hoher Geschwindigkeit den Fluß hinuntertreiben, immer mehr zur Flußmitte hin, krieche ich auf allen vieren in dem Kanu, das wild auf den Wellen tanzt, über all das Gepäck zu Erik vor.

»Nicht loslassen, Erik, halt durch! Ich komme zu dir!« rufe ich ihm immer wieder zu.

Da sehe ich die nächste Packeisbarriere – nur 500 Meter vor uns. Ich denke, Scheiße! Wie konnte ich nur so blauäugig sein? Wir werden jämmerlich ersaufen!

Endlich bin ich bei Erik, reiße meine Handschuhe herunter, damit ich ihn besser greifen kann, bekomme ihn mit einer Hand zu fassen, strecke ihm die andere hin.

»Nimm meine Hand.«

Erik ist total schwer. Zum einen ist er ein großer Junge, und zum anderen hat sich seine ganze Kleidung voll Wasser gesogen. Wegen der eisigen Temperaturen hat er natürlich lauter dicke Sachen an, eine Daunenjacke, feste, gefütterte Schuhe, eine dicke Hose und so weiter. Einerseits gut, da in der Kleidung viel Luft ist, die isoliert, so daß die Körpertemperatur erst einmal einigermaßen stabil bleibt, andererseits wiegt das Zeug nun etliche Kilo mehr als normalerweise.

Jetzt bin ich froh, daß das Boot vollbeladen ist – die schweren Sachen unten am Boden, die leichten oben drauf –, dadurch liegt es relativ stabil im Wasser. Trotzdem besteht das Risiko zu kentern, weil ich mein ganzes Gewicht auf die Seite legen muß, an der Erik hängt, um ihn ins Kanu ziehen zu können.

»Pass auf, Erik, wir müssen dich jetzt herausholen.«

Ich versuche mich und das Boot so gut wie möglich auszubalancieren, muß mein Gewicht mehrmals verlagern. Erik sieht die Panik in meinem Gesicht, ich kann nichts dagegen tun, sieht, daß ich plötzlich nicht mehr so cool bin wie sonst immer. In den Augen meines Jungen steht Todesangst. Ich werde dieses Gesicht von Erik nie vergessen.

Ich denke, wenn das Boot jetzt kentert, ist es mit uns beiden aus. Dann schaffen wir es nicht mehr, ans Ufer zu kommen. Und selbst wenn, dann erfrieren wir halt dort. Bei diesen Temperaturen pitschnaß, bleibt dir vielleicht noch eine halbe Stunde, um über dein Leben nachdenken, und das war's. Da hört der Spaß, das Abenteuer auf.

Erik klebt mir fast an der Bordwand fest, als ich versuche, ihn aus dem Wasser zu ziehen, weil seine nasse Kleidung augenblicklich gefriert.

Und dann habe ich es auf einmal geschafft.

»Erik, bleib einfach nur liegen! Ich suche sofort eine Stelle, an der wir anlanden können«, sage ich zu ihm und streiche ihm über den Kopf. Erik weint, er bibbert vor Kälte. Doch ich kann nicht bei ihm bleiben, muß wieder nach hinten krabbeln und meinen Platz einnehmen. Dabei merke ich, wie auch mir Tränen übers Gesicht laufen.

Wir sind mittlerweile fast direkt vor der Packeisbarriere. Ich kann nicht riskieren, das Kanu vom Heck aus allein da durchzusteuern, dazu fehlt mir ein zweiter Paddler, der uns vorn von Hindernissen abstößt. Statt dessen liegt ein halberfrorenes Kind im Kanu.

»Erik, ich komme da allein nicht durch«, rufe ich nach vorn, »ich beache.« Ein Boot, das in Ufernähe havariert ist und zu sinken droht, »beacht« man, das heißt, man fährt es mit voller Geschwindigkeit auf den Strand – in diesem Fall halt auf das Eis. Ich paddle wie ein Geisteskranker und schramme uns mit Hilfe der Strömung Bug voraus auf festen Grund, springe hinaus und ziehe das Kanu weiter an Land. Erik ist bereits stark unterkühlt, ist nur noch Eis. Feuer, ist mein erster Gedanke, ich finde aber nur ein paar mickrige Weiden und Erlen. Also hole ich Erik erst einmal aus seinen bretthart gefrorenen Klamotten und ziehe ihm trockene Sachen an. Dann grabe ich unterm Schnee nach Treibholz, und sobald ich ein kleines Feuer in Gang habe, das aber nur qualmt und nicht wärmt, rubble und massiere ich meinen Jungen.

»Du mußt dich bewegen, Erik!«
»Ich kann nicht, Papa«, weint er.
Also reibe und knete ich weiter, versuche immer wieder, Erik dazu zu bringen, sich zu bewegen. Doch er hat einfach keine Kraft dazu. Irgendwann, ich weiß nicht, wieviel Zeit vergangen ist – eine Viertel-, eine halbe Stunde? –, hört Erik zu zittern auf. Ich baue das Zelt auf und stecke Erik in seinen Schlafsack. Das beste wäre, ich könnte mit hineinkriechen, um Erik von meiner Körperwärme abgeben zu können, doch dazu sind unsere beiden Schlafsäcke zu klein, und dummerweise sind sie nicht koppelbar. Das ist etwas, so schwöre ich mir, worauf ich in Zukunft unbedingt achten würde. Ich habe fast keine Kraft mehr in Händen und Armen, dennoch massiere ich Erik weiter, rubble und reibe wie von Sinnen. In meinem Kopf hämmert es: Du mußt deinen Sohn retten! Du mußt deinen Sohn retten! Du mußt ...

Nie könnte ich es über mich bringen, zu Hause anzurufen! Eher würde ich in den Fluß springen. Mir fallen die Geschichten ein, die ich über Väter und Mütter gehört habe, die ihr totes Kind Tage oder Wochen mit sich herumschleppten, nicht in der Lage, in die nächste Siedlung zu gehen oder Verwandten Bescheid zu geben. Oftmals wurden sie wahnsinnig und brachten sich selbst um.

»Ist genug, Papa, du schrubbst mir ja noch die Haut herunter.« Eriks Stimme reißt mich aus meinen trüben Gedanken. Mechanisch habe ich ihn immer weiter massiert. Nun erscheint ein zaghaftes Grinsen auf seinem Gesicht.

Im nachhinein ist man immer schlauer, sagt sich, hättest du doch eine Aludecke und Wärmepads eingepackt, hättest du doch ein Gewehr mitgenommen und eine Leuchtkugel oder ... Das ist ja alles schön und gut und im Ernstfall durchaus hilfreich, bloß, wohin mit all dem Zeug? In einem so kleinen Boot wie dem unsrigen ist der Stauraum limitiert. Natürlich haben wir wasserdicht verpackte Streichhölzer dabei und ein Stück

Feueranzünder für den Fall, daß es mal schnell gehen muß. In Survival-Büchern heißt es ja immer, ein Feuer zu machen sei kein Problem. In den meisten Fällen ist es das auch nicht. Aber sei mal in einer Situation, wo es darauf ankommt, in fünf Minuten ein wärmendes Feuer zu haben, und alles, was du findest, ist ein bißchen halbfeuchtes, fast gefrorenes Weidenholz, oder um dich her heult ein Sturm, und es regnet. Versuch dann mal, ein Feuer zu machen, das nicht nur qualmt, sondern wärmt! Keine Chance.

Außerdem bin ich ein Mensch, der sich sagt, wir leben in Deutschland wie in einem Full-size-Airbag, aber in der freien Natur will ich das nicht. Und kann es auch nicht. In der Wildnis kann man sich schlichtweg nicht gegen alles präparieren. Eine ganz große Gefahr ist, daß man sich auf der einen Seite zwar der Tatsache bewußt ist, hier draußen ein ganz kleines Licht zu sein, sich auf der anderen Seite trotzdem nicht ständig sagt, oh, das könnte jetzt aber gefährlich werden, jetzt paß ich lieber mal ein bißchen auf, sondern halt einfach was riskiert. Das ist nun mal so. In 99 Prozent der Fälle geht es ja auch gut.

Erik und ich reden noch heute – über ein Jahr später – ganz oft darüber, wenn wir zu Hause im Warmen und Trockenen sitzen: Weißt du noch damals mit dem Kanu? Man, war das kalt und kein Feuer. Was für ein Abenteuer! Bis ich dieses Buch schrieb, war dieser Vorfall ein Geheimnis zwischen uns beiden – nicht einmal Birgit wußte davon.

Obwohl dieses Erlebnis für Erik im ersten Moment ein richtiger Schock war, erholt er sich schnell davon.

»Hör mal, Erik, sollen wir abbrechen und uns ausfliegen lassen?«

»Nö, wieso denn?« Entgeistert schaut er mich an. »Es ist doch alles in Ordnung, mir geht es wieder gut!«

Das ist typisch Erik. Als ich mit ihm in der Beringsee unterwegs war, wurde er gleich zu Beginn seekrank. Er übergab sich ständig, war regelrecht apathisch. Es war so schlimm, daß ich die nächstmögliche Bucht ansteuerte und dort vor Anker ging. Erik hatte nur einen Gedanken: Nichts wie runter vom Boot. Erst Stunden später hatte er sich einigermaßen erholt. Da hätte man meinen mögen, er ginge nie wieder auf ein Segelboot. Doch weit gefehlt. Als ich zu ihm sagte, daß die ersten Lachse reinkämen, war alles vergessen. Sofort rauf auf den Kahn, raus in die Wellen und Lachse geangelt. Thore ist da ganz anders. Ihm stecken zum Beispiel die Negativerlebnisse, deren »Höhepunkt« ich am Anfang des Buches schilderte, noch heute in den Knochen. Als im Jahr darauf die Frage aufkam, ob wir wieder einen solchen Urlaub machen sollen, schüttelte er energisch den Kopf! Er will wieder zu den schönen großen Seen, nachschauen, ob die Hütte, die er sich gebaut hat, noch steht, im Sand wieder kleine Teiche graben und darin baden. Schiffchen bauen und Spaß haben. Das schon, doch mit dem *Tardis* wieder auf dem Yukon fahren? Nein, davon hat er die Schnauze voll!

Erik ist da schmerzfreier. Er ist so ein Typ, dem könntest du ins Knie schießen, und ein paar Tage später würde er humpelnd da weitermachen, wo er zuvor aufgehört hat. Es muß ihn nur interessieren. Sachen, die ihn nicht interessieren, macht er gar nicht erst.

Für Erik ist das Ganze also relativ schnell überstanden. Spätestens, als wir ein paar Wölfe sehen, die im Schnee herumtappen. Ihm ist wieder warm, das Wetter bleibt stabil, und wir kommen gut voran. Dann beißen auch noch ein paar Fische an, und Erik ist glücklich.

Von Schokolade und Schlafsack, Romantik und Realität

Endlich mal wieder was anderes als Instant-Food! Viel geben die Mini-Forellen zwar nicht her – satt essen können wir uns daran also nicht –, aber wir sind schon zufrieden, mal wieder den Geschmack von was Frischem auf der Zunge zu haben.

Die meisten Menschen denken, daß Abenteurer, die wochenlang durch die Wildnis ziehen, sich nur aus der Natur ernähren. Das können vielleicht so Typen wie Rüdiger Nehberg. Doch man stelle sich vor, ich würde versuchen, Erik, der seine Nudeln gewöhnt ist, mit geraspelter Birkenrinde, vermischt mit kleingehackten Brombeerblättern, abzufüttern. Das würde er einmal vielleicht noch ganz witzig finden, danach aber sagen, hör mal, du mutest mir hier ein bißchen viel zu.

Ich wage auch zu bezweifeln, ob Rüdiger Nehberg sich auf einer Tour, wie Erik und ich sie unternehmen, aus der Natur ernähren könnte. Nicht nur, daß wir für das Paddeln Energie brauchen, unser Körper verheizt zudem jede Menge »Brennstoff«, nur um die Körperwärme aufrechtzuerhalten, schließlich haben wir Tag und Nacht Minustemperaturen. Das kann man nicht mit den spärlichen Pflanzen ausgleichen, die man unter der Schneedecke findet.

Meine Erfahrung lehrt mich, daß man im Norden eine Basis an Nahrungsmitteln dabeihaben muß. Doch was läßt sich am besten transportieren und konservieren? In der kalten Jahreszeit kann man eigentlich alles mitnehmen, was man tragen kann, theoretisch sogar Eier, da sie sowieso die ganze Zeit gefroren wären. Als Energieträger ist Schokolade ganz wichtig, sie enthält eine Menge Fett und Kohlehydrate und macht außerdem gute Laune. Kekse und Müsliriegel eignen sich ebenfalls. Dabei sollte man nicht am Geld sparen, sondern hochwertige Sachen mitnehmen, die gut schmecken und viel Energie liefern. Früher war ich diesbezüglich Purist und dachte, ich hole mir ein paar getrocknete Moosbeeren und lebe davon. Das hält man nicht lange durch. Man hat bald keine Kraft mehr, und auch die Motivation läßt nach. An zweiter Stelle stehen definitiv Nudeln und dehydrierte Fertigprodukte. Vor allem letztere nehmen wenig Platz weg, wiegen fast nichts, und man kann sich daraus ein komplettes Menü zusammenstellen. Will man auf Kaffee nicht verzichten, empfiehlt es sich, Nescafé in dünne Plastikbeutel einzuschweißen. Ich selbst kann zur Not vier Wochen von Zwieback und Vitamintabletten leben und sag hinterher, das war eine super Diät. Mit Erik würde ich das nie machen.

Erik und ich haben folglich jede Menge Schokolade dabei (nicht, daß der halbe Packschlitten mit Snickers, Mars und Bounty bepackt wäre – aber fast) und ganz viele Nudeln, Teebeutel und Instanteistee. Tee ist ideal, weil man ihn heiß und kalt trinken kann. Und Instanteistee mögen halt besonders Kinder gern. Natürlich könnten wir uns wie Rüdiger Nehberg einen Fichtennadeltee brauen, doch wir wollen ja nicht einfach nur überleben, sondern auch Spaß und gute Laune haben.

Ganz wichtig, wenn man im Winter in solchen Gegenden »outdoor« unterwegs ist, ist Fett – egal in welcher Form, ob als Margarine, Butter oder Käse. Nimmt man zuwenig Fett zu sich, fängt man an zu frieren und stirbt möglicherweise an Unterkühlung.

Nicht zu unterschätzen sind die Vorteile eines kleinen Spezialkochers, der Diesel, Benzin, Brennspiritus, Mischungen aus all dem oder *white gas* (gereinigtes Benzin), also fast alles schluckt. Natürlich ist es schön, abends an einem Lagerfeuer zu sitzen, aber wenn man nach einem anstrengenden Tag so richtig k.o. ist, will man nicht erst noch in den Wald marschieren und Feuerholz sammeln. Solche Situationen haben Erik und ich oft. Da wollen wir nur noch ganz schnell heißes Wasser haben, ein paar Nudeln reinschütten – möglichst amerikanische, die nur warm werden müssen und schon quellen –, ein bißchen was Warmes in den Bauch und dann ab in den Schlafsack. Wenn wir die Muße dazu haben, machen wir uns natürlich ein Lagerfeuer. Wie jedes Kind kokelt Erik gern. Also bin ich fürs Holzsammeln zuständig und Erik fürs Feuermachen.

Ebenfalls wichtig in der Wildnis sind ein warmer Schlafsack und eine gute Isomatte. Unsere Schlafsäcke haben einen Komfortbereich bis minus 30 Grad, einen Überlebensbereich bis minus 38 Grad – laut Hersteller. Also den möchte ich mal sehen, der in dem Ding bei minus 38 Grad überlebt. Denn in dem Moment, wo sich unter dir die Daunen zusammendrücken, entsteht sofort eine Kältebrücke. Wer schon mal bei minus 30 Grad draußen geschlafen hat, weiß, was ich meine. Man muß sich selbst im besten Schlafsack alle zehn Minuten drehen – zum Glück macht man das irgendwann automatisch, im wahrsten Sinn des Wortes »im Schlaf« –, um von allen Seiten warm zu bleiben, weil erst der Hintern kalt ist, dann wieder der Bauch und so weiter.

Erik hat gleich zwei Isomatten dabei, eine aus Schaumstoff und eine richtig gute Thermarest. Das hilft. Außerdem haben wir ein ultramodernes Zelt, in dem, wenn man es einigermaßen windgeschützt aufstellt, die Temperatur deutlich höher ist als draußen.

Auf der einen Seite sind Erik und ich high-tech-mäßig ausgerüstet, mit GPS, modernen Karten, Satellitentelefon, superguten Skiern mit Bindungen, die man von Tourenski auf Abfahrt umstellen kann, mit den besten Klamotten, die man für Geld kaufen kann (von dem schwedischen Outdoorausrüster Fjäll Räven). Auf der anderen Seite zählt immer noch der Mensch. Der Mensch und sein Wille. Manchmal begegnen einem hier oben im Norden Typen, »Buschratten«, die tragen uralte Klamotten und noch ältere Bunny Boots (wasserdichte, extrem stark isolierte Gummistiefel) von der US-Army – und überleben auch. Der Mensch verläßt sich meiner Meinung nach ohnehin viel zu sehr auf seine Ausrüstung, weil er sich sagt, es kann ja gar nicht viel passieren, wir haben High-Tech hier und Mineral da und Powerdrink dort. Was soll da schon schiefgehen? Aber man kann sich nicht gegen alles absichern und für alles präparieren. Man braucht auch noch Wissen, Instinkt und Glück. Erik und ich hätten zum Beispiel ein kleines Gewehr mitnehmen können, statt dessen haben wir einen Jagdbogen dabei. Es gehört schon eine Portion Erfahrung und Geschick dazu, damit Moorschneehühner oder Schneehasen zu schießen.

Für mich ist es wichtig, daß Erik die Basics lernt, Dinge, die kein Schulunterricht der Welt bieten kann: in diesen Wochen gehört dazu zum Beispiel, wo man trockenes Holz findet (falls überhaupt welches in der Nähe ist), wie man im Schnee Feuer macht, wie man es am Brennen hält, wo man sich über Nacht postiert, damit das Zelt nicht durch den Funkenflug Brandlöcher abbekommt oder gar abbrennt, denn ein Zelt zu haben kann lebensentscheidend sein. Was Erik lernte, als wir in der Beringsee unterwegs waren, oder was er jetzt mitbekommt, kann ihm sein ganzes Leben von Nutzen sein. Ebenso wie die Erfahrungen, die er und Thore in ihrem Fußballteam in der Eifel machen. Dort lernen sie Teamgeist, nicht allein mit dem Ball von hinten bis ganz vorn durchzurennen, nach dem Motto, *ich* will jetzt das Tor schießen, sondern zu gucken, wer gerade frei steht, und dem den Ball zuzupassen; vielleicht schießt der ja das Tor, dann haben *wir als Team* gewonnen. Auch mal verlieren zu können, aber sich den Ball dann zurückzuerobern. Auch das wird einem nicht in der Schule vermittelt.

»Wo sind denn all die Tiere, Papa?«

Bislang ist unsere Ausbeute an Tierbeobachtungen erbärmlich, und Erik wird ungeduldig. Zwei Jahre zuvor, als wir durch die Shelikofstraße segelten, sah er unter anderem jede Menge Grizzlys und hat deshalb wohl ziemlich hohe Erwartungen. Zwar hatte ich ihn gewarnt, daß wir dieses Mal nicht so viele Tiere sehen würden, doch ich merkte schon vor der Abreise, daß er mir das nicht so recht glauben wollte. Daß wir aber *so* wenig zu Gesicht bekommen, überrascht mich selbst. Nur ein einziges Mal haben wir bisher einen Bären gesehen, nämlich den, der zaghaft aus seiner Winterhöhle lugte – eine eher unspektakuläre Begegnung.

Bären lassen sich meist an den Nordhängen einschneien, denn selbst in Alaska wird der Boden im Frühjahr an den Südhängen, wo die Sonne hinscheint, manchmal so weich, daß der schmelzende Schnee in die Höhle tropft. Dann müssen die Bären raus, denn Nässe können sie nicht vertragen. Die Höhlen sind viel kleiner, als man sich das vorstellt, gerade mal so groß, daß der Bär selbst hineinpaßt. Das macht auch Sinn, denn je kleiner die Höhle, um so weniger Körperwärme muß er abgeben, um sie warmzuhalten. Am Yukon sind die Bären von etwa Mitte Oktober bis April in der Winterruhe, also fast ein halbes Jahr.

Erik entdeckt schließlich ein paar Karibus. Er hat ein unglaublich gutes Gehör, und Karibus machen mit ihren umspringenden Sehnen im Lauf so eine Art Klackgeräusch.

»Papa, schau mal, alles Männchen.«

»Wie kommst du denn darauf?«

»Na, die haben doch alle ein Geweih.«

»Ja, das ist richtig, aber bei den Karibus tragen auch Weibchen ein Geweih. Übrigens die einzige Hirschart, bei der das so ist.«

»Und wie kann man sie dann unterscheiden?« will Erik wissen. Wie immer, wenn es um Tiere geht, fällt ihm zu jeder Antwort eine weitere Frage ein.

»Das Geweih der Weibchen ist kleiner.«

»Wieviel kleiner?«

Puh!

»Sehr viel kleiner. Es wird höchstens 50 Zentimeter lang, während das der Männchen mindestens 50 Zentimeter und bis zu 1,30 Meter wächst. Schau dir mal die Geweihe genauer an. Fällt dir noch was auf?« fordere ich Erik auf.

»Nein«, sagt er nach einer Weile und schüttelt den Kopf, »was meinst du?«

»Die Geweihe sind lauter Unikate, ein jedes sieht anders aus; mal sind die Schaufeln etwas größer, mal etwas kleiner, mal hat das Geweih mehr Enden, mal mehr Schwung; große Bullen tragen zum Teil bizarre, riesig große und wunderschön geformte Geweihe. Siehst du die kleine Schaufel, die direkt nach vorn absteht?« Erik nickt. »Die nennt man Schneeschaufel. Früher glaubte man, daß die Tiere damit den Schnee zur Seite schieben würden, um an Nahrung zu kommen.«

Schweigend betrachten wir eine Weile die Tiere.

»Hey, Papa«, nimmt Erik dann den Faden wieder auf, »schau mal, der da, der hat ja ein riesiges Geweih, das muß doch irre schwer sein.«

»Hm, keine Ahnung, wieviel das wiegt, aber die Geweihe der Karibus sind relativ leicht. Deshalb sind die Tiere auch erstaunlich wendig. Das merkt man bei den Brunftkämpfen. Die werden mit einer enormen Dynamik ausgetragen, sind heftig, aber kurz.«

»Und das alles nur, um ein paar Kühe zu haben«, schüttelt Erik verwundert den Kopf.

»Na ja, so sind wir Männer halt«, schmunzle ich und stupse Erik den Ellbogen in die Seite. »Im Unterschied zu den meisten Hirscharten kontrollieren Karibubullen aber nicht eine Gruppe von Kühen, sondern ein Territorium.«

»Und wer führt dann die Gruppen?«

»Meistens sehr erfahrene Kühe mit einem Kalb. Verliert die Kuh ihr Kalb, ist automatisch auch die Funktion als Leittier futsch.«

Allein hier in Alaska und im Yukon Territory leben fast eine Million dieser Tiere, die mit ihren weltweit sieben Unterarten die zahlenstärkste Huftierart der Erde sind. Da sich Karibus von langsam wachsenden Flechten und Moosen ernähren, sind sie ständig auf Nahrungssuche. Die einzelnen Gruppen ziehen in riesigen Herden oft über 500 Kilometer zwischen Sommer- und Winterfutterplätzen umher. Die größten Herden in Alaska sind die *Western Arctic Herd*, die *Porcupine* und die *Mulchatna*, wobei die Populationen großen Schwankungen unterliegen, die die unterschiedlichsten Ursachen haben: strenge Winter, Klimaschwankungen, Krankheiten, Futtermangel, Zunahme von Bären und Wölfen, deren bevorzugte Beute Karibukälber sind ... Auf kurze Entfernung wirken sie mit ihren bizarren Geweihen sehr majestätisch. Dennoch haben ihre großen, ausdrucksstarken Augen, die im Verhältnis zum Kopf viel größer sind als etwa bei den Elchen, immer etwas Scheues im Blick. Kein Wunder, Karibus sind absolute Fluchttiere, da sie von allen gejagt werden. Ganze Nahrungsketten hängen von den Karibus ab. Und ohne Karibus hätte es nie eine Besiedlung des Nordens durch den Menschen gegeben, denn die steinzeitlichen Jäger hätten ohne Karibus nicht überleben können. Die Tiere lieferten Fleisch, Kleidung, Material für Zelte, man konnte ihren ausgetretenen Wechseln folgen, den tief in den Boden eingetretenen Pfaden. Aus den Knochen konnte man Waffen und Werkzeuge herstellen. Und die Karibus standen das ganze Jahr über mehr oder weniger unbegrenzt zur Verfügung. Das heißt, man mußte keine Vorratshaltung betreiben, sie nicht im Permafrostkeller konservieren. Das war ganz entscheidend. Insofern ist das Karibu für die Inupiaqs auch heute noch ein ganz wichtiges Tier.

»Hab' ich dir schon mal erzählt, wie man nah an ein Karibu rankommt?« frage ich Erik.

»Nö, wie denn?«

»Du legst dich flach auf die Erde und schwenkst ein Tuch. Wenn Karibus ihren Schwanz, ihren Wedel, aufstellen, ist das eigentlich ein Alarm- oder Warnzeichen. Bei Karibus heißt aufgerichteter Wedel: Achtung, da stimmt irgend etwas nicht. Weil sie aber neugierig sind, kommen sie erst einmal nah an dich heran, um zu sehen, was da los ist. Auf diese Weise haben Cita und ich sie manchmal bis auf 20 Meter rangekriegt. Dann brannte bei Cita allerdings die Jagdsicherung durch, und sie hetzte die Tiere durch die Tundra. Einmal drehten die Karibus allerdings den Spieß um. Sie hatten ja noch nie so ein Wesen wie Cita gesehen und hielten sie wohl für einen kleinen Kojoten oder so. Na, jedenfalls jagten sie den Hund. Und der kam natürlich zu mir gerannt, Schwanz eingeklemmt, Ohren angelegt, und versteckte sich hinter Herrchen.«

»So wie mit dem Elch vor ein paar Tagen«, gluckst Erik.

Ich versetze ihm einen leichten Nasenstüber, muß aber ebenfalls lachen.

»Ja, nur daß die Karibus rechtzeitig abgedreht sind.«

Einmal finden wir die riesige Abwurfstange von einem Elch.

»Wow, Papa, schau mal, was für ein Riesenteil!«

»Ja wirklich, so ein großes Elchgeweih habe ich auch noch nie gesehen.«

»Das nehmen wir mit, gell?«

»Klar, wir haben auf dem Packschlitten ja grenzenlos viel Platz.«

»Och, Papa, so eine kapitale Stange, die finden wir nie wieder, die *müssen* wir mitnehmen!«

»Erik, das geht nicht.«

Die nächste halbe Stunde läuft mein Sohn schmollend hinter mir her, dann tauchen glücklicherweise Bisons auf und lenken ihn ab. Sie gleichen richtigen Monstern.

»O Mann, so groß habe ich sie mir nicht vorgestellt«, staunt Erik.

Ein Bison ist deutlich größer als ein Rind aus Deutschland. Ein ausgewachsenes Tier hat über eine Tonne Gewicht und wirkt durch sein dickes, wolliges Fell noch bulliger. Bisons sind nicht sehr scheu, auch dem Menschen gegenüber nicht, da sie heutzutage nur ganz selten bejagt werden. Und natürliche Feinde haben sie ohnehin nicht. An einen gesunden Bison wagt sich weder ein Wolfsrudel noch ein Grizzly ran. Als wir näher herankommen, entdecken wir ein Kälbchen, das hinter seiner Mutter Schutz sucht, und Erik ist hin und weg. Bisons sind hier im Norden ziemlich rar, und wir filmen und fotografieren, was das Zeug hält.

Nur selten entdecken wir einen Luchs, was mich zunächst erstaunt, denn Birgit und ich hatten diese Tiere auf unserer ersten Reise auf dem Yukon sehr häufig gesehen. Doch dann fällt mir auf, daß es auch wenig Schneehasen gibt, die Hauptnahrung des Luchses in arktischen Tundren und den Taigawäldern. Damit ist alles klar: Sind viele Schneehasen da, hat der Luchs viele Nachkommen; gibt es wenige Schneehasen, hat der Luchs wenige oder sogar gar keine Nachkommen. Auch Dallschafe – weiße Schneeschafe – bekommen wir kaum zu Gesicht. Alles in allem also eine magere Ausbeute an Kameramotiven.

In Alaska und Kanada hat man jedoch generell selten spektakuläre Tierbegegnungen, da alle Tiere auf Energiesparen ausgelegt sind. Das heißt, sie versuchen einfach nur über die Runden zu kommen. Nur während der Paarungszeit ist für ein paar Wochen Halligalli. Ansonsten herrscht ziemliche Ruhe. Selbst Rangordnungskämpfe sind eher selten, da sich die Tiere lieber aus dem Weg gehen. Sie wissen: Wenn ich zuviel Energie verbrenne, ist mein Durchkommen im nächsten Winter in Frage gestellt. Dasselbe gilt für die Völker hier im Norden, weshalb die nordischen Indianerstämme und die Inuits extrem friedliche Menschen sind. Sie mußten seit jeher die warme Jahreszeit dazu nutzen, auf Jagd zu gehen und Vorräte für den Winter anzulegen. Und wenn man rund um die Uhr damit beschäftigt ist, das Überleben zu sichern, kommt man nicht auf den Gedanken, loszuziehen und die Nachbarn zu überfallen.

Die Tiere hier haben zwei Möglichkeiten, über den Winter zu kommen: entweder einen langen Winterschlaf zu halten oder sich irgendwo möglichst still hinzustellen und darauf zu hoffen, daß die Tage wieder länger werden und die Sonne wieder wärmt. Die Evolution hat dafür gesorgt, daß die Tiere im Norden größer und kräftiger sind, da ein großer Körper die Temperatur besser halten kann. Andererseits sind zum Beispiel die Ohren, ein Körperteil, der relativ schnell auskühlt, kleiner als bei den Artverwandten im Süden. Und je weiter man in den Norden kommt, desto dunkler werden die Augen – auch die der Menschen –, weil ein dunkles Auge besser gegen das helle und vor allem gegen das viele Licht im Sommer geschützt ist.

Wer einmal schneeblind war, weiß, wie höllisch das schmerzt. Mich erwischte es vor Jahren so schlimm, daß ich noch nach einer Woche selbst in abgedunkelten Räumen eine Sonnenbrille aufsetzen mußte. Die ersten Tage war ich völlig blind, mußte immer die Augen schließen, am besten noch eine Augenbinde oder -klappe tragen, da selbst das Licht, das durch die Lider eindrang, weh tat. Ich habe in meinem Leben nie wieder derartige Schmerzen gehabt. Seither sind meine Augen ziemlich lichtempfindlich. Deshalb achte ich auch penibel darauf, daß Erik eine Sonnenbrille trägt. Von mir aus kann er sich dafür ruhig ein bißchen weniger waschen.

Am späten Abend, Erik hat sich bereits in seinen Schlafsack verkrochen, sehe ich auf einmal Polarlichter in allen Grünschattierungen über den Himmel tanzen. Das ist, egal in welcher Farbe, ein Schauspiel, an dem ich mich nie werde sattsehen können.

»Erik, Erik«, rufe ich, krabble ins Zelt und rüttle ihn wach.
»Hm? Was denn?« murmelt er total verschlafen.
»Nordlichter.«
Mit einem Schlag ist Erik hellwach und auch schon draußen. Er kommt aus dem Staunen nicht mehr heraus. Es vergehen etliche Minuten, bis er seine Sprache wiederfindet.
»Mensch, Papa, ist das schön«, haucht er ehrfürchtig.

Abschied von Erik

Die ersten Boten der großen Vogelzüge treffen ein. Bald werden sie alle kommen: Sandkraniche, Trompeterschwäne, Unmengen von Graugänsen und Eistauchern. Sie warten nur darauf, daß Frühling wird.

Für Erik ist die Zeit nun abgelaufen: Er muß zurück nach Deutschland, zurück in die Schule. Per Satellitentelefon gebe ich Randy, dem Piloten, der Erik wie besprochen ausfliegen soll, unsere Koordinaten durch.

»Warum darf Cita bei dir bleiben, und ich nicht?« fragt Erik wie ein kleines Kind.
»Mensch, Erik, das weißt du doch, wegen der Schule.«
»Ich will aber nicht in die Schule, ich will hierbleiben.«
»Freust du dich denn nicht darauf, wieder bei Mama und Thore zu sein?«
»Doch, schon, aber ...«
»Na also«, falle ich ihm entgegen meiner Gewohnheit ins Wort, »und in den Sommerferien kommst du mit Mama und Thore ja wieder.«
»Ja, aber wenn dir was passiert? Ich kann dich doch nicht einfach allein lassen.«

Mein Junge macht sich tatsächlich Sorgen um seinen »Alten«, der die nächsten Wochen allein durch die Wildnis ziehen wird. Andererseits weiß er natürlich: Frühjahr heißt

Abenteuer, viele Tiere, das Leben erwacht, alles wird anders werden. Und er beneidet mich auch ein bißchen darum, daß ich dableiben und dies alles erleben darf.

Das Flugzeug kommt, landet auf dem zugefrorenen See. Erik und ich halten uns lange im Arm, wollen uns nicht trennen. Der Abschied tut weh – beiden von uns. Aber ich glaube, ich weine sogar mehr als Erik. Schließlich drängt Randy zum Aufbruch, und Erik steigt schweren Herzens ein.

Ich winke noch, als das Flugzeug mit meinem Sohn schon längst verschwunden ist.

Mein Solo-Trip

Auf der Suche nach Moschusochsen

Die Zeit danach – bis zu dem Treffen mit Birgit, Erik und Thore in den Sommerferien – nutze ich für Tieraufnahmen. Denn schließlich bin ich ja nicht zu meinem Vergnügen unterwegs, sondern in Deutschland sitzen ein paar Leute, die erwarten, daß ich außergewöhnliches Filmmaterial liefere. Andererseits bin ich Tierfilmer aus Leidenschaft, so daß ich im Grunde doch zu meinem Vergnügen unterwegs bin – und das auch noch bezahlt bekomme. Wer kann das von seinem Beruf schon sagen?

Gern kehre ich an Orte zurück, an denen ich früher schon mal war, um zu sehen, ob – und wenn ja, wie – sich etwas verändert hat. Diesmal will ich erkunden, wie es den Moschusochsen hoch im Norden nach diesem extrem langen Winter geht. Vielleicht finde ich einen verendeten Moschusochsen, an dem ein Grizzly oder ein paar Wölfe knabbern. Wie verläuft die Geburt der Elchkälber dieses Jahr? Wo werden die Karibus ihre Kälber setzen? Was machen die Dallschafe? All das fasziniert mich unheimlich, und ich bin sehr gespannt, was mich die nächsten Wochen und Monate erwartet.

Es ist eine schöne Zeit. Cita ist gut drauf, ich bin gut drauf. Die Tage werden merklich länger, und je mehr Licht man hat, desto aktiver ist man. Ab Mitte April geht die Sonne dann gar nicht mehr unter, das heißt: 24 Stunden Tageslicht. Das Frühjahr hat aber auch einen großen Nachteil: Unmengen von Moskitos, die mir das Leben zur Hölle machen. Je weiter ich in den Norden komme, desto besser wird es allerdings mit den Stechbiestern, denn da ist es ihnen noch zu kalt.

Der Yukon verliert allmählich seine »Feindlichkeit« und behindert mich nicht mehr durch Eisbarrieren, Stromschnellen und klirrende Kälte. Ich fühle mich wie befreit. Die Wochen mit Erik waren ja keine klassische Kanutour. Alle paar Kilometer mußten wir das Kanu aus dem Wasser ziehen, uns im wahrsten Sinn des Wortes auf dünnes Eis begeben, waren immer in Gefahr, irgendwo einzubrechen, setzten das Kanu wieder ein, paddelten wieder ein bißchen. Das war nicht das, was sich der Kanut so wünscht. Es war nicht nur sehr gefährlich, sondern auch brutal anstrengend. Erik und ich hatten uns irgendwann darauf eingestellt, trotzdem standen wir unter enormer Anspannung, die sich das ein oder andere Mal auch entlud. Zum Glück sind weder Erik noch ich nachtragend.

An einem der vier großen »Hotspots« des Lachszugs in Alaska, wo sich jedes Frühjahr unzählige Grizzlys tummeln, gelingen mir ungewöhnliche Aufnahmen. Die Bären lassen mich bis auf ein, zwei Meter an sich heran, sind derart mit den Lachsen beschäftigt, daß sie gar keine Notiz von mir nehmen. Sie haben sich an den Lachsen bereits so satt gefressen, daß sie nur noch die Leckerbissen verspeisen, etwa das besonders nahrhafte Gehirn und die Eier. Einmal wird es allerdings brenzlig: Ich knie mit Kamera und Stativ in einem flachen Flußbett, um mich herum sechs, sieben Grizzlys, als zwei von ihnen in knapp drei Meter Entfernung zu kämpfen beginnen. Zu voller Größe aufgerichtet, messen sie ihre Kräfte. Sollte der Unterlegene in meine Richtung flüchten, würde er mich glatt über den Haufen rennen, und ich könnte von Glück reden, wenn ich mit ein paar blauen Flecken davonkäme – was mich nicht daran hindert, das Ganze zu filmen. Schließlich trollen sich die beiden Kampfhähne in die entgegengesetzte Richtung.

Auf der Suche nach Moschusochsen lasse ich den Yukon weit hinter mir, ziehe hoch in den Norden, fast bis an die Beaufort Sea, das Nordmeer. Der Norden ist eine baumlose Region, eigentlich eine arktische Wüste. Es gibt nur niedere Pflanzen, die höchsten sind kniehohe Weiden. Lediglich in Tälern finden sich mal bis zu zwei Meter hohe Weidenbuschgruppen. In dieser offenen Tundralandschaft faucht immer ein Wind, und es ist extrem trocken. So trocken, daß im Winter gerade mal 20 Zentimeter Schnee fallen. Ich mag diese Landschaft, in der man unheimlich weit gucken kann; auf viele Menschen wirkt die grenzenlose Weite hingegen bedrohlich. Keiner der Bekannten und Freunde, die in den letzten 14 Jahren mit hierher gekommen waren, hatte sich in der Tundra wohlgefühlt. Obwohl man durchaus Schutz findet, zum Beispiel in Tälern oder an Felsformationen. Immerhin lebten nomadische Jägergruppen über Jahrtausende in dieser Gegend. Aber es ist eine sehr eigenwillige Landschaft. Hinzu kommt die Stille – das leichte Windrauschen nimmt man irgendwann gar nicht mehr war. Ansonsten hört man nur ab und zu irgendwo einen Gletscherabfluß brummeln oder rauschen. Und Vögel. Erstaunlich viele Vögel, mehr als am Yukon: Eistaucher, sehr viele Gänse, verschiedene Schnepfenarten, Brachvögel und viele Moorschneehühner.

Moschusochsen – sowohl die männlichen wie die weiblichen Tiere heißen so – machen keine großen Wanderungen. Daher weiß ich, wo ich sie in etwa finden werde. »In etwa« ist zwar ein Territorium halb so groß wie Bayern, aber zumindest ist der Blick nicht durch Berge verstellt. In diesem einigermaßen fest umgrenzten Gebiet also haben die Moschusochsen ihre Stationen, die sie regelmäßig im wahrsten Sinn des Wortes abgrasen.

Als wir auf eine Herde dieser urzeitlichen Tiere stoßen, gerät Cita völlig aus dem Häuschen. Sie hat noch nie in ihrem Leben Moschusochsen gesehen, und bevor ich etwas unternehmen kann, attackiert sie einen der Bullen! Der brummt nur mal kurz, so nach dem Motto: Was willst du denn hier? Cita ist außer Rand und Band: Wieso reagieren die nicht auf meine Attacken? Ich bin doch ein Hannoverscher Schweißhund! Und tatsächlich schafft sie es, einen Bullen aus der Herde herauszudrängen. Der flüchtet ein Stückchen, und Cita ist furchtbar stolz. Doch sie gibt sich mit diesem Erfolg nicht zufrieden, verbellt und stellt das Tier. Der Moschusochse kümmert sich nun aber nicht weiter um sie und fängt wieder zu fressen an. Cita ist fassungslos. All mein Rufen und Schreien hilft nichts. Schließlich muß ich den Hund auf den Arm nehmen und wegtragen!

Moschusochsen sind seit dem Verschwinden der Wollnashörner und der Mammuts die letzten Vertreter einer eiszeitlichen Spezies mit wolligem Haar. Es ist das wärmste und längste Haar aller noch lebenden Tierarten. Früher zupften die Inuit-Frauen diese Haare, die an niedrigen Weidenbüschen hängen blieben, von den Zweigen, sponnen sie und webten daraus ihre warme Kleidung. In der Sprache der Inuits heißen Moschusochsen bezeichnenderweise »die Bärtigen« beziehungsweise »die mit dem Bart«. Das lange Haar, das fast bis zum Boden reicht, läßt die Tiere übrigens viel massiger wirken, als sie sind. Der gedrungene Körper wird gerade mal bis zu 350 Kilogramm schwer – das ist weit weniger, als ein Elch wiegt.

Früher hatten die Jäger ein großes Problem, diese Tiere zu töten, weil die Pfeilspitzen kaum durch das dicke Fell und die kräftige Muskulatur darunter drangen. Auch Raubtiere haben kaum eine Chance, einen Moschusochsen zu erlegen. Daher suchen diese Tiere, wenn sie angegriffen werden, egal ob von Menschen, Wölfen oder Bären, ihr Heil nicht in der Flucht. Statt dessen bilden sie eine Art Wagenburg, eine Strategie, die sich über Jahrmillionen bewährt hat. Im Zentrum einer solchen Formation stehen die schwachen und jungen Tiere, nach außen abgeschottet von den große Kühen und Bullen, die den Kopf mit der schweren Hornplatte und den Hörnern dem Angreifer zuwenden. Es ist nahezu unmöglich, ein Tier aus dieser Festung herauszulösen. Ich beobachtete mal einen Grizzly, der ein Junges von der Herde isolieren wollte. Er schlich um die Moschusochsen, versuchte ab und zu einen Angriff auf eines der Kälber zu starten, doch jedesmal schlossen die Bullen sofort den Kreis, machten so eine Art Schädelschluß, so, wie früher die Soldaten ihre Schilde hochrissen, wenn der feindliche

Speer angeflogen kam. Der Grizzly zog schließlich unverrichteterdinge ab. Mit dem Aufkommen der Schußwaffen wurde diese Verteidigungsstrategie obsolet. Als die Inuit-Stämme im Tausch gegen Walroßelfenbein die ersten Gewehre erhielten, taten sie erst einmal nichts anderes, als alles zu erlegen, was kreuchte und fleuchte, und weil die Moschusochsen nicht wegrannten, sondern stehen blieben, gaben sie ein einfaches Ziel ab. Gegen Ende des 19. Jahrhunderts waren sie in Nordamerika ausgerottet. Die gut 2000 Moschusochsen, die heute in Alaska leben, sind Nachfahren einer aus Grönland eingeführten Art. Heute stehen sie mehr oder weniger unter Artenschutz. »Mehr oder weniger« bedeutet, daß die Natives mittlerweile wieder auf sie jagen dürfen.

Nicht nur ihr Äußeres, auch das Verhalten der Moschusochsen weist auf die Eiszeit: Energie sparen, also wenig bewegen, viel fressen und ruhen. Selbst die Rangkämpfe sind archaisch. Die Bullen rasen kerzengerade aufeinander zu und donnern mit ihren schweren Schädeln frontal zusammen, immer und immer wieder, bis zu zwanzigmal. Die Anlaufstrecke wird länger, das Tempo irrwitziger, das Aufeinanderkrachen härter und lauter – bis einer aufgibt. Kein Antäuschen, kein Ausweichen, keine Finesse.

Wenig später mache ich in einem riesigen Tal mit einem Gletscherabfluß eine weitere Herde aus. Dort werden gerade die ersten Kälber geboren, und es erscheint mir sicherer, Cita im Zelt zu lassen. Die ersten Weibchen bekommen ihre Jungen Anfang Mai oder sogar noch Ende April, die letzten erst Ende Mai. Moschusochsen können sich einen so langen Setzakt – und auch die sehr lange Brunft – leisten, weil sie sehr wenig wandern und keine Fluchttiere sind. Im Gegensatz zu den Karibus, die immer auf Achse sind. Bei Karibus ist die Brunft sehr kurz. Das ganze Drum und Dran dauert zwar lange, aber das eigentliche Paaren ist eine Sache von wenigen Tagen, da praktisch alle um denselben Geburtstermin kalben müssen: Sobald das erste Karibu kalbt, stoppt die ganze Herde, und dann kriegen alle Kühe ihre Kälber innerhalb von drei oder vier Tagen. Dann ziehen sie weiter. Wer nicht mitkommt, hat Pech. Die Kühe versuchen ihr Junges zwar eine Weile anzutreiben, wenn es zurückbleibt, doch der Herdentrieb ist stärker als der Mutterinstinkt – auch eine Form der Auslese. Bei Moschusochsen sieht das ganz anders aus. Da stehen alle in einem Tal, mal kriegt das eine Weibchen ihr Kalb, mal das andere, alles ganz gemütlich, und die Bullen stehen um sie herum. Und wenn ein Grizzly auftaucht, was durchaus vorkommt, formieren sich alle zum Schutzwall und nehmen die aufgeregten Kleinen in die Mitte. Manchmal gucken deren Ärschlein zwischen den Großen heraus, so nach der Vogel-Strauß-Methode: Ich sehe nichts, bin ja in der Herde drin, also sieht der mich auch nicht. Und der Bär ist machtlos. Die Tundra-Grizzlys sind in der Regel ohnehin sehr klein. Das hängt damit zusammen, daß sie sich überwiegend vegetarisch ernähren. Dort oben gibt es keine Lachse, findet sich höchstens mal ein totes Karibu. In erster Linie leben sie also von Wurzeln, Beeren, Gras, plündern mal ein Vogelnest – oder gucken, was ein Tierfilmer so an Genießbarem zu bieten hat.

An einem sonnigen, warmen Abend, es hat um die null Grad und ist sehr trocken, sitzen Cita und ich im Schutz des Zelts vor einem Minifeuer aus den wenigen trockenen Zweigen, die ich aus den Weidenbüschen zusammengesucht habe. Feuer zu machen ist dort oben sehr schwierig, weil es fast kein Holz gibt. Cita hat nur Nase und Augen für die Suppe, die ich gerade koche, obwohl ich ihr bereits von meinem selbstgemachten Stockbrot gegeben habe. Auf einmal hören wir beide hinter uns ein Geräusch und drehen uns um. Nur sieben, acht Meter hinter uns steht eine Grizzly-Bärin, etwa 20 Meter dahinter liegen ihre zwei Jungen. Sie hat wohl das Brot und die Suppe gerochen – Cita und mich bestimmt auch, doch das hat sie nicht davon abgehalten, sich an uns anzupirschen.

Ich gebe einen erschreckten Laut von mir, und Cita greift ohne nachzudenken an. Die Bärin geht für einen Moment in Verteidigungsstellung, die Jungen – kleiner als Cita – stellen sich sofort auf die Hinterbeine und sind völlig außer sich. Als die Bärin die Geräusche der Kleinen hört, rennt sie zu ihnen, um sie zu schützen. Cita startet wieder einen Angriff. Ich pfeife und rufe, doch Cita läßt das kalt. Da merkt die Bärin, daß sie einen Riesenfehler begangen hat, und flüchtet mit ihren Jungen – und die verrückte Cita hinterdrein.

Bären können extrem schnell sprinten, selbst kleine Jungbären sind gute Läufer. Die drei rennen durch einen flachen Fluß, daß das Wasser nur so spritzt. Von Cita höre ich immer Hetzlaut, dann wieder Standlaut, sehen kann ich sie nicht. Sie bleibt extrem lange an den Bären dran. Dann ist Ruhe. Kein Laut mehr. Angst kriecht in mir hoch.

»Cita! Ciiita!«

Nichts. Sie zu suchen ist sinnlos, sie kann überall und nirgends sein. Nach einer Ewigkeit, so scheint es mir zumindest, kommt sie zurück – mit einem Gang wie John Wayne, die Brust weit rausgedrückt, nach dem Motto, was bin ich doch für ein taffer Hund, habe die ganz easy in die Flucht geschlagen. Als ich sie dann noch lobe, bläht sie sich immer mehr auf. Dazu muß man wissen, daß der Grizzly der uneingeschränkte Herrscher in Nordamerika ist, so wie der Löwe in Afrika. Der Grizzly hat, außer dem Menschen und abgesehen vom Polarbär, mit dem er sich naturgemäß selten ins Gehege kommt, keine Feinde. Natürlich kann Cita das nicht wissen, trotzdem finde ich es unglaublich spannend und interessant, daß dieser kleine Hund, der nur nach angewölften Instinkten funktioniert, sofort einen Angriff gegen den Grizzly startete. Es war der erste Grizzly in Citas Leben, der erste, der ihr richtig nahe war. Sie hatte bis dahin immer nur Witterung von Bären bekommen – und diesen Fährten unbedingt folgen wollen und war kaum zu halten gewesen. Ein Hund hat entweder Angst, oder er greift an – oder er weiß nicht so recht. Dabei ist es völlig egal, ob der Angegriffene zehn oder nur drei Zentner wiegt.

Die taffe Cita

Cita wird nach diesem Erfolgserlebnis zu selbstbewußt, geht mit allen Tieren, die da oben leben, für meinen Geschmack zu selbstsicher um. Die Folge ist, daß sie, wenn ich zu den Moschusochsen gehe, nicht mehr am Camp bleiben will. Ich muß sie dort festbinden. Ihr Job ist ja auch, das Camp zu bewachen, da der Verlust des Zelts lebensbedrohlich sein kann. Grizzlys sind nicht nur scharf auf Lebensmittel, sondern auch auf Sonnencreme und Zahnpasta – die sind für sie wie eine Droge. Man kann diese Dinge zwar in einen bärensicheren Container packen, aber der muß ja auch irgendwo stehen. Und wenn ein Bär diese Köstlichkeiten riecht, zerstört er das ganze Camp, nur um an die blöde Tube ranzukommen. Ich verlor dadurch schon mal ein ganzes Camp. Es hatte nichts genutzt, daß ich um das Zelt herum Mottenkugeln gelegt, überall hingepinkelt und Bärenspray versprüht hatte. War völlig für die Katz. Der Bär nahm alles komplett auseinander.

Cita wird also immer greller und taffer, fängt an, mir entgegen meiner Befehle zu folgen oder eben Moschusochsen anzugreifen. Das geht so weit, daß ich sie nicht mehr richtig unter Kontrolle habe. Das liegt zum Teil sicher auch daran, daß ich im Zwiespalt bin. Einerseits will ich natürlich, daß sie die Herde in Ruhe läßt, damit ich meine Bilder drehen und das Leben dieser Tiere dokumentieren kann, auf der anderen Seite bin ich stolz auf sie und denke, Mann, hab' ich einen tollen Hund dabei. Was in gewisser Weise verständlich ist, denn Cita ist in den zwei Monaten, die wir allein unterwegs sind, wie ein Partner.

Kein anderes Tier schließt sich dem Menschen so nah an und folgt ihm so bedingungslos wie ein Hund – im Positiven wie im Negativen. Das kann man mit keinem Pferd erreichen, denn ein Pferd ist ein Fluchttier, und mit keiner Katze, denn die will unabhängig sein. Wenn man zusätzlich ganz allein und auf sich gestellt ist, so wie ich es in der Tundra bin, dann nimmt der Hund eine ganz wichtige Position ein. Und er spürt das natürlich. Ich brauche nicht einmal Worte, um mich mit Cita zu verständigen. Vieles gebe ich ihr durch Zeichensprache zu verstehen, und oft gibt es eine Art Schwingung zwischen uns. Sie bekommt sofort mit, wenn ich in Jagdfieber gerate und mich an irgend etwas anpirsche. Als sie jedoch den Bären und den Moschusochsen attackierte, da brach einfach ihr urtypisches Wesen durch. Hannoversche Schweißhunde sind die älteste Jagdhundrasse der Welt, hervorgegangen aus der alten Keltenbracke, mit der, wie der Name sagt, schon die Kelten jagten. Damals – wie heute noch – setzte man Schweiß- beziehungsweise Bluthunde ein, um verwundete Tiere aufzuspüren, zu verfolgen und »zu Stande« zu hetzen.

Einmal legt sich Cita sogar mit einem Stachelschwein an. Das Stachelschwein rennt nicht weg, wenn es angegriffen wird, sondern stellt sich, macht einen Buckel und dreht sich mit dem Rücken zum Angreifer. Und wenn der ganz nah kommt und an dem Stachelschwein schnuppern oder hineinbeißen will, schießt – *paff!* – der stachelbewehrte Schwanz hoch und trifft ihn, meistens an sehr empfindlichen Stellen. Wer die Stacheln in die Lefzen, die Nase oder die Zunge kriegt, hat Glück, wenn die Dinger rauseitern, im anderen Fall kann er nicht mehr fressen und geht jämmerlich zugrunde. Auch junge Grizzlys müssen diese Erfahrung erst einmal machen. Sie gehen zwar selten an einer Konfrontation mit einem Stachelschwein ein, doch ich sah schon etliche Jungbären humpeln und entdeckte aus der Nähe dann die Stacheln in der Pfote. Wenn ein Bär das ein- oder zweimal erlebt hat, macht er einen Bogen um Stachelschweine. Hunde sind da ganz anders. Die legen sich auch fünfmal im Jahr mit einem Stachelschwein an und werden fünfmal im Jahr betäubt, damit man ihnen die Stacheln mit der Zange herausziehen kann. Cita kommt zum Glück unbeschadet davon. Aber es ist eine wilde Zeit. Auch wenn ich in die Berge zu den Dallschafen gehe, muß ich Cita zurücklassen. Das ist sonst wie bei dem Wolf und den sieben Geißlein, es bricht einfach aus ihr heraus.

Wer ist hier der »Wilde«?

Vielleicht ist ja die Tundra an Citas seltsamem Gebaren schuld. Auch ich »ticke« jedesmal, wenn ich in dieser kargen Gegend bin, anders, empfinde und spüre ganz anders. Wenn ich zum Beispiel in der Ferne Moschusochsen sehe, wachsen ihnen in meiner Vorstellung auf einmal Rüssel, und dann sehen sie mit ihrem langen Fell und dem Buckel aus wie Mammuts, Mastodons. Und sie hören sich auch so an, denn sie grummeln und brummen wie große, alte Elefanten. Ich jage wie meine Vorfahren mit Pfeil und Bogen, und das erlegte Wild wird beinahe komplett aufgegessen. Nur Reste fallen für Wölfe und Vielfraße ab. In dieser Eiszeitsteppe werden Instinkte und Empfindungen in mir wach, die ich in Deutschland oder auch im Süden Alaskas in dieser Form nicht spüre. Je länger ich da oben bin, desto mehr verwildere ich. Und mit Cita passiert dasselbe. Allerdings in einem Tempo, das mich völlig überrascht, denn mein domestizierter, »kultivierter« Hund streift binnen weniger Tage die Zivilisation ab.

»Verwildern« heißt nun nicht, daß ich mich grunzend und schnaubend im Affengang voranbewege wie ein Neandertaler. Vielmehr spüre ich, wie Instinkte wach werden, die in der zivilisierten Heimat mit all ihrer Reizüberflutung verkümmern, und wie sich meine Sinne schärfen. Nach etwa einer Woche fällt mir auf, daß ich besser höre, besser riechen kann, und ich bilde mir sogar ein, besser zu sehen. Sei es, wie es mag, jedenfalls nehme ich die Umwelt viel intensiver wahr. Ich lebe in dem Rhythmus, den die Natur vorgibt, und nicht nach irgendwelchen Terminen.

Leider ist diese Art zu leben den Inuits abhanden gekommen. Die First Nation People sind längst nicht mehr, wie wir aus der »zivilisierten« Welt sie gern sehen: edel und wildniserfahren, ein Volk, das die Natur achtet und auf seine Instinkte hört. Heutzutage jagen die Inuits mit Kleinkaliberbüchsen vom Boot aus. Sie warten, bis eine Gruppe Karibus einen Fluß überquert, dann brettern sie mit ihren Motorbooten hin und versuchen den Hals der Tiere zu treffen. So manches Karibu bekommt einen Streifschuß ab, flüchtet aus dem Wasser, blutet, rennt kilometerweit in die Tundra. Kein Native käme auf die Idee, die Fährte zu verfolgen und dem verwundeten Tier den erlösenden Fangschuß zu geben. Als ich einmal mit Cita die Spur eines verletzten Karibus aufnahm und nach Stunden zurückkam, um voller Stolz zu vermelden, daß wir es gefunden und ich es geschossen hätte, war ihre Reaktion: Wie weit ist das? Fünf Meilen? Laß es liegen, das fressen die Wölfe! Der »edle Wilde« – so stellen wir uns das vor – hätte gefragt: Hast du das Herz mit? Und das Geweih? Jetzt machen wir erst einmal einen Tanz, guter Hund und so. Die dachten nur, der Typ aus Deutschland hat sie nicht mehr alle, der will dieses Karibu zerlegen und meilenweit durch die Tundra schleppen.

First Nation People sind praktisch denkende Menschen. Wenn sie die Möglichkeit haben, ein Karibu, das über den Fluß ziehen will, am Ufer zu schießen, was viel fairer wäre, weil das Tier eine Chance zur Flucht hätte, machen sie es nicht. Wir schießen es doch nicht am Ufer! Wir lassen es ins Wasser gehen, und sobald es keinen Boden mehr unter den Füßen hat und dem Motorboot unterlegen ist, fahren wir heran und geben ihm einen Fangschuß. Natives denken, was das angeht, nicht in den Kategorien »fair« und »unfair«.

Thommy aus Hoyerswerda ...

An einer völlig ungeschützten Stelle mitten in der Tundra entdecken Cita und ich ein braunes Zelt. Davor sitzt jemand in einer roten Jacke. Ich denke, wer zur Hölle baut da sein Zelt auf!? Vom arktischen Ozean bläst ein eisiger Wind, es ist so unglaublich kalt, daß man eigentlich überhaupt keinen Bock hat, draußen zu sein. In dem Tal, in dem Cita und ich laufen, ist es einigermaßen windgeschützt, doch das Zelt steht am Ende des Tals auf der freien Fläche! Als wir noch etwa 200 Meter entfernt sind, rufe ich das erste Mal. Keine Reaktion. Mein Ruf ist wohl nicht durch die dicke Kapuze gedrungen. Cita und ich gehen näher heran, und um den Mann nicht zu sehr zu erschrecken, rufe ich aus 20 Meter Entfernung ein zweites Mal.

»Hello!«

Der Typ hebt fast auf der Stelle mit beiden Beinen vom Boden ab und murmelt irgend etwas. Der arme Kerl hat sich total erschrocken. Na ja, wer rechnet in dieser verlassenen Wildnis schon damit, auf einen Menschen zu treffen? Wir wechseln ein paar Worte, und ich spitze die Ohren. Da klingt durch das Englisch doch eindeutig ein sächsischer Zungenschlag durch? Und tatsächlich, Thommy kommt aus Deutschland. Ursprünglich aus Hoyerswerda, lebt er jetzt in München. Das muß man sich mal vorstellen: Mitten im Nirgendwo am Ende der Welt trifft man auf einen Landsmann!

»Wo kommst du denn jetzt her?« will ich wissen.

»Aus Inuvick. Kennst du das?«

»Ja, das ist 'ne kleine Siedlung ganz oben, schon fast an der Beaufort Sea. Und wo willst du hin?«

»Nach Feuerland«, antwortet Thommy, als sei das mal eben um die Ecke.

Ich glaube mich verhört zu haben!

»Nach Feuerland?« hake ich sicherheitshalber nach.

»Ja.«

»Wie denn?« frage ich völlig fasziniert und schaue mich neugierig um, doch außer einem kleinen Zelt ist weit und breit nichts zu sehen.

Thommy beobachtet mich amüsiert und läßt sich mit der Antwort Zeit. Schließlich sagt er: »Zu Fuß.«

Das verschlägt mir endgültig die Sprache. Zu Fuß vom äußersten Norden Nordamerikas an die südlichste Spitze Südamerikas. Was für ein Vorhaben! Andererseits: Thommy ist groß, schlank, hat lange Beine – eigentlich der ideale Typ, um weite Strecken zu gehen.

»Ganz schön langer Weg«, bringe ich schließlich hervor und denke mir, Mensch, Andreas, du hast auch schon mal Intelligenteres von dir gegeben. »Und du läufst wirklich alles zu Fuß? Kein Trampen mal zwischendurch?«

»Nein, das mach' ich nicht.«

»Aber warum denn ausgerechnet zu Fuß?«

»Hiken oder Mountainbiken kann doch jeder heutzutage. Ich tippel das! Ich hab's schon mal probiert. Damals bin ich in Feuerland losmarschiert und bis Bolivien gekommen. Tja, da wurde ich dann ausgeraubt und mußte das Ganze abbrechen.«

Dann erzählt er mir, daß dies der Grund ist, warum er sich so über mich erschrocken hat. Bis zu jenem Vorfall hatte er nur positive Erfahrungen mit den Menschen in Südamerika gemacht. Bis er zu den Pyramiden in Bolivien kam und dort, wie schon so mancher Tourist, professionellen Räuberbanden in die Hände fiel. Sie schlugen ihn zusammen und nahmen ihm bis auf die Unterhose und das T-Shirt alles weg. Thommy kam wohl nur deshalb mit dem Leben davon, weil er sich totstellte. Irgendwie schlug er sich zur deutschen Botschaft durch, bekam einen Ersatzpaß ausgestellt und etwas Geld. Traumatisiert und desillusioniert kehrte er nach Deutschland zurück und arbeitete in München als LKW-Fahrer.

Schon bei meiner Ankunft ist mir aufgefallen, daß Thommy stark humpelt.

»Bist du in ein Stachelschwein getreten, oder hast du Frostbeulen?«

»Ich hab' mir richtig dicke Blasen gelaufen, und wie es aussieht, habe ich an der ein oder anderen Stelle leichte Erfrierungen.«

»Hast du die Schuhe denn nicht vorher ausprobiert und eingelaufen?«

»Ne, hab' ich nicht.«

Da kann ich nur den Kopf schütteln. Der Typ macht sich zu Fuß auf eine Strecke von über 30 000 Kilometern und testet vorher nicht einmal sein Schuhwerk!? Er hat auch üble Probleme mit seinem Zelt. Es ist überhaupt nicht sturmfest, und mittlerweile hat der Wind noch einen Zahn zugelegt. Als ich Thommy darauf anspreche, meint er, er sei halt nicht so wohlhabend und müsse schon ein bißchen aufs Geld achten. Ich baue mein Fjäll Räven-Zelt auf. Das geht zack, zack, und es steht im Sturm wie eine Eins, bewegt sich kein Stück, während Thommy immer noch mit dem seinen kämpft.

»Mensch«, sage ich zu ihm, »wenn du so eine Sache machst, ist Gewichtsparen doch alles. Bei so einer Strecke ist das Beste doch gerade gut genug! Da würde ich doch investieren!«

Als es ans Abendessen geht, stellt sich heraus, daß er nicht einmal einen kleinen MRC-Brenner dabeihat. Das finde ich sehr befremdlich. Ich bewundere Thommy für das, was er vorhat, und die Konsequenz, mit der er es macht. Aber er ist auch ein bißchen durchgeknallt. Man ist bei so einer Tour eh schon spartanisch im Essen, bereitet sich irgendwie seine Nudeln oder stopft sich einen Energieriegel rein, doch Thommy treibt das auf die Spitze. Zunächst halte ich es für einen schlechten Scherz, als er eine Kerze unter einen Blech- oder Aluminiumnapf stellt, um Wasser aus dem Gletscherabfluß zu erwärmen. Als es einigermaßen warm ist, gibt er einen Brühwürfel hinein, der sich natürlich nicht richtig auflöst – das ist tatsächlich sein Abendbrot!

»Wie lange, glaubst du, wirst du es auf diese Weise durchhalten?« kann ich mir nicht verkneifen, ihn zu fragen. »So kann man sich nicht genug Energie zuführen.«

Bis zu diesem Zeitpunkt habe ich ihn für sehr erfahren gehalten, immerhin hatte er es zu Fuß von Feuerland bis Bolivien geschafft. Mir ist jedoch klar, daß er in Alaska mit so spärlicher Nahrung nicht weit kommen wird. Und dann, als er die Socken auszieht, sehe ich seine Füße!

»Mit den Dingern kannst du nicht weiterlaufen.«

»Doch, ich laufe über den Schmerz drüber. Das habe ich in Feuerland auch gemacht. Die ersten zwei Stunden tut es tierisch weh, dann hat sich der Körper an den Schmerz gewöhnt.«

»Du wirst dir die Füße völlig roh laufen!«

»Ja, ich weiß, und irgendwann werden sie von allein anfangen abzuheilen.«

Das geht. Reinhold Messner beschreibt so etwas ja auch. Doch das ist nicht gerade der beste Weg, um sich in der Tundra fortzubewegen.

»Hast du dich in München wenigstens auf diesen Trip vorbereitet?«

»Nö.«

»Aaaah ja, okayyy«, meine ich und habe wohl selten so dämlich geguckt wie in diesem Moment.

»Ich lauf mich hier langsam ein!«

So etwas funktioniert aber nur, wenn man einmal ein trainierter Mensch war! Mann o Mann, der hat wirklich Nerven!

Auf der einen Seite ist Thommy sehr weich, wirkt fast ein bißchen esoterisch. Auf der anderen hat er einen unheimlich kräftigen Händedruck. Das gefällt mir wiederum. Ein fester Händedruck strahlt für mich immer ein gewisses Maß an Selbstbewußtsein aus. Und Thommy ist ein sehr organisierter Mensch, das merkt man gleich. Zum Beispiel geht er ganz diszipliniert morgens um fünf Uhr los, und abends um sieben, plusminus eine halbe Stunde, ist Schluß mit Laufen, egal wo er ist, denn er braucht Zeit, sich zu erholen.

Ich hingegen filme und fotografiere oft bis in die Nacht hinein, da das Licht oben im Norden dann nicht zu toppen ist. Und die Nachtaufnahmen zum Beispiel von den Moschusochsenherden sind auch unglaublich gut geworden: Eisnebel ziehen in rasender Geschwindigkeit vom Polarmeer ins Landesinnere, tiefstehende Sonne. Ein Wahnsinnslicht! Der Cutter in Hamburg wird später sagen, da hast du doch einen Filter vorgesetzt. Ich sage, nein, das hab' ich so gedreht, es war wirklich so ein Licht!

Ich frage Thommy, ob er Verbandszeug dabeihat, und sage: »Du mußt die Füße bandagieren, sonst schwellen sie an und gehen dir total aus dem Leim. Dann sitzt du hier in der Tundra und kommst nicht weiter.«

»Nö, hab' ich nicht.«

Ich krame meine Rolle *duck tape* hervor, dieses silbergraue, selbstklebende Gewebeband, mit dem in den USA alles gemacht wird: Autos geklebt, Pakete verpackt und so weiter. Und dann basteln wir aus meinen letzten Tempotaschentüchern und dem *duck tape* einen Verband. Thommy will gleich am nächsten Tag wieder losziehen und ist durch kein noch so vernünftiges Argument davon abzubringen.

Am Morgen versucht sich Thommy mit seiner Kerze einen Tee zu machen, was ihm nur bedingt gelingt, da das Wasser nicht mal lauwarm wird. Der Tee soll zusammen mit so komischen Müslidingern, die im Magen zu quellen anfangen, sein Frühstück sein. Ich kann es nicht mehr mit ansehen und biete ihm meinen Brenner an.

»Mach dir das mal richtig heiß! Mach dir mal was richtig Warmes, damit du gut durchgewärmt bist.«

Es ist saukalt, und der arktische Wind pfeift über die Tundra. Das ist echt nicht komisch. Ich habe das Gefühl, daß Thommy leiden will. Er braucht das irgendwie. Und ich denke, hoffentlich überlebt er die Tundra und kommt durch.

Er kommt tatsächlich durch. Als ich mit meiner Familie zwei Monate später in eine kleine Siedlung komme, sitzt da ein Typ in einer knallroten Jacke, dick vermummt, denn es ist trotz strahlenden Sonnenscheins empfindlich kalt. Das Wenige, das man von seinem Gesicht sieht, ist total verbrannt. Ich denke, das da drüben ist Thommy, das gibt es doch nicht! Es ist ja schon seltsam genug, daß wir mitten in der Tundra aufeinanderstießen. Und nun ein zweites Mal. In einem Gebiet, das viermal so groß wie Deutschland ist. Es gibt natürlich ein Riesenhallo.

»Na, sehr weit bist du ja noch nicht gekommen«, sage ich zu ihm.

Er erzählt, wo er sich noch überall herumgetrieben hat, daß es noch ziemlich schwierig war und ein paar Flußüberquerungen nicht so geklappt haben, wie er sich das vorgestellt hatte.

»Und, was machen die Füße?« will ich wissen.

»Mann, ich werde dir das nie vergessen! Daß du mir damals dieses *duck tape* gegeben hast. Das war die Rettung. Meinen Füßen geht es wunderbar, und die Schuhe sind mittlerweile auch eingelaufen«, grinst er.

In gewisser Weise imponiert er mir. Ich lerne immer wieder Menschen kennen, die extrem high-tech-mäßig ausgerüstet sind, etwa mit diesen kleinen Trinkrucksäcken mit Schläuchen, wo du rechts an einer Traubenzuckerlösung mit Maracujageschmack und links an irgend etwas Isotonischem nuckeln kannst. Und wenn das Ding leer ist, bleiben die Leute stehen, dann geht nichts mehr. Da ist Thommy schon von einer ganz anderen Sorte.

»Schreib mal eine Karte, wenn du in Südamerika angekommen bist«, sage ich zum Abschied. Seitdem habe ich nichts mehr von ihm gehört. Wer weiß, ob er je dort ankam.

... und andere seltene Vögel

Die Tundra ist mittlerweile eisfrei, überall grünt und blüht es: arktischer Rhododendron, Adonisröschen, verschiedene Moose ... Doch die Seen sind noch immer zugefroren. Häufig muß ich Flüsse oder lange, schmale Seen überwinden. Zum Teil trägt das Eis noch, manchmal aber auch nicht. Dann muß ich zuerst Cita hinübertragen, dann den Rucksack, die Filmkamera, das Stativ ... Es würde sich nicht lohnen, jedesmal das Kanu flottzumachen, danach zu warten, bis es trocken ist, damit ich es wieder wegpacken kann. Aber es ist eine richtige Quälerei. Dazu die Moskitos, die nun auch hier in immer größerer Zahl auftauchen.

Doch es ist die Mühe wert, denn ich finde die seltensten Vögel des Nordens. Einmal stoße ich auf einen Polarfalkenhorst mit drei Jungvögeln. Polarfalken – sie sind weiß, etwa so groß wie Wanderfalken und, wie der Name schon sagt, nur in den polaren Regionen beheimatet – sind die teuersten Falken der Welt und vor allem bei den Scheichs begehrt. Auf dem Schwarzmarkt wird ein Jungtier für 7000 bis 10 000 US-Dollar gehandelt. Da sitzen also locker 20 000 Dollar im Nest! Noch seltener ist der Gelbschnabeleistaucher oder *yellow-billed loon*, wie er im Englischen heißt, dessen melodischer Gesang wie Musik kilometerweit durch die Tundra schwingt. In den meisten Vogelbestimmungsbüchern wird er als nicht mehr existent beschrieben. Es sind wunderschöne Vögel, die Weibchen genauso hübsch wie die Männchen und auch gleich groß, fast so groß wie Gänse. Und überhaupt nicht scheu. Ich kann mein Glück kaum fassen, als ich ein paar von ihnen an einem riesigen See entdecke, dessen Ränder bereits eisfrei sind. Obwohl der See so groß ist, daß die Vögel sich in weit von mir entfernten Uferzonen tummeln könnten, lassen sie mich sehr nah an sich heran, zum Teil bin ich mit der Filmkamera nur noch fünf

Meter entfernt. Als sie dann noch direkt vor mir zu rufen anfangen, bekomme ich eine Gänsehaut.

Sogar einen Vielfraß, ebenfalls eines der ganz seltenen und vor allem eines der scheuesten Tiere des Nordens, bekomme ich vor die Kamera. Und ich komme erstaunlich nah an Dallschafe heran. Wahrscheinlich haben viele Tiere, die ich hier oben filme und fotografiere, noch nie zuvor einen Menschen gesehen und fürchten ihn daher nicht. Bei den Dallschafen hat es aber auch einen anderen Grund, daß sie nicht vor mir zurückschrecken: Einmal, als ich schon Richtung Camp aufbrechen wollte, pinkelte ich noch schnell irgendwo hin, und als ich wegging, hauten die Dallschafe sich schier die Köpfe ein und kloppten sich um den Urin. Zuerst guckte ich nur dumm, bis mir einfiel, ja klar, die sind scharf auf die Mineralsalze! Seither verteile ich immer ein bißchen Salz auf den Felsen in meiner Nähe, und es dauert nicht lange, dann kommen sie und lecken ganz gierig daran.

Keine andere Schaf- oder Ziegenart ist so gut an die Kälte und die kargen Verhältnisse im hohen Norden angepaßt wie das Dallschaf. Im Winter leben die Tiere von trockenem Gras und Flechten, im Sommer fressen sie noch Silberwurz, Gebirgsblumen und Zwergweiden. Ihre weichen Hufe bleiben selbst bei eisiger Kälte geschmeidig und finden sicheren Halt. Unzählige Kanäle in der Nase, in denen die Luft vorgewärmt wird, schützen die Bronchien und die Lungen selbst bei minus 50 Grad vor Vereisung. Das weiße lange Haar über der dichten feinen Unterwolle saugt das wenige Licht während der dunklen Wintermonate regelrecht auf und leitet es direkt auf den Körper, wo es in Wärme umgewandelt wird.

Die Brunftzeit der Dallschafe liegt im November. Bei den Kämpfen der Widder – sie werden bis zu 130 Kilogramm und damit doppelt so schwer wie die weiblichen Tiere – spielt das kräftige Gehörn, das erst nach etwa fünf bis sieben Jahren die volle Drehung bekommt, die entscheidende Rolle: Zwei Kontrahenten nehmen gegenüber Aufstellung und rammen – ähnlich wie Moschusochsen – ihre Schädel derart gegeneinander, daß sie danach erst einmal einen Moment benommen dastehen. Üblicherweise ist der Kampf nach drei bis fünf Runden ausgestanden – wobei die älteren Tiere zumindest einen Hauch Taktik erkennen lassen, indem sie versuchen, sich etwas oberhalb des Gegners am Hang in Position zu bringen.

Die Aufzucht der Nachkommen ist ebenfalls an die rauhe Umgebung angepaßt. Schon wenige Stunden nach der Geburt können die Lämmer ihrer Mutter folgen, und bereits nach einer Woche beginnt die Entwöhnung von der Muttermilch und können die Jungtiere Pflanzen fressen.

In einem Land vor unserer Zeit

Die Tier- und Pflanzenwelt im Norden Alaskas ist wie ein Lehrbuch für das Deutschland vor 15 000 Jahren, als die Nordsee nicht existierte und man trockenen Fußes von Hamburg nach England gehen konnte. Die Wassermassen der Ozeane waren größtenteils als Eis an Land gebunden, riesige Gletscher reichten von Skandinavien bis nach Hamburg hinunter und weiter. Die Nordsee war eine Graslandsteppe, so wie jetzt die Tundra Alaskas, besiedelt von Rentieren und Moschusochsen, riesigen Bären und natürlich Mammuts.

Wenn ich in Nordalaska an einem gewaltigen Gletscher vorbeikomme, aus dessen Gletschertor – so nennt man den Abfluß eines Gletschers – riesige Wassermassen hervorgurgeln, die sich dann in gewaltigen Urstromtälern vereinen und ganze Landschaften formten, stelle ich mir immer vor, daß es so ähnlich vor Urzeiten im Rheintal ausgesehen haben muß. Denn das Rheintal ist ja ein klassisches Urstromtal, das durch Gletscherabflüsse aus den Alpen regelrecht in die Erde gefräst wurde.

Der Mensch hatte damals kaum Einfluß auf die Natur. Hier oben in Alaska ist sein Einfluß immer noch sehr begrenzt – sieht man von den Küstengebieten einmal ab –, auf die Tierpopulationen ist er gleich null. Da spielen klimatische und klimatisch bedingte Veränderungen oder das Aussterben einer Futterpflanze eine viel größere Rolle. Vor Jahren gab es eine Riesenpanik, weil die größte Karibuherde, die *Western Arctic Herd*, von 750 000 Tieren auf 200 000 geschrumpft war und keiner so genau wußte, warum. Manche Wissenschaftler sagten, die Karibus seien überjagt, andere machten eine Überzahl von Wölfen und anderen Beutegreifern dafür verantwortlich, wieder andere schrieben es dem Verschwinden bestimmter Pflanzen zu ... Doch solche Schwankungen sind typisch für viele Karibuherden in der nördlichen Hemisphäre. Vor 40 Jahren zählte die *Western Arctic Herd* nur etwa 70 000 Tiere, heute sind es nach neuesten Schätzungen zwischen 450 000 und 500 000. Meistens ist ein Zusammenwirken verschiedener Faktoren für das Auf und Ab ausschlaggebend, selten nur ein einziger. Und oft sind die Zusammenhänge viel komplexer, als wir glauben. Schlimm ist es, wenn bestimmte Tiere der Nahrungskette wegsterben – vor allem Beutetiere, da das die Beutegreifer sofort beeinflußt. Für die Wölfe der Tundra etwa wäre es dramatisch, wenn es keine Lemminge und Erdhörnchen mehr gäbe, denn die sind ihre Hauptnahrung. Nur die Bären sind von solchen Änderungen kaum betroffen: Wenn eine Nahrungsquelle wegfällt, zum Beispiel Lachse, dann fressen sie halt Wurzeln und Gras oder graben Muscheln aus. Oder sie halten sich an Blaubeeren und Kräuter. Bären sind diesbezüglich sehr flexibel.

Die Pflanzen der Tundra wachsen zum Teil nur einen Millimeter im Jahr. So sieht man noch im Folgejahr, wo eine Karibuherde durchgezogen ist. In den stärker besiedelten Küstengebieten, wo die Einheimischen selbst dann noch, wenn der Schnee schon taut und die empfindsamen Pflanzen freigibt, mit Motorschlitten durch die Tundra fahren, hat das schlimme Folgen. Die riesigen Gummiketten zerstören alles auf ihrem Weg, und noch nach 20 Jahren sind die Fahrspuren zu sehen.

Allmählich wird es Zeit, mich von dieser Urlandschaft zu verabschieden, um rechtzeitig an der Einmündung des Teslin Rivers in den Yukon zu sein, wo ich mich mit Birgit und den Jungs treffen werde.

Familienurlaub

Mit dem *Tardis* zu Papa

Meine Familie hat insgesamt gut sechs Wochen Zeit für den Yukon. Das klingt nach sehr viel, wenn man es mit einem üblichen Urlaub vergleicht, ist angesichts unseres Vorhabens jedoch nicht gerade reichlich.

Birgit und die Jungs landen in Skagway und werden von Freunden gleich am nächsten Morgen zum *Tardis* gefahren. *Tardis* stammt von dem schwedischen Bootsbauer Hallberg-Rassy, der sehr gute Boote baut. Skandinavische Boote gelten ohnehin als die besten der Welt – zumindest im Segelbootbereich. Unser *Tardis* ist nicht mehr der Jüngste, Werftbau 1974, hat aber einen enormen Vorteil gegenüber neueren Booten: Zu Anfang baute man Fiberglasboote sehr stabil und robust, da man noch nicht wußte, wie sich dieses Material verhält, und lieber auf Nummer Sicher ging. In der Beringsee war der *Tardis* ein paarmal auf Riffe aufgelaufen, hatte aber nie ernsthaft Schaden genommen. Er ist ein ganz erstaunliches Boot.

Tardis ist seit Jahren immer wieder mal über Wochen mein schwimmendes Zuhause. Ich kenne einige sehr spießige, aber auch sehr viele nette Leute, die um die Welt segeln oder große Touren ins Mittelmeer machen, deren Schiffe oft nichts anderes als ein Motorhome sind, halt nicht mit Rädern, sondern einem Rumpf darunter. Diese Boote sind zum Teil sehr luxuriös ausgestattet. Alles ist zwar klein, aber fein. Da gibt es eine Dusche, eine Toilette, richtige Kochgelegenheiten. *Tardis* ist eher von der simplen Sorte. Das erste, was ich tat, als ich dieses Boot vor acht Jahren kaufte, war, das Klo auszubauen. Dieses Ding war einfach ekelhaft, und auf den nur achteinhalb Metern

Länge – mit zwei Kabinen, einem Vorschiff, einer Hauptkabine und einer kleinen Pantry – wollte ich kein stinkendes Chemieklo haben. Ansonsten war das Boot sehr praktisch und eröffnete mir ganz neue Möglichkeiten. Vorher war ich immer nur als Nomade unterwegs gewesen, auf Tourenski mit Packschlitten, im Kanu oder zu Fuß. Da ich naturgemäß sehr viel technisches Equipment dabeihabe – Filmrollen, Videobänder, Batterien, Kameras und so weiter –, ist für anderes kaum Platz. Ein paar Lebensmittel, ein bißchen Wäsche zum Wechseln. Oft ist nicht einmal daran zu denken, ein Buch mitzunehmen. Das wäre reinster Luxus, denn ich muß ja alles tragen. Der *Tardis* eröffnete mir bei nicht wenigen Expeditionen die Möglichkeit, an der Küste entlang zu schippern und von dort aus »Ausflüge« ins Landesinnere zu machen. Plötzlich konnte ich Konserven mitnehmen, ein paar Bücher. *Tardis* hat mittlerweile eine richtige Bibliothek. Die ist jetzt da, wo vorher das Klo stand. Bücher sind mir viel wichtiger, schließlich gibt es die Außenbordtoilette, oder man stellt sich irgendwo einen Eimer hin, den man danach auskippt und ausspült. Ich sage mir, jahrhundertelang sind Seeleute so zur See gefahren und nicht daran gestorben.

Dusche gibt es natürlich auch keine. Entweder man springt ins Wasser oder macht sich auf dem Herd einen Kessel Wasser warm, setzt sich hinten ins Cockpit – es liegt in einer Vertiefung und hat Abläufe – und »duscht« dort. Vor zwei Jahren begleitete mich eine Kollegin auf einer Expedition, Henriette Lucia, Gräfin von Fricourt, Freifrau von Laveaux. Die brauchte ihr tägliches »gräfliches Bad«. Also sprang sie Morgen für Morgen ins Meer. Im Golf von Alaska ist das Wasser aber auch im August und September eiskalt, und sie war danach meistens so steif gefroren, daß ich sie herausziehen mußte.

Ansonsten hat *Tardis* viele nette Features: elektrisches Licht, einen kleinen Heizofen, der auf Kerosinbasis funktioniert, eine Pantry, in der man auf zwei Flammen kochen kann, einen kleinen Kühlschrank, der eigentlich nur eine Kühlbox ist, aber einige Sachen immerhin kühl hält. Dieses Boot wird also für die nächsten Wochen das Zuhause meiner Familie sein.

Jim und Don haben den *Tardis* rechtzeitig auf dem Trailer in das Quellgebiet des Yukon – genauer: an den Tagish Lake in Kanada – gebracht. Zeit, den Jetlag aufzufangen, bleibt Birgit und den Jungs nicht.

Birgit ist, wie schon erwähnt, keine Wasserfrau und wird sehr schnell seekrank. Selbst auf großen Autofähren wird ihr schlecht, wenn die nur ein kleines bißchen zu rollen anfangen. Deshalb wollte sie auch nie mit mir und den Kindern aufs Meer hinaus. Für sie ist erst einmal wichtig herauszufinden, wie das nun auf dem See ist – und glücklicherweise bleibt sie verschont. Doch Birgit ist eher die Vorsichtige, und Erik wird mir später erzählen, daß sie in den ersten Tagen, immer wenn sie Grund sah, Angst bekam. Er mußte ihr dann jedesmal erklären, daß der Grund nur nah *wirkt*, weil das Wasser so klar ist, daß in Wahrheit aber noch vier oder fünf Meter unter dem Kiel liegen.

Thore findet es zunächst einfach nur klasse. Das geht dann in etwa so: Super, hier kann ich spielen, laß uns da mal anhalten, und guck mal, das hat ja einen Anker, ich will jetzt auch mal steuern ... Er nimmt das Boot sofort in Beschlag und fühlt sich gleich wohl. Es ist für ihn *das* große Abenteuer. Ein Sechsjähriger hat natürlich eine ganz andere Vorstellung von Kanada als ein Erwachsener. Der kann sich nicht vorstellen, wie groß das Land ist, wie hoch und wie weit die Berge sind.

»Mama, wo ist der Papa jetzt?« fragt Thore seine Mutter nach ein paar Tagen.

»Das weiß ich nicht genau. Wir haben eine Stelle, an der wir den Papa treffen.«

»Kannst du ihn nicht mal anrufen?«

»Wie soll ich das denn machen?«

»Mit dem Telefon, wie sonst?« Thore verdreht die Augen, kann nicht fassen, daß seine Mutter so begriffsstutzig ist.

»Na, dann bring mir mal das Telefon«, fordert ihn Birgit belustigt auf.

»Wo ist es denn?«

»Hast du auf dem Boot überhaupt schon mal ein Telefon gesehen?« Das Satellitentelefon, das für Notfälle an Bord ist, hat Birgit wohlweislich gut versteckt.

»Nö.«

»Na siehst du, Schatz. Deshalb können wir den Papa auch nicht anrufen.«

Schmollend verzieht sich Thore unter Deck.

Meistens steuert Erik das Boot. Er ist, bis ich dazustoße, der Kapitän. Er ist mit dem *Tardis* nicht zuletzt durch unseren Trip in der Beringsee bestens vertraut, kennt ihn in- und auswendig. Den Mast haben sie nicht gesetzt. Wir werden auch später nie aufricken, denn wir müssen oft sehr nah am Ufer vorbei, da, wo die Hauptströmung ist. Und am Ufer ragen nicht selten umgestürzte Bäume horizontal ins Wasser. Da würde ein Moment der Unachtsamkeit genügen, und die ganze Rick wäre abgerissen. Segeln könnte man ohnehin nicht, das Boot ist schon so schwierig zu navigieren. Da die beiden Motoren aber wenig Brennstoff brauchen, ist das kein Problem.

Zwischen den beiden Brüdern kommt es in den ersten Tagen zu einigen Reibereien. Erik läßt gegenüber seinem kleinen Bruder in allem von Anfang an den großen Macker raushängen. Er kann alles, er weiß alles – er kann steuern und navigieren, er weiß, wie man den Kompaß liest, wie GPS funktioniert, wie man den Motor startet, wie man den Rückwärtsgang einlegt, wie man den Motor auskuppelt und all das. Und Thore muß der Matrose sein. Das gefällt ihm überhaupt nicht. Natürlich sagt er irgendwann: Ich will jetzt auch mal der Kapitän sein, nicht immer nur Matrose. Sie streiten, wer den Anker werfen darf, wer ihn wieder einholen muß und über so einiges mehr. Überlegungen, wie ob genug Diesel in den Brennstofftanks oder genug Benzin für den Außenborder an Bord ist, gehen an Thore natürlich vorbei. Für ihn zählt die große Machete auf dem Boot, die Harpune, die Leuchtkugelpistole.

Birgit und in erster Linie Erik bringen eine tolle Leistung. Schippern durch eine herrliche Landschaft, umsäumt von hohen Bergen den Tagish und den Marsh Lake hoch.

Vor Whitehorse muß der *Tardis* um ein Wasserkraftwerk herumtransportiert werden, was wir aber ebenfalls im Vorfeld organisiert haben. Whitehorse ist das Zentrum, die Hauptstadt und mit knapp 24 000 Einwohnern die größte Stadt des Yukon Territory. Oder: Whitehorse ist ein Nest, denn außer Supermärkten und einem kleinen Flughafen hat es im Grunde nicht viel zu bieten. Birgit hat eine lange Einkaufsliste dabei – von Äpfeln über Rotwein bis Zündkerzen –, die sie in Whitehorse abhakt. Das Wichtigste für Thore ist, in den nächsten Supermarkt zu gehen und mit einem *electric car* zu fahren. Ursprünglich waren die Elektrowägelchen für »wirklich« körperlich Behinderte gedacht, meistens aber düsen völlig verfettete Menschen, und derer gibt es in Amerika und Kanada mehr als genug, damit durch die Gänge und sammeln Dickmacher in ihr Einkaufskörbchen. Daß sie sich bloß nicht bewegen müssen! Mit so einem Ding will Thore also unbedingt fahren. Erik hat ihm erzählt, daß das supercool sei und er es unbedingt machen müsse. Nachdem Thore seine Mutter ein Weilchen genervt hat, bekommt er seinen Willen.

Schließlich tuckern sie weiter in den Lake Laberge. Die Tour ist zwar anstrengend, weil der Yukon hier streckenweise eine sehr hohe Fließgeschwindigkeit hat, aber er ist kein Wildwasser, und der Fluß hat auf diesem Teilstück keine Stromschnellen. Nach dem Lake Laberge wird der Yukon schneller. Vor allem aber wird er sehr tief, so daß man kaum Gefahr läuft, ein Unterwasserhindernis zu rammen. Die Ausfahrt aus den Seen in den Yukon hinein ist relativ simpel. Dort, am Oberlauf des Yukon, kann man sich beim besten Willen nicht vorstellen, daß dieser Fluß irgendwann einmal ein großer, mächtiger Strom wird, der an der breitesten Stelle über 20 Kilometer mißt. Außerdem ist Birgit ja die Strecke schon einmal gefahren, 1991, mit dem Kanu. Nun ist ein Segelboot zugegebenermaßen etwas größer und schwerer zu steuern als ein Kanu, aber: Früher manövrierten sogar Schaufelraddampfer von 15 Metern Breite und 40 Meter Länge den Yukon hinunter. Birgit weiß also, daß es zu schaffen ist.

Und sie wird durch die Landschaft reichlich entlohnt: Der Yukon fließt auf diesem Abschnitt vom Mittel-, fast noch Hochgebirge in die Ebene. Das reinste Postkartenmotiv ist eine Stelle, an der man, ohne es so richtig zu merken, 400 bis 500 Höhenmeter zurücklegt. Dabei wird der Fluß trotz des Gefälles nicht sonderlich schnell. Da schaut man von oben auf die Wipfel der Fichten, die ungefähr 15 Meter hoch sind. Ein gigantischer Anblick. Das muß man gesehen haben, das läßt sich einfach nicht beschreiben.

Was die beiden Jungs vielleicht am meisten fasziniert, sind die Relikte aus der Goldgräberzeit, die immer wieder mal an dem einen, mal an dem anderen Ufer auftauchen. Auf dem geschichtsträchtigen Teil des Yukon River zwischen Whitehorse und Dawson City stolpert man ständig über solche Überbleibsel. Alte Blockhäuser, zerschellte Schaufelraddampfer. Damals war es noch nicht möglich, Schrauben rückwärts laufen zu lassen, um den Schub abzubremsen, und so endete selbst auf dieser im Grunde harmlosen Strecke – die wirklich schwierigen Stellen kommen erst später – so manche Fahrt weit vor dem angepeilten Ziel.

Wiedersehen am Teslin River

Der Teslin ist der erste große Fluß, der in den Yukon mündet. An dieser Mündung ist unser Treffpunkt. Birgit und die Jungs haben statt der veranschlagten neun nur acht Tage gebraucht, und so warten sie bereits auf mich.

Erik und Thore entdecken mich schon von weitem, winken und schreien ganz aufgeregt: »Da kommt der Papa! Papa kommt!«

Ich rausche mit einem Mordsspeed den Teslin herunter, der eine ziemlich starke Strömung hat, und kriege kaum die Kurve. Auch Cita und ich sind aufgeregt und freuen uns so, unsere Familie wiederzusehen, daß wir beim Aussteigen vor lauter Hast fast das Kanu zum Kentern bringen. Es gibt natürlich ein großes Hallo, jeder will jeden zuerst umarmen und drücken, alle reden und lachen durcheinander, daß keiner ein Wort versteht. Cita rennt von einem zum anderen, springt mal an Birgit, mal an Erik oder Thore hoch, bellt, jault, ist außer Rand und Band, total überdreht. Wer immer uns jetzt sähe, würde sich wohl denken, die sind alle völlig übergeschnappt.

Wir haben aber auch allen Grund zur Ausgelassenheit: Birgit und die Kinder, alle drei ein bißchen von der Sonne verbrannt, sowie Cita und ich sind heil an unserem Treffpunkt angelangt, das Treffen hat reibungslos geklappt, es ist tolles Wetter, die Sonne scheint – die Welt ist in Ordnung.

»Wie geht es Cita?« heißt es als erstes, nachdem wir uns ein bißchen beruhigt haben, und dann: »Och, sieht die mager aus.«

Was überhaupt nicht stimmt. Aber das ist typisch. Egal, wie lange ich weg und wo ich war: Die erste Frage gilt immer dem Hund. Meine Familie geht einfach davon aus, daß es mir gutgeht, daß ich mir zur Not selbst helfen kann.

Aus den Kindern sprudelt es wie ein Wasserfall heraus. Was in Deutschland in den letzten Wochen los war, daß jetzt das

Waldfest stattfindet, Bombenwetter ist, der Freund oder die Freundin dies und das erlebt hat. Da werden, gerade bei Kindern, Nebensächlichkeiten wichtig.

»Papa, Papa, ich bin schon von drei Wespen gestochen worden«, erzählt zum Beispiel Thore ganz aufgeregt.

Dagegen habe ich eigentlich langweilige Geschichten zu berichten. Na ja, okay, ich meine, eine Grizzly-Mama, die direkt hinter dem Zelt steht, wenn ich Suppe koche, und Cita, die sie in die Flucht schlägt, sind nicht langweilig, aber im Prinzip nur eine von vielen Wildnisgeschichten.

»Ich habe schon *zwei* Bären gesehen«, trumpft Thore denn auch gleich auf.

Aber das ist ja verständlich. Ein sechsjähriger Junge, der erstmals in der Wildnis unterwegs ist und riesige Tiere sieht, die er sonst nur von Bildern oder aus dem Zoo kennt, wird von all den Eindrücken schlichtweg überrollt. Für den Kleinen ist einfach alles neu und aufregend. Da kann mein Großer mit seinen elf Jahren ganz auf erfahren und cool machen. Und das genießt er in vollen Zügen – auch verständlich.

Nur Erik, der mich ja in den ersten Wochen begleitet hatte, will genauer wissen, was ich denn alles so erlebt habe, und fragt nach. So erzähle ich von Thommy, wie Cita einen Moschusochsen, noch dazu einen großen Bullen, stellte, daß sie ein ganzes Rudel Karibus hetzte – bis die den Spieß umdrehten und ihrerseits den Hund jagten, worauf Cita flüchtete. Das findet dann auch Thore wieder ganz spannend. Daß ich durch grandiose Landschaften kam oder von Moskitos fast aufgefressen wurde, brauche ich gar nicht erst zu erzählen, das würde die Jungs nicht interessieren.

Als Erik und Thore allmählich das Interesse verlieren und sich wieder anderen Dingen zuwenden, können endlich Birgit und ich richtig miteinander reden.

»Wie war die Fahrt bisher? Wie habt ihr es überstanden?« frage ich meine Frau.

Birgit ist fertig, und ich habe den Eindruck, am liebsten würde sie mir ins Gesicht springen.

»Grauenhaft. Ich hatte immer Angst, auf irgendwelche Riffe aufzulaufen, der Yukon war superschnell, wir haben laut GPS zum Teil zwölf Knoten über Grund gemacht!«

Das ist in der Tat verdammt schnell, da kann der kleinste Steuerfehler schwere Folgen haben. Andererseits hat der Yukon bis dahin überhaupt keine Unterwasserhindernisse!

»Bitzel, du hast das super gemacht«, versuche ich sie zu beruhigen und hüte mich, sie ausgerechnet in diesem Moment daran zu erinnern, daß die schwierigen Stellen erst noch kommen: die Five Finger Rapids, die Sandbänke, Dawson City, die Yukon Flats. Da waren früher die meisten Schaufelraddampfer auf der Strecke geblieben. »Und der *Tardis* ist doch noch okay, oder?«

Birgit nickt, aber ihre verschränkten Arme, überhaupt ihre ganze Körperhaltung, signalisieren eindeutig Ablehnung.

»Ruderanlage und Maschine funktionieren, kein Leck, keine Havarie?« frage ich weiter.

»Alles okay, aber es war ein paarmal schon hart an der Grenze. Andreas, der *Tardis* ist definitiv nicht das richtige Boot für den Yukon!«

»Aber wieso denn? Er hat einen einschwenkbaren Kiel und nur 70 Zentimeter Tiefgang. Das ist weniger, als die alten Flußdampfer hier hatten!«

»Mag schon sein, aber sehr viel mehr konnten diese flachen Ungetüme auch nicht gehabt haben, die lagen ja praktisch *auf* dem Wasser. Und die waren wenigstens hoch, da konnte man weit vorausehen. Und wurden von erfahrenen Leuten gesteuert. Trotzdem haben wir von Whitehorse bis hierher einige von denen liegen sehen! Die haben sicher nicht aus freien Stücken dort haltgemacht, oder?«

Wütend funkelt sie mich an.

»Laß uns später in Ruhe noch einmal darüber reden«, sage

ich und gehe zu Erik hinüber, der ein Stück abseits sitzt, aber das meiste mitbekommen hat.

»Was meinst du, Erik?«

»Na ja, weißt du, Papa, das war schon eine andere Nummer, den *Tardis* hier zu steuern. Ganz anders als bei den Aleuten. Ich hab' zwar zur Mama immer wieder gesagt, sie soll nicht dauernd Angst haben, der Grund ist noch weit weg, aber ein paarmal war's echt knapp. Das Blöde ist halt, daß man mit relativ hoher Geschwindigkeit fahren muß, damit das Ruder genau steuert, und daß man von Bord aus wirklich nicht weit vorausieht.«

Später am Abend, während die Jungs schon schlafen, sitzen Birgit und ich bei einem Glas Rotwein beisammen.

»Willst du hier etwa schon abbrechen, Bitzel?«

Meine Frau zuckt unschlüssig die Schultern.

»Ab hier wird der Yukon tiefer und breiter. Andererseits kommen die schwierigen Stellen erst noch. Erinnerst du dich noch an die Five Finger Rapids?«

»Die waren damals ja halb so schlimm, wie wir dachten!« meint sie. »Andererseits flutscht man da mit einem Boot sicher nicht so einfach durch wie mit einem Kanu. Mehr Angst habe ich davor, auf Grund zu laufen.«

»Wenn das passieren sollte, könnten wir immer noch versuchen, den *Tardis* wieder freizuziehen. Und wenn alle Stricke reißen, müßten wir den *Tardis* mit allem Drum und Dran vorläufig zurücklassen und mit dem Kanu in die nächste Siedlung paddeln.«

Birgit stößt einen tiefen Seufzer aus, dann gibt sie ihr Einverständnis zur Weiterfahrt.

Ein Dampfer mitten im Wald

Kurz nach der Einmündung des Teslin in den Yukon liegt ein riesiger Schaufelraddampfer fast mitten im Urwald. Als Erik und Thore die berühmte Norcom entdecken, sind sie nicht mehr zu bremsen. Aufgeregt rufen sie durcheinander, so daß ich nur die Hälfte verstehe.

»Oh, Papa, schau mal!«

»Papa, können wir da hin?«

»Können wir uns den anschauen?«

»Papa, laß uns da rüberfahren!«

»Okay, Jungs, dann mal los.«

Birgit versucht mich zu bremsen: »Siehst du nicht, wie flach das Wasser da drüben ist? Und überall sind Kiesbänke. Mach keinen Quatsch, Andreas.«

»Jetzt reg dich ab, Bitzel. Wir kommen da schon rüber, du regelst die Motorkraft, gibst Gas, ich steuere. Ganz einfach.«

Dann macht es auch schon *rumms* – ein Kiesband. Das Boot vibriert, rutscht aber drüber. Birgit ist so sauer, daß sie nicht mehr mit zum Dampfer will. Also gehe ich mit den Jungs allein.

Mit weit in den Nacken gelegten Köpfen stehen wir wenig später vor dem Ungetüm und schauen fasziniert nach oben.

»Ist die riiiiesig«, staunt Erik.

Wir drehen eine Runde, dann klettern wir ins Innere.

Thores erste Bemerkung, als wir in der Norcom stehen, ist: »Das Boot hat ja gar kein Steuerrad mehr!«

»Mhm, tatsächlich. Das hat wohl jemand geklaut. Oder«, ich tue, als würde ich angestrengt nachdenken, »vielleicht hat es nie eines gegeben.«

»Hat es wohl! Ein Schiff braucht doch ein Steuer«, klärt mich mein Sohn auf.

Die Jungs wollen alles genauestens besichtigen: die riesigen Dampfkessel, in denen das Holz verheizt wurde, mit den gewaltigen Dampfkolben, die die Maschine antrieben, die Passagierräume, natürlich oben die Brücke, das Steuerhaus. Der Dampfer, der immerhin seit 1931 hier liegt, ist in einem erstaunlich guten Zustand. Das liegt daran, daß Holz – die meisten dieser Boote waren aus Fichten- oder Kiefernholz gebaut – in dem fast durchgängig trockenen Klima extrem langsam verrottet. Das Vorschiff ist von oben her, wo der Regen am ehesten hinfällt, leicht weggefault, aber der Rumpf ist bis auf ein großes Loch in einer Seite noch tiptop. Am großen Schaufelrad liegt eine riesige Welle, die Holzpaddel jedoch, die ursprünglich drangeschraubt waren, sind schon weggegammelt. Es ist noch überraschend viel Mechanik vorhanden, und man sieht, wie groß diese Boote waren und wie wenig Tiefgang sie hatten. Vor allem sieht man, wie der Yukon in den letzten Jahrzehnten seinen Lauf verändert hat, denn die Norcom liegt ein ganzes Stück vom Wasser entfernt.

Thore findet in der Bilch eine uralte Jeans, in der sogar noch Geld steckt, und ist unheimlich stolz auf seinen Fund. Endlich hat er Erik mal was voraus!

»Papa, was kann ich mir dafür kaufen? Krieg ich da ein Eis für?«

»Ich weiß nicht, Thore, das Geld ist schon sehr alt. Willst du es nicht lieber als Erinnerung an den Urlaub aufheben?«

»Na gut«, willigt er ein und versenkt die Münzen tief in seiner Hosentasche.

Cita stöbert ebenfalls überall herum, schnuppert hier und da, allerdings ohne Erfolg. Obwohl hier sicher Eichhörnchen und wahrscheinlich auch ein Stachelschwein leben. Es ist sehr spannend und für die Jungs richtig aufregend. Wie ein Ausflug in die Vergangenheit.

Am späten Nachmittag steuern wir in einen kleinen, aber tiefen Seitenarm, der auf der einen Seite ein schönes flaches Ufer hat.

»Was meint ihr, Jungs? Das ist doch ein guter Platz für ein Lagerfeuer, oder?« Heftiges Kopfnicken der beiden. »Wollen wir mal losziehen und versuchen, uns frisches Grillfleisch zu besorgen?«

»Ja!« ertönt es im Duett.

Erik holt die Kleinkaliberbüchse und unsere Ferngläser, ich schnappe mir Pfeil und Bogen. Wir wollen gerade vom *Tardis* klettern, da ertönt ein Knall, und Birgit schreit erschreckt auf.

»Was zum Teufel war das?« will sie wissen und schaut mich fragend an.

»Hörte sich an wie ein Biber.«

»Hörte sich an wie ein Biber?« echot sie ungläubig. »Ich finde, das hörte sich an wie ein Schuß!«

»Beim Einfahren in den Seitenarm habe ich einen die Nase aus dem Wasser recken gesehen.«

»Das knallt aber nicht.«

»Ja, ich weiß«, lache ich. »Da hat er mit seinem breiten Schwanz aufs Wasser geschlagen. Das machen sie, um ihr Mißfallen auszudrücken. Und um andere Artgenossen zu warnen. Schließlich sind wir in ihr Gebiet eingedrungen.«

»Aha«, meint Birgit und wirft einen prüfenden Blick aufs Wasser. »Och, guck mal, da ist er ja. Nö! Hey, Erik, Thore, schaut mal, Fischotter!«

Direkt neben dem Boot spielt eine ganze Familie. Die zutraulichen Tiere machen sich im Gegensatz zum Biber überhaupt nichts daraus, daß wir hier ankern. Vor allem Thore kann sich nicht vom Anblick der possierlichen Schwimmer losreißen.

»Thore, was ist? Soll ich mit Erik allein gehen?«

»Nö, komm ja schon!«

Leise pirsche ich mit den Jungs durch das Weidengestrüpp. Auf einem Berghang, etwa einen Kilometer entfernt, sehe ich weiße Punkte.

»Erik, Thore«, ich deute in die Richtung, »das sind vermutlich Dallschafe.«

Erik und ich reißen unsere Ferngläser hoch.

»Oh, super, da sind sogar Widder dabei«, staunt Erik.

»Will auch mal gucken«, ruft Thore ganz aufgeregt.

Ich reiche ihm das Fernglas, und mein Kleiner guckt und sucht, sucht und guckt. Eine Weile lasse ich es ihn selbst versuchen, bis ich ihm schließlich das Fernglas in die Position rücke, wo er die Dallschafe sehen müßte.

»Kommt, laßt uns mal hingehen und uns anschleichen!« schlage ich vor. »Wir müssen da durch das Tal, erst einmal durch den Dickbusch.«

Nach den dichten Weidenbüschen kommt ein Fichtensaum, dann müssen wir uns unseren Weg zwischen knüppeldicken Erlen hindurch suchen. Das ist typisch für die Gegend hier. Man kann nicht einfach drauflos laufen, sondern muß sich durch Büsche, Gestrüpp und Wälder quälen. Es sei denn, man benutzt einen Wildwechsel von Bären oder Elchen. Wir sind schon völlig außer Atem, als endlich die Latschenkieferzone beginnt. Danach wird der Aufstieg etwas leichter, nur noch ein paar Blaubeersträucher und Moosflechten sind uns im Weg. Dann stehen wir vor einem Geröllfeld. Ich lasse Thore direkt vor mir hochklettern, damit ich ihn notfalls auffangen kann, denn ständig rutschen uns die Steine unter den Füßen davon. Endlich sind wir nahe genug, um die Tiere gut beobachten zu können. Als ich ganz leise die Geschichte erzähle, wie ich im Frühjahr mit Hilfe meines Urins Dallschafe nah an die Kamera heranbekam, lacht Thore so laut, daß er die Tiere verscheucht.

Da es ohnehin höchste Zeit ist, sich um das Abendessen zu kümmern, machen wir uns auf den Rückweg und halten die Augen nach allen Richtungen offen, doch es will sich einfach kein Wild zeigen. Erst als wir schon fast wieder an unserem Ankerplatz sind, entdecke ich mehrere Moorschneehühner. Ich mache Erik und Thore auf die Vögel aufmerksam, ziehe langsam einen Pfeil aus dem Rucksack und spanne den Bogen. Erik läßt derweil das Gewehr, das er sich umgehängt hatte, langsam von der Schulter gleiten. Mit Handzeichen verständigen wir uns darauf, wer von uns welches Huhn anvisiert. Als wir beide schußbereit sind, nicke ich leicht mit dem Kopf, und Erik drückt ab. Als die Hühner aufgeschreckt aufflattern, bleiben zwei am Boden. Das Abendessen ist gesichert!

Über drei Stunden nach unserem Aufbruch vom *Tardis* kehren wir mit den zwei Moorschneehühnern zurück. Birgit hat inzwischen Feuerholz gesammelt und macht sich mit Erik sogleich daran, die Vögel zu rupfen und auszunehmen. Ich zeige Thore unterdessen, wie man das Feuerholz am besten aufschichtet. Kurz darauf brutzeln die Grillhähnchen über dem Feuer und verbreiten bald einen herrlichen Duft, der uns das Wasser im Mund zusammenlaufen läßt.

Erik und Thore verziehen sich nach dem Essen sofort in ihre Schlafsäcke. Unser Ausflug zu den Dallschafen hat sie ganz schön geschafft. Wir sind ja nicht nur durch schwieriges Gelände und auf einen Berg marschiert, sondern haben auch eine ganz schöne Strecke zurückgelegt. Die extrem klare Luft hier im Norden läßt Dinge sehr viel näher erscheinen, als sie in Wirklichkeit sind, und obwohl ich das immer mit einkalkuliere, passiert es mir ab und zu – so wie heute –, daß ich eine Entfernung unterschätze.

Worauf haben wir uns da nur eingelassen?

Sehr bald muß ich einsehen, daß Birgit mit ihren Bedenken, den Yukon mit dem *Tardis* zu befahren, recht hatte, und leiste meiner Frau Abbitte. Zwar wird der Fluß tatsächlich breiter, aber auch immer trüber. Die ersten Inseln und Sandbänke tauchen auf. Was an sich kein Problem wäre, wenn diese immer gleich blieben. Dann bräuchten wir uns nur an den Karten zu orientieren. Doch die Inseln wie die Sandbänke verändern durch die Strömung ständig ihre Form, manche verschwinden ganz, andere bilden sich neu. Das Kartenmaterial kann mit dem Tempo nicht Schritt halten. Im Prinzip können wir daher jede Sekunde auf eine Untiefe auflaufen. Jetzt sagt vielleicht der ein oder andere: Ja, wieso, ein Unterwasserhindernis erkenne ich doch an der Strömung, da bilden sich kleine Wellen oder Rippelchen auf dem Wasser, da wälzt sich das Wasser drumherum, oder es gibt einen Strudel, oder man sieht einfach an der Strömungsformation, daß da was liegen muß. Das ist richtig, bloß: Dazu muß man das Wasser Sekunde für Sekunde im Auge behalten, und das über mehrere Tage in Folge. Das ist verdammt anstrengend.

Nach etwa fünf Stunden solchen Steuerns und Fahrens sind wir dermaßen fertig, daß ich erst einmal in eine Bucht oder einen Nebenarm fahre, um zu ankern oder uns treiben zu lassen und uns eine Verschnaufpause zu gönnen. Dann muß ich erst einmal ein Glas Rotwein trinken. Es ist die reinste Tortur. Ich frage mich immer wieder, wie machten die das früher? Wie kriegten die Flußkapitäne das hin? Gut, die Steuerhäuser waren deutlich höher, das heißt, die Schiffer konnten aus einem anderen Winkel auf das Wasser schauen, aber es war natürlich trotzdem eine unheimliche Erfahrung nötig.

Allmählich bilden sich zwei Lager auf dem Schiff: Erik und ich als die Erfahrenen und Birgit mit ihren Bedenken und ihrer Angst, die auch Thore infiziert, obwohl Thore eigentlich ein ganz Mutiger ist. Aber er läßt sich leicht beeinflussen, vor allem, wenn ihm etwas Schlimmes erzählt wird. Erik nutzt das zum Teil schamlos aus, indem er zum Beispiel sagt, da vorn auf den Riffen, wenn du da aufsetzt, du weißt doch noch, was der *Titanic* passiert ist, da ist die ganze Seite aufgerissen, dann läuft das Boot mit Wasser voll und du mußt ganz schnell an Land springen, weil der Kiel ja so schwer ist, der zieht das Boot sofort nach unten. Und die Strudel und der Sog, da mußt du sofort raus. Das schürt nicht nur Thores, sondern auch Birgits Ängste, und sofort mahnt sie Thore, nur ja immer seine Schwimmweste anzulassen! Er will natürlich bei der Wärme nicht mit dem dicken, unförmigen Ding herumrennen, aber das ist absolute Pflicht.

Es ist eine unschöne Situation. Ich versuche Erik klarzumachen, daß es überhaupt nicht lustig ist, wenn er seiner Mutter und seinem Bruder dauernd Angst macht – obwohl ich es ebenfalls lächerlich finde, daß die beiden, allen voran Birgit, bei jeder Kleinigkeit fast schon panisch reagieren. Auf der anderen Seite muß ich Birgit und Thore ständig beruhigen. Und bei alledem stehe ich durch die permanente Konzentration, die das Navigieren auf dem Yukon erfordert, selbst gehörig unter Strom.

Dieser Urlaub ist nicht nur in Bezug darauf, daß wir mit einem Segelboot auf dem Yukon schippern, sondern auch in anderer Hinsicht ein Experiment, denn noch nie in unserem Leben war die Familie für so lange Zeit ununterbrochen zusammen. Vor allem nicht so intensiv und gedrängt. Nun werden wir über Wochen jeden Tag auf diesem Boot oder bestenfalls mal im Zelt an Land aufeinandersitzen, 24 Stunden am Tag. In Deutschland leben wir zwar im selben Haus, ganz klar, aber da fahre ich mal ins Fernsehstudio, zum Cutter, die Jungs gehen mit Freunden spielen, Birgit ist mal bei ihrer Freundin, der Oma oder ihrer Mutter ... So sehr wir alle uns am Anfang über das Wiedersehen freuten: Schon nach wenigen Tagen beengt uns dieses kompakte, dichte Zusammensein.

Mich am allermeisten. Nach über zwei Monaten, in denen ich völlig allein war, von Cita mal abgesehen, muß ich mich erst wieder an das Zusammensein mit anderen Menschen gewöhnen, selbst wenn diese Menschen meine Familie sind. Und nach über zwei Monaten grenzenloser Freiheit, in denen ich allein bestimmte und entschied, was ich machte, wo ich langging, wie es weiterging, muß ich erst wieder lernen, mich mit Birgit abzustimmen. Das ist zwar jedesmal so, wenn ich von einem längeren Dreh nach Deutschland zurückkehre: Ich freue mich riesig auf die Familie, komme zurück, freue mich immer noch tierisch, merke auf einmal nach zwei Tagen, daß ich fast keine Luft kriege; jeder will was von mir – was verständlich ist. Und so ist es auch jetzt. Nur halt unter verschärften Bedingungen.

Selbst Cita hat ihre Probleme damit. Sie war über zwei Monate mein Partner und Kumpel, und auf einmal muß sie sich wieder unterordnen, will nicht, knurrt die Jungs und Birgit an, denkt, wieso? Ich war doch jetzt dauernd die Nummer zwei, jetzt soll ich wieder die Nummer fünf sein, oder was? Was soll das?

All das zerrt an meinen Nerven, und ich bin manchmal total überfordert. Das führt zu immer denselben Dialogen, die in der Regel damit beginnen, daß Birgit ihre – teilweise berechtigten – Bedenken äußert.

»Hast du das gehört? Der Kiel ist schon wieder über den Grund geschrappt! Verdammt, Andreas, wann siehst du endlich ein, daß wir mit dem Boot nicht weiterkommen?«

Und ich reagiere wie ein hirnloser Macho, so nach dem Motto: Jetzt bin ich doch da, der wildniserfahrene Macker, der große Zampano. Bin sauer, weil sie mir trotz der Erfahrung, die ich in all den Jahren in der Wildnis gesammelt habe, nicht vertraut.

»Ich kenn doch den Yukon, und ich kenn doch Alaska!« blaffe ich Birgit an.

»Erinnere dich mal, damals, 1991, da sind wir sogar mit dem Kanu auf Kiesbänke aufgelaufen. Weißt du noch, wie der Grund den Boden vom Boot hochdrückte?«

»Ja, da haben wir es auch provoziert.«

»Nein, nein, nein! Wir haben einfach nicht gesehen, daß das Wasser so flach war, das sah tief aus, war es aber nicht. Und in den Yukon Flats haben wir uns ständig verfahren, dann das stehende Wasser und und und.«

»Das kriegen wir schon hin, damals waren wir ja noch green und hatten null Erfahrung.«

Im nächsten Moment ruft Thore: »Was war das?«

Dieses Geräusch hat er vorher noch nie gehört, jedenfalls nicht in der Form.

»Wir sind gerade über eine Kiesbank drüber, nicht so schlimm.«

Kaum daß ich das gesagt habe, geht es plötzlich richtig los, und das Boot erschüttert. Da bekomme sogar ich einen Schreck. Ich probiere, ob der *Tardis* noch gut steuert, das Ruder noch geht. Gut, zum Glück nichts abgekriegt! Wenig später dasselbe Spiel. Den Außenbordmotor mal hochfahren, gucken, ob die Schraube noch okay ist – ja, hat nichts abbekommen. Hoppla, sind wir falsch getrimmt, oder war das jetzt ein Fahrfehler? Laß uns mal nach der Karte gucken, sind wir wirklich hier oder eher da?

Auf einmal sind meine Coolness und meine Sicherheit, die ich zu haben glaube, ziemlich weg. Ich hatte mir das Ganze doch ein wenig zu einfach vorgestellt. Um Birgit und Thore wenigstens ein bißchen zu beruhigen, behaupte ich manchmal, wenn wir leichte Grundberührung hatten, daß wir nur einen Baumstamm gestreift hätten, der im Wasser treibt. Erik und Thore nehmen mir das jedesmal ab, denn es schwimmt tatsächlich viel Treibholz im Yukon, aber Birgits Blick sagt mir ganz klar, daß ich ihr den Bären nicht aufbinden kann.

So sollte das die nächsten Tage und Wochen weitergehen, obwohl wir den Fluß zu lesen lernen, die Strömung, die Untiefen, die Strudel, die Sand- und Kiesbänke. Wenn wir zum Beispiel einen Baum im Wasser liegen sehen, der sich in der Strömung nicht bewegt, ist uns klar, daß an der Stelle eine Untiefe sein muß, denn dem Baum ist nichts anderes geschehen, als uns da erwarten würde: Er ist auf eine Kiesbank aufgelaufen.

Ansonsten passiert in diesen ersten Tagen kaum Außergewöhnliches. Einmal entdecken wir Weißkopfseeadler am Horst, die ihre Jungen füttern, ab und an tappt ein Schwarzbär am Ufer entlang und sucht nach Nahrung. Der erste Schwarzbär, den wir sehen, ist relativ klein, und Thore sagt gleich, och, den habe ich mir aber größer vorgestellt. Ich will auch mal einen so großen Bären sehen wie der Erik. Er hat natürlich die Bilder aus dem Film »Der Bärenmann« vor sich.

Die Norcom besichtigten wir noch bei strahlendem Sonnenschein, doch seit zwei Tagen regnet es nun Bindfäden. Das trägt nicht gerade dazu bei, die Stimmung zu heben, zumal wir uns abends notgedrungen alle vier unter Deck aufhalten, also noch enger aufeinandersitzen. Während des Tages bin zumindest ich draußen im Cockpit, denn einer muß ja schließlich das Boot steuern.
Erik kann sich an Regentagen ganz gut selbst beschäftigen, er malt, hört sich Kassetten an oder liest. Bei Thore mit seinem Bewegungsdrang ist es schwieriger. Eine Zeitlang schiebt er zwar seine kleinen Spielzeugautos, vorwiegend Trecker und Landmaschinen, kreuz und quer über die Koje, doch das wird ihm schnell zu öde.
»Mama, wann fährt der Papa wieder mit uns Kanu?« fängt er dann zu quengeln an.
»Wenn wieder besseres Wetter ist.«
»Wann ist wieder besseres Wetter?«
»Das weiß ich nicht, vielleicht morgen.«
»Erik, spielst du mit mir U-Boot?« sucht sich Thore ein anderes Opfer, um seine Langeweile zu bekämpfen.
»Ne, jetzt nicht, du siehst doch, daß ich gerade lese.«
»Wann dann?«
»Vielleicht später.«
Die Jungs kennen den Film »Das Boot« und funktionieren den *Tardis* öfter mal um. Dann wird es hektisch und laut. Torpedos klarmachen, ruft der eine, Mündungsklappen schließen, schreit der andere. Sie rennen hin und her, es wird geflutet, alles klargemacht zum Auftauchen ... Warschau!, ruft Erik stän-

dig. Und mittendrin Birgit, die in der winzigen Pantry einen Tee oder Kaffee kochen will, Brote schmiert – oder einfach nur für eine halbe Stunde ihre Ruhe haben möchte.

Bei schönem Wetter ist alles ein bißchen einfacher. Da paddle ich mit Erik und Thore herum, gehe mit ihnen auf Moorschneehuhnjagd, wir spielen an Land Jäger und Hase oder Jäger und Gendarm, verstecken uns im Urwald. Bei solchen Spielen bricht das Kind in mir durch, und ich habe genausoviel Spaß wie meine Jungs. Manchmal macht sogar Birgit mit. Und wenn alle anderen für sich sein wollen, pflügt Thore alles, was es zu pflügen gibt, mit einem Holzpflug, den es ja nun überall gibt – am besten eignen sich dafür große Wurzeln –, oder er baut sich ein Boot oder eine Sandburg.

An der Einmündung des Little Salmon River, wo wir an einem flachen Sandufer eine Rast einlegen, hängen Erik und Thore ihre Angeln ins Wasser. Der Regen hat mittlerweile aufgehört, aber die Sonne kämpft noch mit den Wolken. Es dauert nicht lange, da beißt bei Erik ein Königslachs an. Doch der prächtige Kerl gibt sich nicht so einfach geschlagen und liefert Erik einen harten Kampf. Mit unbändiger Wucht schießt er wie ein Berserker den Fluß hinauf, die Spule kreischt auf der Rolle, die Schnur wird knapp.

»Paß auf, Erik! Da drüben ist eine Wurzel, daß er da nicht hineingerät, dann verlierst du ihn.«

Plötzlich macht der Lachs kehrt und schwimmt direkt auf Erik zu. Der kurbelt wie verrückt, um die Leine einzuholen, die Angelrute biegt sich gefährlich durch. Dann schießt der Fisch wieder davon, diesmal flußabwärts. Thore steht daneben und schaut fasziniert zu. Fast vergißt er über dem Schauspiel, daß er selbst eine Angel in der Hand hat. Aus dem Augenwinkel sehe ich, wie Thores Angel zuckt, und greife schnell zu.

»Halt fest und paß auf, Thore!« Zu Birgit gewandt, rufe ich: »Schnell, bring den Kescher und einen Knüppel.«

»Wo soll ich denn auf die Schnelle einen Knüppel hernehmen?«

»Bring irgendwas Schweres, egal was.«

Sekunden später streckt mir Birgit mit fragendem Blick eine Bratpfanne hin.

»Okay, sehr gut«, grinse ich sie an.

Schnell helfe ich Thore, seinen Fisch herauszuholen. Es ist ein Sheefisch. Sheefische sehen aus wie übergroße Heringe, gehören aber zur Salmoniden-Familie, haben eine Fettflosse zwischen der Rücken- und der Schwanzflosse – und schmecken ausgesprochen gut.

»Papa!« ruft Erik mit vor Anstrengung hochrotem Kopf.

Ich stelle mich hinter ihn, halte mit der rechten Hand die Angel mit fest, den linken Arm habe ich um Erik gelegt, damit er mir nicht vornüberkippt. Endlich verliert der Lachs an Kraft, und schließlich gelingt es uns, ihn ins flache Wasser zu ziehen. Dort schlägt er mit seiner Schwanzflosse wild um sich und spritzt uns von unten bis oben mit Schlamm voll. Ich brate ihm mit der Pfanne eins über und hieve ihn ans Ufer. Wir sehen zwar aus wie die Schweine, aber wir haben unsere Beute.

Die beiden Jungs sind unheimlich stolz auf ihren Fang. Als dann noch die Sonne herauskommt, ist der Tag gerettet. Da der Little Salmon ganz klares Wasser hat, riskieren wir es, ihn ein Stück hochzufahren. Die Jungs stehen vorn im Bugkorb und zeigen mir an, wo Hindernisse liegen. An einer kleinen Insel beachen wir den *Tardis* und werfen zur Sicherheit noch den Anker. Birgit und ich lassen erst einmal alle viere gerade sein. Erik hängt gleich wieder seine Angel ins Wasser, und Thore pflügt mit einem kleinen Holzpflug die halbe Insel. Am späten Nachmittag machen wir ein Lagerfeuer und braten uns die beiden Fische. Es ist ein herrlicher Abend.

Am nächsten Morgen stellen wir fest, daß der Wasserstand des kleinen Flusses gefallen ist. Nicht so stark, daß wir den *Tardis* nicht wieder flott kriegen würden, aber er liegt deutlich stärker im Sand auf als am Tag zuvor. Wir müssen ihn mit aller Wucht von der Sandbank schieben. Und da der Fluß hier ohnehin schon ziemlich schmal ist, kann ich das Boot nun nicht einmal mehr drehen und muß rückwärts zum Yukon zurück.

Ein weiterer Punkt, den ich bei der Planung dieser Reise nicht gebührend berücksichtigte, ist, daß man mit einem großen Boot nicht einfach mal so haltmachen kann, was 1991 überhaupt kein Problem war. Damals sagten wir, guck mal da drüben, super Ufer, da scheint die Sonne noch hin, da können wir ein Feuer machen, da hinten kommt sogar ein Bach runter, laß uns da anlegen und die Nacht verbringen. Dann paddelten zwei Leute auf derselben Seite, hauten einen Schlag rein, und man ging an Land – so einfach. Mit *Tardis* sieht die Sache ganz anders aus. Da muß man erst mal schauen, ob das Wasser tief genug ist. Falls ja, ob man gut beachen kann. Geht das nicht, ist die Alternative, den Anker zu werfen und im Schlauchkanu, das wir hinter dem *Tardis* nachziehen, um im Notfall sofort ein Rettungsboot parat zu haben, zigmal hin- und herzupaddeln, bis wir alles am Ufer haben, was wir so brauchen: Zelt, Schlafsäcke, Verpflegung, Kocher – und natürlich uns vier und Cita. Dazu fehlt uns meist die Lust.

Die nächste gute Anlegestelle finden wir erst kurz vor dem kleinen Ort Carmacks. Nur nutzt sie uns nicht viel, weil tief über uns dicke, schwere Gewitterwolken hängen, so daß wir lieber an Bord bleiben. Wenige Minuten nach uns steuern vier Kanuten dieselbe Bucht an. Da sie sehr nett wirken, laden wir sie ein, das Unwetter an Bord der *Tardis* abzuwarten. Es wird zwar furchtbar eng, aber für kurze Zeit ist es auszuhalten. Drei der Männer stammen aus Norwegen – der vierte ist ein einheimischer Guide – und haben eine interessante Geschichte auf Lager. Sie erzählen uns, daß der Urgroßvater von einem von ihnen aus Norwegen auswanderte und im Goldrausch von 1898 in Dawson City sein Glück versuchte. Weil er ein fleißiger und vor allem korrekter Mensch war, wurde er von einer großen Minenfirma als Vorarbeiter angeheuert. Später wurde er sogar Teilhaber der Mine und verdiente richtig viel Geld. Doch bei dem großen Börsencrash am Schwarzen Freitag im Oktober 1929 verlor er alles Geld und starb verarmt in Kanada.

Auch die anderen beiden sind mit dem Glücksritter verwandt und nun auf seinen Spuren unterwegs nach Dawson City. Im Yukon Territory und in Alaska trifft man selten Touristen – was nicht weiter erstaunlich ist, da es die meisten Menschen nach wie vor an sonnige, von Palmen gesäumte Strände zieht –, überraschend ist hingegen, daß fast alle eine ausgefallene Geschichte zu erzählen haben, wenn man sie fragt, warum sie ausgerechnet hier Urlaub machen. So wie eben die Norweger.

Die »berüchtigten« Five Finger Rapids

Wenige Kilometer nach Carmacks erwarten uns die Five Finger Rapids. Als Birgit und ich das erste Mal den Yukon befuhren, hatten wir im Vorfeld etliche Schauergeschichten über diese Stromschnellen gehört. Da seien so und so viele Menschen ertrunken; nehmt ja bloß die rechte Röhre; da sind riesige Wellen; vor kurzem sind da schon wieder welche gekentert und so weiter und so fort. Die Nacht vor der Durchfahrt bekamen wir kein Auge zu und wünschten uns nur, ein paar Tage länger an der Stelle zu bleiben, wo wir uns gerade befanden, und noch ein bißchen zu angeln. Genau das machten wir, Michael, der uns bis Dawson City begleitete, Birgit und ich. Wir blieben unterhalb von Carmacks, fingen einen Hecht nach dem anderen – zum Schluß hatten wir an die 40 Fische im Kescher –, und noch immer wollte keiner von uns durch die Five Finger Rapids fahren. Doch irgendwann mußte es ja sein, also machten wir uns schließlich auf den Weg.

Kurz vorher verließ Birgit und Michael endgültig der Mut.

»Wir fahren da nicht durch, wir umgehen die Stromschnellen.«

»Okay, aber einer muß es machen, wir können nicht das ganze Kanu ausladen und all unser Zeug über den Berg schleppen«, wandte ich ein.

Also hielten wir an. Wenn die beiden aber schon über die Felsen klettern wollen, dachte ich, dann können sie mich von da oben auch gleich filmen. Ich stieg mit ihnen hoch, um die beste Position für die Kameras auszusuchen und den beiden die wichtigsten Funktionen zu erklären – und um mir einen Überblick zu verschaffen, was auf mich zukam.

»So schlimm sieht es gar nicht aus«, meinte ich.

»Na, du hast vielleicht Nerven!« riefen Birgit und Michael wie aus einem Mund.

»Los geht's« rief ich mir selbst zu, als ich wieder im Kanu saß, und stieß mich ab. Die Stromschnellen kamen unaufhaltsam näher, dann gab es einen großen Schlag, weil ich eine Welle falsch angesteuert hatte. Und dann war ich durch – und fassungslos. Was? Das war's schon? Das war alles?

Kurz und gut: Birgit und ich haben die Five Finger Rapids als nicht allzu schwierig, aber auch »nicht ganz ohne« in Erinnerung. Wildwasserstufe drei (es geht bis sechs) mag für Kanus kein Thema sein, doch dieses Mal ist es eine andere Situation. Wir fahren auf einem großen Boot, sind schwerbeladen, haben zwei Kinder dabei. 1991 war der Fluß nach heftigen Regenfällen stark angeschwollen, die Wogen waren irgendwie geglättet, flossen relativ ruhig über all die Hindernisse im Fluß, zum Beispiel große Felsblöcke. Nun überlegen wir: Hat es in den letzten Tagen genug geregnet? Ist das Wasser hoch genug? Vor allem: Müssen wir da wirklich durch?

Schon in Deutschland hatten wir darüber gesprochen. Mit den Jungs durch die Five Finger Rapids, oje, geht das überhaupt? Wie 1991 steigern wir uns regelrecht hinein. Vielleicht sind wir einfach ein bißchen traumatisiert. Jedenfalls sind wir in Alarmstimmung.

»Einen Kilometer später kommen auch noch die Ring Rapids«, gibt Birgit zu bedenken.

»Ja, ich weiß, flach wie eine Flunder und mit starker Strömung. Wenn ich da einen kleinen Steuerfehler mache oder wenn der Motor im falschen Moment ausgeht und das Boot nicht mehr manövrierbar ist, haben wir echt ein Problem am Hals. Du kannst den *Tardis* nicht mit zwei Paddeln da durchbringen.«

»Also, was machen wir?«

»Auf alle Fälle sollten wir in Carmacks noch mal die Gastanks voll machen, die Brennstofftanks nachgucken, die Zündkerzen prüfen und ob der zweite Motor läuft, ob die Ruderanlage klar ist, daß alles schön festgezurrt ist.«

All das machen wir – und dann verläßt uns trotzdem der Mut. Kurz vor den Five Finger Rapids, es ist schon später Nachmittag, sehen wir so einen netten Nebenarm. Und wir denken, na, wollen wir nicht lieber hier für die Nacht ankern? Und alle sind sich einig.

Ja, laß uns mal da rein. Jetzt bloß nicht noch heute abend durch die Stromschnellen. Das hat doch Zeit bis morgen. Wir glauben die Stromschnellen in der Ferne rauschen zu hören. Wie sich am nächsten Tag herausstellen wird, spielt uns da unsere Phantasie – oder unsere Angst? – einen Streich.

Birgit und ich versuchen, die Jungs unsere Aufregung nicht spüren zu lassen. Doch so ganz will uns das nicht glücken. Thore ist völlig nervös, richtig überdreht, rennt wie verrückt auf dem Boot herum, und Erik gebärdet sich wie ein Westernheld. Mit seiner Selbstladebüchse, einer halbautomatischen Winchester, schießt wie wild um sich, nur um sich abzureagieren.

»Fang uns mal lieber ein Abendessen, Erik, ich hätte mal

wieder Lust auf eine Forelle«, fordere ich ihn auf, weil ich weiß, daß ihn Angeln beruhigt.

Erik schnappt sich die Fliegenrute und bindet eine Kunstfliege dran. Mit fast so ästhetischen Bewegungen wie Robert Redford in dem Film »In der Mitte entspringt ein Fluß« schwenkt er die schwere Schnur hin und her und läßt die Fliege sich auf dem Wasser ablegen. Fliegenfischen ist eine sehr alte Form des Angelns, die bestimmte Faktoren voraussetzt: klares Wasser, beißfreudige Fische, schöne Köder, eine Wurftechnik, die man über Jahre trainieren muß. Das ist nicht so wie beim Posenangeln, mit Gewicht, *zack*, Schwimmer, Blei, Haken, *peng*, raus, und jetzt angle ich ein bißchen. Fliegenfischen erfordert ein bißchen mehr. Die Forelle sieht von unten die Fliege, steigt hoch, schnappt sich das Ding – das ist die Krönung des Angelns überhaupt, in dem Moment kriegt man als passionierter Angler fast einen Herzinfarkt –, und dann geht der Kampf los.

»Ich hab' eine!« ruft Erik nach einer Weile und zieht ein prächtiges Exemplar an Land.

Er will immer wissen, was die Fische im Bauch haben. Das findet er total spannend. Sofern er seinen Fang nicht behutsam zurück ins Wasser setzt, schneidet er ihm sofort den Bauch auf.

»Ui, Papa, guck mal, die hat zwei Mäuse gefressen.«

»Mäuse?« frage ich ungläubig.

»Jaaa! Schau doch!«

Tatsächlich. Ich habe nicht einmal gewußt, daß es hier oben Wasserspitzmäuse gibt.

Während die Forelle mit Kräutern und Zwiebeln im Folienmantel vor sich hin gart, packen wir schon mal die Notausrüstung ins Rettungskanu, für den Fall, daß wir mit *Tardis* gegen einen der Felsen knallen und kentern.

Am nächsten Morgen fahren wir langsam an die Five Finger Rapids heran. Thore mit Schnuller im Mund, alle total angespannt – mit einer Ausnahme: Cita. Sie ist völlig relaxed. Als bekäme sie von unserer Nervosität nichts mit, wundere ich mich. Die Stromschnellen rücken näher. Die hohen Felsen rechts und links, Wasserrauschen, die vier zum Teil gewaltigen Felsblöcke mitten im Fluß, die die fünf »Wasserfinger« bilden. Ja, der Kanal ganz rechts, der ist es, den müssen wir nehmen. Als wir immer näher herankommen, passiert – gar nichts.

Ich fahre eine Linkskehre, anstatt einfach durchzubrausen, um noch einmal alles genau zu erkunden. Und um zu filmen.

»Hey, Leute, das ist ganz easy«, rufe ich den anderen zu.

»Ja, ist gar nichts los hier«, stimmt Erik sofort zu. »Auf der Beringsee, Mama, hatten wir Stürme, da ging richtig die Post ab! Das hier ist gar nichts.«

»Das ist Ostsee bei Windstärke eins mit ein bißchen Spülsaum«, setze ich nach. »Ich fahr noch eine Runde.«

Da flippt Birgit aus – berechtigterweise: »Bist du wahnsinnig? Wir fahren da jetzt durch!«

»Okay, okay, alles klar, wir fahren durch. Erik, du filmst.«

»Ja, mach ich«, antwortet Erik ganz entspannt.

»Mach mal einen kleinen Schwenk darü ... – hey, so ein Mist, wir sind schon durch!«

Der *Tardis* hat nur zweimal wupp, wupp gemacht – und es war vorbei.

»War es das schon?« ruft Thore.

»Ja, Thore, tut mir leid, das war's schon.«

»Oooooch!«

Mein Kleiner! Gerade noch die Hosen voll, tut er jetzt ganz mutig. Auf einmal sind alle entspannt, lachen.

»Jetzt fahre ich aber doch noch eine Kehre, denn ich will wenigstens noch in die Kamera erklären: Kinder, hört mal, hier sind Hunderte von Leute ertrunken, das ist totaaal gefährlich! Aber die sind damals mit selbstgebauten Flößen gefahren oder in Schuhkartons, die sie Boote nannten. Die Leute konnten nicht schwimmen, hatten keine Schwimmwesten an, waren Greenhorns, kamen aus San Francisco, aus New York, aus Alabama, von überall her, waren noch nie im Norden. Solche Seebären wie wir, die machen das doch mit links. Und dann mit so einem hochseetüchtigen Segelboot wie *Tardis*. Das wäre doch gelacht. Schluß, aus, cut.«

Birgit hebt drohend den Zeigefinger, doch dann gibt sie mir lachend einen Klaps gegen die Schulter.

Total entspannt fahren wir auf die Ring Rapids zu und kommen auch da ohne Probleme durch. Wir nehmen sie kaum wahr, so harmlos sind sie. Und dafür die ganze Aufregung!

»Jetzt haben wir uns aber eine Pause verdient«, meint Birgit.

»Wieso?« frage ich und schaue sie verständnislos an. »Es ist doch nichts passiert.«

»Eben darum!« kontert sie vergnügt. »Als Entschädigung für das unnötige Tamtam und die sinnlose Aufregung will ich in Ruhe einen Kaffee trinken.«

»Okay, einverstanden. Was hältst du von der Stelle da drüben?« Ich deute zu einem schmalen Uferstreifen.

»Sieht gut aus.«

Eine Viertelstunde später sitzen Birgit und ich mit einer Tasse dampfendem Kaffee und die Jungs mit einem Becher heißer Schokolade auf dem Kieselstrand und amüsieren uns königlich über die ängstlichen Kielings.

»Papa, guck, Pferde«, wispert Thore plötzlich und deutet aufgeregt zum anderen Ufer. Halb in den Büschen versteckt, stehen zwei Elchkühe mit ihren Kälbern.

»Das sind Elche!« erklärt Erik seinem kleinen Bruder und verdreht demonstrativ die Augen.

»Sind die so groß?« wundert sich Thore.

Die Tiere sind völlig entspannt, als ob sie genau wüßten, daß keine Jagdzeit ist, und äugen uns neugierig an. Ein paar Meter weiter steht eine Elchkuh bis zu den Knien im Wasser und zermalmt genüßlich Wasserpflanzen zwischen ihren dicken, weichen Lippen.

»Was frißt der da?« fragt Thore neugierig.

»Das ist eine Sie«, kläre ich meinen Kleinen auf, »und sie frißt Wasserpflanzen.«

»Iiii! Schmeckt das denn?«

»Uns vermutlich nicht. Aber Elche lieben sie, wahrscheinlich weil sie sehr nahrhaft, protein- und mineralstoffreich sind. Die absolute Lieblingsspeise der Elche sind allerdings Weiden. Die brauchen sie, um auf Dauer gesund zu bleiben.«

Thore ist hin und weg. Das sind außer den Bären die ersten richtig großen Tiere, die er hier sieht. Denn obwohl sich die Elchkühe unbeeindruckt zeigen, ist es so, daß Großwild in dieser Gegend des Yukon, wo ziemlich intensiv gejagt wird, eher scheu ist.

»Gemüse ist auch gesund, aber Erik mag es nicht«, stellt Thore nach einer Weile fest. »Warum mögen Tiere ausgerechnet die Sachen, die gut für sie sind?«

»Das hat die Natur so eingerichtet, damit die Tiere genug von den guten Sachen fressen«, erkläre ich ihm.

»Und warum hat sie das bei Erik nicht auch so gemacht?«

Aus dem Augenwinkel sehe ich Birgit lachen und muß mich schwer zusammenreißen, um nicht ebenfalls loszuprusten.

»Keine Ahnung.«

Havarie

Auf der Suche nach einer weiteren Anlegestelle fällt Birgit und mir fast gleichzeitig die kleine Siedlung Minto ein, an der wir 1991 eine Rast einlegten. Minto muß allerdings über einen Seitenarm angesteuert werden. Dummerweise ist unser Kartenmaterial nicht sehr präzise, so daß wir erst einmal an der Abzweigung vorbeifahren. Ich wende den *Tardis*, und dann tuckern wir mit voller Motorkraft gegen den Strom und in den Seitenarm hinein.

Wann immer wir an einer Siedlung vorbeikommen, sorgt *Tardis* für Aufsehen. Uns ist schnell klargeworden, warum. Es gibt nicht viele Verrückte, die mit einem solchen Boot auf dem Yukon herumschippern.

»Mann, ihr habt das schwierigste Stück vom ganzen Yukon noch vor euch«, meint Jeff, ein sehr netter Typ, den wir in Minto kennenlernen, »wißt ihr das eigentlich? Der Fluß splittet sich gleich hinter dieser Siedlung in zig Kanäle auf. Ihr könnt da ohne Lotsen nicht durch, ihr werdet euch verfahren und auf Kiesbänke auflaufen. Außerdem hat es starke Strömungen.«

Er erklärt uns genau, wo wir links, wo rechts und wo wieder in der Mitte fahren müssen.

»Hey, warte, nicht so schnell. Ich schreib mir das mal lieber auf.«

»Ach was. Bleibt doch einfach über Nacht hier, und morgen lotse ich euch durch.«

Was für ein Angebot! Wir sprechen von immerhin 30 Kilometern, die Jeff ja wieder zurück muß. Am Abend gibt er uns den ersten geräucherten Lachs der Saison, den er selbst gefangen und geräuchert hat.

Jeff wohnt in einem kleinen Wohncontainer, der auf Stelzen steht, und schlägt sich im Sommer so durch. Minto hat über den Klondike Highway Straßenanbindung nach Whitehorse und Dawson, und so kommen ab und zu Touristen hierher. Die fährt Jeff mit einem Tourboot flußauf- und abwärts, zeigt ihnen die paar Sehenswürdigkeiten, die es hier gibt: Stromschnellen, Adlernester, Dallschafe in den Bergen, das typische Touristenprogramm in ganz kleinem Rahmen. Im Herbst arbeitet er als Guide für einen großen Veranstalter, der Trophäenjagden anbietet, weil es hier sehr starke Elche, Dallschafe und Grizzlys gibt – und Karibus natürlich. Das Yukon Territory, das übrigens wesentlich dünner besiedelt ist als Alaska, ist die Top-Adresse für Trophäenjäger auf nordisches Wild.

Am nächsten Tag lotst Jeff uns wie versprochen durch das schwierigste Stück, indem er mit seinem eigenen Boot vorausfährt. Doch auch die weitere Strecke hat es in sich, und Jeff sagt mir noch schnell, wie ich zu fahren habe.

»... dann hältst du dich da, dann hältst du dich dort, dann fährst du da lang, dann wieder da drüben, achte auf den Felsen ...«

»Ja, ja, präge ich mir alles ein.«

Mit einem letzten Gruß verabschieden wir uns, und Jeff tuckert zurück nach Minto. Mein Kopf ist voll – da die Insel, da das große Driftholz, da drüben der Felsen, da gabelt es sich, die linke Spur nehmen, bei der nächsten Gabelung die rechte. Oder auch wieder die linke? Zum Teil halten wir uns sehr nah am Ufer, wo das Fahrwasser einigermaßen tief ist. Dafür ragen hier Fichtenstämme, denen der Fluß nach und nach den Grund wegfrißt, schräg übers Wasser bis ins Boot herein.

Es ist aufreibend, und meine Anspannung überträgt sich auf die Familie. Erik bleibt noch einigermaßen cool, aber Birgits Nerven sind zum Zerreißen gespannt. Mit verkniffenem Mund und ängstlichem Blick sitzt sie da, hält den wimmernden Thore im Arm. Uns allen ist klar: ein Fahrfehler, und wir kommen nicht mehr zurück, da die Strömung hier extrem stark ist. An der nächsten Gabelung passiert genau das.

Wir nehmen den linken Arm, o Scheiße, wäre es der rechte gewesen? Mist! Man kann nicht drehen, nicht wenden. Das kann es nicht gewesen sein, Jeff meinte sicher da drüben. Nein, da sind die Felsen ... Und dann stoßen wir an, das Boot kommt aus dem Wasser, und in dem Moment sehen wir unter uns den Grund. Wer schon einmal in einem Fluß getaucht ist, kennt das: Der Kies wandert bei starker Strömung im Fluß mit, ist ständig in Bewegung (deshalb ist der Schatz der Nibelungen wahrscheinlich schon längst in der Nordsee angekommen und nicht mehr da, wo Hagen ihn versenkt hatte), mal ist der Boden sehr gerade, dann gibt es auf einmal Stellen, wo das Wasser

»abspeedet« und sich unter Wasser richtige Hügel aufbauen. An solchen Stellen kommt es zu kurzen Berührungen, wo Ruder oder Kiel über Grund gehen, und – *zack* – im nächsten Moment ist das Boot wieder frei.

Wir aber sind auf eine große Kiesfläche aufgelaufen.

»Erik«, rufe ich, »gib alles, was maschinenmäßig drin ist, wir müssen da drüber.«

Es knarzt und knackt, das Boot schiebt sich weiter auf den Kies. Das knallt und kracht. Wir hören, wie sich die Schraube durch den Kies gräbt. Jetzt bekomme auch ich einen gewaltigen Schrecken. Wird uns jetzt gleich der Propeller in Einzelteilen um die Ohren fliegen? Oder wird das Ganze halten?

Es ist ein solch enormer Druck auf dem Ruderblatt, daß ich die Pinne nicht mehr halten kann. Das Ruder schlägt zur Seite weg, das Boot bäumt sich auf. Der ganze Rumpf der *Tardis* hebt sich aus dem Wasser.

Erik schreit: »Papa, Papa, roter Knopf!«

Thore weint vor Angst, ruft nun ebenfalls: »Papa, roter Knopf.«

Der rote Knopf ist eine Art Notbremse, mit der man die Motoren sofort stoppen kann. Mir ist jedoch klar: Wenn ich die Motoren jetzt ausmache, sitzen wir genau da, wo wir nicht sitzen wollen. Derweil schiebt sich das Boot durch die starke Strömung und den eigenen Schwung immer weiter auf die Kiesbank.

»Nein, wir müssen hier runter!« Im selben Moment sehe ich Schiff voraus, daß das Wasser noch flacher wird. »Erik, wirf den Anker!«

Erik wirft mir einen verständnislosen Blick zu, reagiert aber ganz cool und befolgt sofort meine Anweisung. Er setzt den Anker mit ungefähr 20 Meter Ankerseil so fest, daß sich das Boot in der Strömung leicht dreht. Ich hoffe, der *Tardis* dreht sich mit dem Bug in die Strömung, so daß wir ihn, es ist ja noch Wasser unter dem Schiffsboden, mit schiffseigenen Winden und langen Seilen von der Kiesbank ziehen können. Totale Hektik auf dem Boot, ich schreie Kommandos, Thore weint, Birgit, selbst der Panik nah, versucht ihn zu beruhigen.

Dann legt sich das Boot auf die Seite, der Motor heult auf, das Ruder knirscht, das Ruderblatt biegt sich ächzend. Schließlich ein ohrenbetäubender Knall und dann – absolute Stille. Ich fassungslos, Erik ein Bild der Ratlosigkeit. Thore sitzt mit weit aufgerissenen Augen da, Birgit wirft mir bitterböse Blicke zu, sagt aber keinen Ton. Die einzige, die das alles wieder mal ziemlich kalt läßt, ist Cita.

Allmählich dringen die Geräusche um uns herum wieder zu uns durch. Das Boot hat ungefähr 20 Grad Schräglage nach Steuerbord, so daß der Bug tiefer im Kies steckt als das Achterschiff. Die Schraube dreht sich mit dem etwas zerfetzten und zerfransten Propeller ausgekuppelt in der Strömung.

»Okay, ich steig mal aus und guck, wo wir überhaupt sitzen.«

Ich ziehe mir Watthosen an und springe ins Wasser – es geht mir auf dieser Seite des *Tardis* gerade mal bis zu den Knien. Ich schätze die Entfernung zum Ufer. Hm, ungefähr 30 Meter, denke ich, das könnte klappen.

»Und? Was jetzt?« will Birgit wissen.

»Wir haben Winden, einen Greifzug und genug Seile dabei«, rufe ich hoch. »Wir werden das Boot Zentimeter für Zentimeter flußaufwärts in tiefes Wasser ziehen. Aber nicht mehr heute. Heute werde ich das Boot nur verankern und mit Seilen zum Ufer hin abspannen, damit uns die Strömung nicht noch weiter auf den Kies schiebt.«

Erik hilft mir dabei, danach besehe ich mir die Schäden am Boot, soweit sie außerhalb des Wassers liegen. Das gewaltige Stahlkabel am Hubkiel, den man ein- und ausschwenken kann, ist gerissen. Das also hat den Riesenknall verursacht, alles klar. Der Anblick verursacht ein mulmiges Gefühl in mir, das ich nicht recht zu deuten weiß und daher schlichtweg verdränge.

Birgit reagiert erstaunlich gelassen. Nun ist passiert, wovor sie sich die ganze Zeit gefürchtet hat. Es ist, als hätte eine schwarze Wolke, die unheilverkündend über ihr gehangen hat, endlich abgeregnet.

»Ich mach erst mal was zu essen«, meint sie und verschwindet unter Deck.

Keiner hat so richtig Appetit. Außer Cita. Der schmecken die restlichen Brote vorzüglich. Birgit und ich gönnen uns statt dessen jede Menge Rotwein. Die Weinvorräte werden ohnehin nicht bis zum nächsten einigermaßen gut sortierten Store reichen, weil wir uns wegen der permanenten Anspannung öfter ein Gläschen genehmigen als ursprünglich geplant. Also, was soll's? Man kann ja auch nicht einfach an Land gehen und zehn Kilometer joggen oder im Fluß schwimmen – dafür ist es zu kalt –, um Streß abzubauen. Abgesehen davon, daß wir den Schrecken hinunterspülen wollen, haben wir Hochzeitstag. Ein tolles Geschenk, das ich meiner Frau da gemacht habe. Zu viert sitzen wir beisammen und beratschlagen, was wir tun können.

»Selbst wenn wir hier nicht mehr runterkommen und den *Tardis* aufgeben müssen, können wir immer noch alles in die beiden Kanus packen und zur nächsten Siedlung oder bis Dawson City paddeln.«

»Wie, *Tardis* aufgeben?« Erik schaut mich voller Entsetzen an.

»Ja klar, der *Tardis* bleibt dann hier, für immer, mitten auf der Kiesbank. So wie die vielen Yukon-Schaufelraddampfer. Und irgendwann wird er wie sie total eingewachsen sein. Aber vielleicht fällt mir ja noch eine Lösung ein. Schließlich will ich *Tardis* auch nicht aufgeben. Das wäre nur die allerletzte Möglichkeit.«

Birgit sitzt einfach nur da und sagt gar nichts. Durch meine vielen Expeditionen habe ich reichlich Erfahrung mit widrigen Umständen, vor allem in diesem Teil der Erde, und ich bin ein

»Lösungsmensch«. Mir fällt die Lösung nicht immer ad hoc ein, aber wenn ich Zeit zum Nachdenken habe oder eine Nacht darüber schlafen kann, habe ich in der Regel eine zündende Idee. Erik weiß das und vertraut mir. Und Birgit sollte das nach über 20 Jahren mit mir ebenfalls wissen. Das ist etwas, was mir auf dieser Reise sehr zusetzt. Ich denke, okay, 1991 war ich noch ein Greenhorn in Alaska, aber nicht, was Abenteuer anging. Damals vertraute sie mir schon nicht, was ich noch einigermaßen verstehen kann. Doch obwohl damals alles gutging und ich von allen meinen Unternehmungen bislang immer heil zurückgekehrt bin, vertraut sie mir noch immer nicht. Das enttäuscht mich maßlos, und es macht mich wütend. In solchen Momenten versuche ich mich in sie hineinzuversetzen. Es aus ihrer Sicht zu sehen. Was ist, wenn der Alte ums Leben kommt? Dann sitze ich mit meinen beiden Jungs allein hier, kenn mich nicht aus, weiß mir in der Wildnis nicht zu helfen.

Schön und gut, doch wenn man sich ständig ausmalt, was alles passieren kann, dürfte man keine einzige Reise machen. Dann dürfte ich mein Leben gar nicht so führen, wie ich es führe. Was ist, wenn mir im Norden Alaskas der Blinddarm durchbricht, ich mir irgend etwas verstauche, wenn ich von einem wilden Tier angegriffen oder sonstwie schwer verletzt werde? Und ausgerechnet dann das Satellitentelefon nicht funktioniert? Die Antwort kann nur lauten: Alter, bleib zu Hause und such dir einen Job bei der Bank oder Post, oder geh aufs Amt, da bist du warm und trocken aufgehoben. Aber das ist halt nicht mein Ding. Und so ziehe ich jedesmal wieder los.

»Nach Ebbe kommt Flut und nach Flut Ebbe«, meint Erik mit einem Schulterzucken.

So hat er das von der Beringsee in Erinnerung.

»Das kann hier ein ganzes Weilchen dauern, Erik. Der Yukon ist kein Meer. Die nächste Flut kommt vielleicht erst nächstes Jahr, nach der nächsten Schneeschmelze. Es sei denn, es gibt wolkenbruchartige Regenfälle und der Fluß steigt dadurch an.«

Fast scheint es, als hätte ich es herbeigeredet, denn gegen Abend zieht sich der Himmel zu und wird tiefschwarz. Dann entlädt sich ein Riesenunwetter. Gewaltige Blitze zucken auf, Donner rollt über uns hinweg, und ein kräftiger Schauer prasselt hernieder. Immer lauter wird das Getrommel über uns, als der Regen in Hagel übergeht. Auch das noch! Riesige Eiskörner hämmern auf *Tardis*. Ich fluche im stillen vor mich hin. Wir können nur hoffen. Alle haben Angst, es herrscht eine miese Stimmung, keiner weiß, wie es weitergehen soll. Irgendwie scheint sich alles gegen uns verschworen zu haben.

Als sich das Gewitter endlich verzogen hat und wir nach draußen gehen, hat sich die Temperatur extrem abgekühlt. Vier Zentimeter hoch liegt das Eis auf dem Boot, und wir haben das Gefühl, in einer anderen Welt zu sein. Die Jungs haben ihren Spaß: warme Jacken an, Fellmützen auf, Schneemann bauen. Warum soll ich ihnen den nehmen? Außerdem besteht Hoffnung, daß der Fluß nach dem vielen Regen und Hagel ein paar Zentimeter steigen wird. Und so kommt es auch.

Am nächsten Morgen schaffe ich es, das Boot komplett zu drehen. Doch ich merke, daß mit dem Kiel etwas nicht stimmt. Der *Tardis* müßte sich viel leichter bewegen lassen. Er hat ja immer noch, obwohl der Kiel im Kies steckt, 50 Zentimeter Wasser unter dem Rumpf.

Schlagartig fällt mir das gerissene Stahlkabel wieder ein. Normalerweise sind Kiele ja fest installiert, aber unseren kann man ins Boot oder unter den Rumpf einschwenken, für den Fall, daß man in flaches Wasser fährt oder das Boot bei Ebbe in den Schlick setzen will. Außerdem braucht man dadurch keinen so hohen Trailer. Dieser Kiel, der 650 Kilo wiegt, wird über ein gewaltiges Kabel aus Edelstahl und eine große Winsch mit einer Kurbel, die sich im Rumpfinneren, also in der Kajüte, befindet, hochgekurbelt beziehungsweise heruntergelassen. Das Ganze hängt an einem sehr massiven Bolzen. Ein kompliziertes System und ein Schwachpunkt der *Tardis*, denn eigentlich geht nichts über einen festen Ballastkiel. Gute Segelboote haben über ein Drittel Ballastanteil im Kiel, damit sich das Boot, wenn Druck aufs Segel kommt – also auf den Mast, die ganze Rick –, nicht zu stark auf die Seite legt. Der Kiel hält das Boot quasi aufrecht. Einschwenkbare Kiels, wie wir einen haben, waren ursprünglich für den Einsatz in der Nordsee konstruiert worden, wo man viel mit Tiden zu tun hat, zum Beispiel bei den friesischen Inseln. Wenn die Ebbe kommt, kurbelt man schnell mal den Kiel ein, läßt sich trocken fallen und sitzt im Matsch. Bei Flut schwimmt man wieder auf.

Auf einmal höre ich Rufe, und dann sehe ich drei Norweger mit ihrem Guide, die wir in der Nähe von Carmacks getroffen haben, angepaddelt kommen. Als sie erkennen, daß wir Schlagseite haben, machen sie sofort ihre Kanus am Ufer fest, waten zu uns herüber und fragen, ob sie helfen können. Alle zusammen versuchen wir zu schieben und zu hebeln. Eineinhalb Tonnen sind nicht sonderlich viel, kaum mehr, als ein Pkw der Mittelklasse wiegt, aber eineinhalb Tonnen im Wasser festgefressen können eine Menge sein. Nach 20 Minuten – die Norweger und ihr Guide haben mittlerweile ganz blaue Beine vom kalten Wasser, während Erik und ich durch unsere Watthosen gut geschützt sind – winke ich ab. Der *Tardis* hat sich kaum bewegt. Ich danke den Männern für die Hilfe, und sie ziehen weiter. Was sollten sie sonst auch tun? Ohne adäquate Kleidung würden sie sich in dem eisigen Wasser nur den Tod holen.

Erik und ich mühen uns, teilweise mit Unterstützung von Thore, weiter ab und werden immer verzweifelter.

»Ich will *Tardis* nicht hier lassen«, heult Erik plötzlich los.

Völlig erschöpft lehnt er sich an den Rumpf und läßt seinen Tränen freien Lauf. Mir fällt nichts ein, wie ich ihn trösten könnte, so nehme ich ihn einfach fest in den Arm. Mein Großer hat sich so tapfer geschlagen.

Womöglich werden wir den *Tardis* wirklich nicht mehr von

hier wegbekommen. Wir können nur noch versuchen, ihn mit den Winden ins tiefe Wasser zu ziehen. Erik und ich tun unser Bestes, trotzdem bringen wir den *Tardis* nur winzige Zentimeter voran – und haben noch um die 300 Meter vor uns! Das ist ziemlich frustrierend, und mittlerweile könnte auch ich heulen. Und es kommt noch etwas anderes hinzu: Da wir die Seile nur am Ufer befestigen können, ziehen wir uns immer mehr zum Ufer hin.

Ich hole meine Kameras hervor, filme und fotografiere.

»Ich faß es nicht«, fährt mich Birgit an, »wie kannst du in so einer Situation ans Filmen denken?«

»Wieso nicht? Wenn wir das Boot aufgeben müssen, ist das ein Teil der Story«, halte ich achselzuckend dagegen.

»Du mit deiner blöden Story!« faucht meine Frau.

Das ist der Moment, in dem ich den Yukon und auch den NDR das erste Mal ernsthaft verfluche, denn ich merke, daß ich der Familie und mir zu viel zugemutet habe. Was mich aber nicht davon abhält, meine Aufnahmen zu machen.

Während ich noch drehe, kommt auf einmal ein Schnellboot mit mehreren Indianern den Fluß hoch und legt an unserer Seite an. Im Bug steht ein würdiger älterer Mann.

»Yukon River, sailboat, not good!« ist so ziemlich das erste, was er sagt.

Fehlt nur noch »hugh!«, denke ich mir und versuche ihm die Sache mit dem einschwenkbaren Kiel zu erklären, doch er versteht überhaupt nichts. Aber er weiß wohl, daß Segelboote einen dicken Kiel haben und daß es das Dämlichste überhaupt ist, mit so einem Teil den Yukon zu befahren. Auf dem Yukon nimmt man Flachbodenboote, am besten ohne Schiffsschraube, also mit Jetantrieb, weil man damit selbst durch extrem flaches Wasser fahren kann. Und da der Yukon überall flach ist, können auf die Idee mit dem Segelboot nur Weiße kommen. Das ist in etwa das, was er von sich gibt. Auf der anderen Seite ist er sehr hilfsbereit.

Er und seine Männer haben Seile und eine große Winsch dabei. Wir spannen auch noch diese Seile und ziehen mit Greifzügen, doch es tut sich nicht viel.

»Na ja, dann müssen wir wohl den Traktor holen«, meint einer der Indianer.

»Wie, was, Traktor?«

Ich bin völlig verdattert. Wir sind hier mitten in der Wildnis! Wo wollen die einen Traktor herbekommen?

So erfahren wir, daß nicht weit von hier eine Indianercorporation die Blockhäuser einer Geisterstadt restauriert. Die Siedlung Fort Selkirk gilt als National Heritage, daher gibt es von der kanadischen Regierung viel Geld für den Wiederaufbau und können sich die Indianer modernes Arbeitsgerät leisten: Winden, Greifzüge, Motorsägen, Vermessungsequipment und alles mögliche. Unter anderem auch einen kleinen japanischen Traktor. Vor etwa drei Stunden, so erzählen sie uns, seien vier Kanuten bei ihnen vorbeigekommen und hätten ihnen erzählt, daß ein Stück flußaufwärts ein havariertes Segelboot auf einer Kiesbank festsitze. Die Norweger! Deshalb sind die Indianer überhaupt zum *Tardis* gekommen! Und deshalb haben sie eine Winsch, Seile und Greifzüge dabei!

Sie schicken jemanden los, den Traktor zu holen, und eine Stunde später hört man es auf einmal tuckern. Über einen schmalen Pfad, auf dem sonst nur Elche oder Bären unterwegs sind, frißt sich das Gerät durch den Urwald. Zum Teil müssen noch Bäume umgesägt werden, damit das Ungetüm überhaupt zum Ufer durchkommt.

Eines der Seile wird mit einer Rolle um einen dicken Baum geführt. Der Traktor zieht an, ich helfe mit *Tardis'* großer Maschine mit. *Paff* macht es – das Seil ist gerissen. So schnell lassen wir uns jedoch nicht entmutigen. Als nächstes versuchen wir es mit zwei Seilen. Und siehe da, *Tardis* ruckelt langsam flußaufwärts durch den Kies. Wir klatschen, lachen, jubeln. Doch da ist immer noch das Problem, daß wir uns mehr und mehr dem Ufer nähern, denn der Traktor muß ja an Land stehen beziehungsweise fahren. Schließlich ist das Gestrüpp so nah, daß Erlen- und Weidenzweige an der Reling reißen, gegen den Aufbau schnalzen.

»Geht nicht zu nah ran!« warne ich Erik und Thore, die das Schauspiel gespannt mitverfolgen.

Es sieht fast so aus, als würden wir den *Tardis* das Ufer hoch ziehen wollen. Trotzdem sind wir, vor allem die Jungs und ich, auf einmal wieder optimistisch – es ist Hilfe da, es bewegt sich was, es sieht irgendwie nach einer Lösung aus. Nur Birgit sitzt völlig entnervt am Ufer. Erik und Thore haben sich eine Videokamera geschnappt, um die Rettung des *Tardis* festzuhalten.

Dann fängt das Boot zu schwimmen an. Jetzt müssen wir nur wieder in tieferes Wasser hinein. Da läßt der Häuptling seinen 250-PS-Motor aufheulen und schleppt uns Richtung Flußmitte. Und wieder reißt das Seil, und *Tardis* hängt erneut fest. Sofort bringe ich ein neues Seil an.

»Noch mal!« rufe ich dem Häuptling zu.

»Nein, geht nicht!«

Er hat verständlicherweise Angst um sein Boot und daß jemand von einem reißenden Seil verletzt wird.

»Doch, das geht! Wir kriegen das hin!«

Wenig später haben wir *Tardis* in tiefem Wasser, und das Häuptlingsboot nimmt uns im Schlepp mit zur Siedlung Fort Selkirk.

Die Indianer dort – vom Stamm der Chilkat-Tlingit – sind erst einmal sehr reserviert und gucken nur. So etwas haben sie wohl noch nie gesehen: ein Segelboot auf dem Yukon, dazu eines, das sich im Fluß dreht, Ruderanlage im Eimer, festsitzendes Ruder, die Welle des großen Motors verbogen, Schraube abgerissen, Kielkabel ausgeklinkt, abgerissen, Kiel unklar, leichter Wassereinbruch in der Bilch – wenigstens die Pumpe arbeitet –, Kielwinsch ebenfalls unklar. Schließlich kommt eine alte Indianerin mit einem noch älteren Fotoapparat an und sagt in ihrem gebrochenen Englisch wie zur Bestätigung, sie hätte schon viel auf diesem Fluß erlebt, aber sie könne sich nicht daran erinnern, hier jemals ein Segelboot gesehen zu haben. Ob ich mich nicht mal vor das Boot stellen könne und ob sie ein Foto von mir und dem Segelboot machen dürfe. Ich schäme mich in Grund und Boden. Wahrscheinlich wird sie bis ans Ende ihrer Tage von dem größten weißen Idioten erzählen, der ihr je in ihrem Leben begegnet ist, nämlich dem, der sich mit einem Segelboot auf den Kiesbänken an der gefährlichsten Stelle, die doch nun wohl jeder kenne, festgefahren habe. So kommt es mir in dem Moment jedenfalls vor.

Die Indianer geben uns zu essen und zu trinken. Sie sind wirklich nett zu uns. Wir wollen uns natürlich für ihre Hilfe bedanken und fragen, wie wir uns revanchieren können. Doch sie wollen nichts annehmen. Hier in der Wildnis, so der Häuptling, herrsche ein eisernes Gesetz: Wenn einem etwas passiere, man in Not sei, dann sei es ganz normal, daß der andere helfe. Das sei selbstverständlich.

Meine »dritte Geburt«

Am nächsten Morgen, wir kriechen gerade entspannt und ausgeschlafen und ich mit noch reichlich Rotwein im Blut aus unseren Kojen, wird die Mannschaft, die die Geisterstadt zu Leben erweckt, abgelöst und fährt mit Motorbooten den Pelly River, einen ziemlich breiten Nebenfluß des Yukon, hoch nach Pelly Crossing. In dieser Siedlung am Klondike Highway leben sie. Ein Highway in dieser Gegend ist nicht unbedingt das, was wir uns darunter vorstellen, sondern meist nur eine Schotterpiste. Der Dempster Highway zum Beispiel, der 1000 Kilometer durch die Tundra führt, hat Schlaglöcher, in denen sich ein kleiner Braunbär verstecken könnte.

Ich mache mich daran, den *Tardis* zu reparieren. Als erstes nehme ich mir die beiden wichtigsten Teile vor, das Ruder und den Kiel. Das Ruder ist relativ schnell ausgebaut. Das große Ruderblatt hatte ich aus Edelstahl nachgebaut, nachdem es mir schon einmal gebrochen war. Das ist unser Glück, denn wenn es noch das Original aus glasfaserverstärktem Kunststoff wäre, wäre es längst weggebrochen. So ist es nur zu einem S verbogen. Mit Hilfe meiner Jungs klopfe ich es gerade und baue es wieder ein. Die Welle des Ruderblatts ist glücklicherweise in Ordnung. Mit dem Kiel wird es schon schwieriger. Das Boot ist so geankert, daß ich von unten am Schiffsboden arbeiten kann, wie ein Automechaniker, der unter der Hebebühne liegt. Nur: Ich muß unter Wasser werkeln. Also schlüpfe ich in warme Klamotten, dann in meinen Trockentauchanzug und schnalle mir den Bleigurt um. Die Flossen lasse ich weg, um auf dem Grund des Flusses einen besseren Stand zu haben. Tauchflasche habe ich keine, aber Schnorchel und Maske.

Birgit kniet auf dem Boot auf der Leeseite, also auf der dem Ufer zugewandten Seite, und reicht mir das Werkzeug. Immer wieder komme ich hoch, sage, ich brauche den und den Schlüssel oder die und die Schrauben, atme kräftig durch und tauche wieder ab. Wegen der starken Strömung muß ich mich mit einer Hand am Kiel festhalten, während ich mit der anderen hantiere, was die Sache nicht gerade einfacher macht. Um überhaupt ein Gespür in den Fingern zu haben und auch kleine Schrauben halten zu können, muß ich außerdem ohne Handschuhe arbeiten. Da das Wasser sehr kalt ist, werden meine Finger allmählich taub. Immer öfter rutschen mir die Schrauben weg, gleitet mir das Werkzeug aus der Hand. Bei einer Sichtweite von vielleicht 50 Zentimetern taste ich den Boden ab, bis ich es wiederfinde. Das Kabel ist so starr, daß es sich kaum biegen läßt. Ich stemme mich gegen die Strömung, um beide Hände frei zu haben, habe aber mittlerweile kaum noch Kraft in den Fingern. Meine Bergungstaucherausbildung fällt mir ein. Da mußte ich mit richtig schwerer Montur und zum

Teil mit Preßluftschlauch vom Boot runter. Aber das war einfach im Vergleich zu dem, was ich jetzt mache.

In kaltem Wasser kann man den Atem nicht lange anhalten. Alle 30, 40 Sekunden muß ich hoch, um Luft zu holen. Birgit kommt es jedesmal vor, als sei ich endlos lange unter Wasser. Bei jedem Auftauchen sehe ich die Angst in ihren Augen.

»Hey, Bitzel, schau nicht so. Ich bin darauf trainiert, ich kann das. *Don't worry!*«

Nach eineinhalb Stunden ist das Kabel endlich eingefädelt, sind die Klemmen festgedreht. Ein letztes Mal noch runter, denke ich, eine allerletzte Kontrolle, ob alles paßt. Und dann passiert, was ich in der Einleitung beschrieben habe: Ich tauche auf der falschen Seite auf, und – *wusch!* – reißt mich die Strömung ins tiefe Wasser und zieht mich nach unten. Es geht so schnell, daß ich nicht einmal mehr Atem holen kann. Keine Flossen, um dagegenzuhalten. Kein *jacket*, mit dem ich mich nach oben schießen könnte. Statt dessen einen schweren Bleigurt um den Bauch, dessen Verschluß ich nicht aufbekomme. Ich gerate in Panik, strample wie wild, versuche den Bleigurt mit dem Messer durchzuschneiden. Dann, von einer Sekunde auf die andere, durchflutet mich ein warmes Gefühl, als ob ich in eine andere Sphäre eintauche, und ich werde ganz ruhig und entspannt.

Der Yukon gibt mich wieder frei, und ich liege spuckend und keuchend am Ufer. Wie von Geisterhand ist der Bleigurt von meinem Körper entfernt. Wer war das jetzt? denke ich. Schon einmal, am 16. Oktober 1976, bei meiner Flucht aus der DDR, war ich mit einem Steckschuß im Rücken dem Tod von der Schippe gesprungen. Jenen Tag bezeichne ich seither als meine »zweite Geburt«. Es war mein erster bewußt erlebter Geburtstag und der Beginn meines neuen Lebens. Und nun war mir mein Leben ein drittes Mal geschenkt worden.

»Papa, Papa, was ist los mit dir?« ruft Erik.

Er kniet mit Thore neben mir. Dann kommt Birgit angerannt. Sie hatte nicht gleich mitbekommen, was passierte, da sie ja auf der anderen Seite des Bootes nach mir Ausschau hielt. Als sie Erik dann plötzlich »Papa ertrinkt!« schreien hörte, war sie, wie sie mir später erzählen wird, zunächst wie gelähmt gewesen. Im Trockentauchanzug schön eingepreßt, wie vakuumiert, noch mit Kopfhaube, Maske, Bleigurt, Wassertemperatur fünf Grad, den sehe ich nie wieder, der kommt nicht mehr hoch, der ist für immer weg. Und ich bin mit den Jungs und den wilden Indianern allein, was für eine grausame Welt. So ungefähr war es ihr durch den Kopf gegangen. Was ich durchaus verstehen kann. In einer solchen Situation nutzt es nichts, sich zu sagen, okay, wir haben Satellitentelefon dabei, in zwei Stunden ist ein Black Hawk da, der holt uns raus.

In Birgits Gesicht spiegeln sich Wut, Angst und Verzweiflung – aber auch maßlose Erleichterung. Nachdem sie sich überzeugt hat, daß es mir gutgeht, läßt sie ihren Gefühlen freien Lauf.

»Ich halt das nicht mehr aus! Ich mach das nicht mehr mit! Dieser Fluß ist nur noch grausam! Wir brechen hier ab, das hat keinen Zweck mehr!« schreit sie und unterstreicht jeden Satz mit einer vehementen Geste.

»Ja, ist gut, Bitzel. Beruhige dich. Wir hören auf und machen was anderes. Alaska ist so groß und wunderschön, da müssen wir uns nicht auf diesem Fluß quälen«, versuche ich sie zu beruhigen.

»Ich kann nicht mehr, verstehst du? Und ich will nicht mehr!« tobt sie weiter, während ihr erste Tränen übers Gesicht laufen.

Birgit

Unsere Beziehung, unsere Ehe ist in der letzten Zeit auf eine harte Probe gestellt worden. Seit wir auf dem *Tardis* unterwegs sind, habe ich mich ständig über Birgits Ängste und Bedenken hinweggesetzt. Sie reagierte darauf – verständlicherweise – beleidigt und verletzt. Mehr als genug Vorfälle – mein Beinahe-Ertrinken ist ja nur das »Sahnehäubchen« obendrauf – haben bewiesen, daß sie von Anfang an recht hatte, daß der Yukon definitiv nicht für Segelboote geeignet ist. Doch statt einzulenken wollte ich einfach stur mit dem Kopf durch die Wand, wollte sie dazu bringen, daß sie endlich meiner Erfahrung vertraut, und ihr beweisen, daß ich mit allen Widrigkeiten fertigwerde. Ständig sind wir deshalb aneinandergeraten und können mittlerweile kaum noch vernünftig miteinander reden.

Ehrlich gesagt, glaube ich nicht, daß es bei den Vaniers* tatsächlich die ganze Zeit so harmonisch zuging, wie Nicolas es in »Das Schneekind« beschreibt. Ich kann mir beim besten Willen nicht vorstellen, daß er mit Frau und Kleinkind ein Jahr in der Wildnis lebte, völlig abgeschnitten von jeglicher Zivilisation, ohne daß er und Diane sich ein einziges Mal in die Haare gerieten! Was die beiden mit »Schneekind« wagten, verlangt mir Respekt ab, zweifellos, und wie Vanier dieses Abenteuer zu Papier brachte, ist ganz toll, trotzdem vermisse ich in dem Buch etwas: Vanier verliert kein Wort über Konflikte. Natürlich möchte ich nicht wissen, wie oft sich die Eltern darüber stritten, wer nun das Töchterchen in eine frische Windel packt, aber die heile Abenteuerwelt geht mir fast ein bißchen auf die Nerven. Ich bin sicher, daß da einiges geschönt ist, einiges wegge-

---

* Vanier, Nicolas: Das Schneekind, München 2001. Nicolas und Diane Vanier zogen mit ihrer einjährigen Tochter Montaine für ein Jahr in die Wildnis Kanadas. Dort lebten sie in einem selbstgebauten Blockhaus und ernährten sich vom Jagen, Angeln und Sammeln.

lassen wurde, um ein bestimmtes Bild zu entwerfen. Das ist wie mit »Tipi in Afrika«, die auch von Franzosen fotografiert wurde. Da wurde ebenfalls ein Klischee bedient: Och, ist die süß, beneidenswert die Kleine, wie Mogli, lebt mit den wilden Tieren in Afrika zusammen. Wer einmal in Afrika war und weiß, wie schwer es ist, überhaupt einen Leoparden zu sehen, der nebenbei die aggressivste Raubkatze der Erde ist, wenn man ihn reizt, der merkt schnell, daß da ganz schön geschummelt wurde. Aber die Geschichte war perfekt fotografiert. Und sie rief eine Sehnsucht im Menschen wach, die Vorstellung, daß es eben doch möglich ist, in Harmonie mit wilden Tieren zu leben.

Bei Birgit und mir ist es nicht weit her mit der Harmonie. Ich will unsere Reise nicht als Expedition bezeichnen, sie ist einfach eine Reise, wenn auch eine große Herausforderung und ein großes Abenteuer. Doch wie so viele große Expeditionen, die nicht am Equipment, an schlechter Kleidung oder am Essen scheiterten, sondern an zwischenmenschlichen Problemen, sind die – bei allen Schwierigkeiten mit *Tardis* – auch bei uns der ausschlaggebende Punkt.

Ich neige dazu, Dinge zu egoistisch, sie nur aus meiner Sicht zu sehen, das weiß ich. Nach dem Motto: Ich kann das, also könnt ihr das ebenfalls. Das ist natürlich ein falscher Ansatz. Ich verlange manchmal schlichtweg zu viel von Birgit. Sie ist in der Eifel ein harmonisches, bescheidenes Leben in ländlicher Idylle gewöhnt, alles nett geordnet, wie man es dort gern hat. Ich weiß auch, daß sie mit mir und meinem Leben, meinen Projekten, meinen Ideen oft unglücklich ist, obwohl sie es nicht ausspricht. Und ich bin überzeugt, daß sie im Grunde jemanden möchte, der morgens um sieben aus dem Haus geht, spätestens um neun das erste Mal anruft und vielleicht sagt, Schatz, ich habe gerade in der Tageszeitung gelesen, daß es das und das Sonderangebot gibt, soll ich das auf dem Weg aus der Stadt besorgen? Und dann ist er um fünf zu Hause. Wenn es mal ein bißchen später wird, macht sich die Frau Sorgen. Das ist eigentlich Birgits Ding. Manchmal frage ich mich: Wie hält sie das eigentlich mit mir aus? Der alte Spruch, Gegensätze ziehen sich an, stimmt halt nur bis zu einem gewissen Grad.

Auf der anderen Seite wird sich der Leser jetzt vielleicht fragen, wie ich es mit einer Frau aushalte, die so ganz anders ist als ich? Für mich ist Birgit der ruhige Gegenpol, der mir bis zu einem gewissen Punkt einfach nur guttut. Natürlich wünsche ich mir manchmal eine Frau, die sagt, hey, wann gehen wir endlich wieder auf Jagd? Wann fahren wir mal wieder Kanu? Wann kriege ich endlich mein neues Rennrad? Aber dann frage ich mich: Will ich das wirklich? Ich habe viel Achtung vor Birgit. In all den Monaten, in denen ich unterwegs bin, liegt zu Hause die ganze Verantwortung in ihren Händen: für die Kinder, für das Haus, für das ganze Drum und Dran. Nebenher erledigt sie für mich während meiner Abwesenheit die ganze Korrespondenz, beantwortet Anfragen, und so weiter, und so fort. Und das nun schon seit vielen, vielen Jahren. Und bei aller Selbständigkeit und allem Selbstbewußtsein, das sie hat, versucht sie, Dinge und Entscheidungen auch in meinem Sinn zu lenken. Und sie ist sehr schön. So eine Frau finde ich nicht noch einmal, das ist mir klar.

Aber ich kann halt nicht aus meiner Haut. Als Birgit und ich abends, nach dem ausgespuckten Yukonwasser, Rotwein trinken und uns fragen, ob wir uns das wirklich antun müssen, denke ich mir, hey, ich habe schon härtere Sachen in Alaska gemacht. Allerdings selten welche, die so nervenzerreißend anstrengend waren. Ich hatte in den ersten Jahren mehrere Grizzly- und Eisbärenangriffe überstanden, und danach war mir klar, okay, ich habe den oder den Fehler gemacht, den mache ich nie wieder, und die Sache war gegessen. Aber so eine permanente Anspannung wie in der letzten Zeit habe ich noch nie erlebt. Die ist extrem zermürbend. Zu wissen, daß wir jeden Moment wieder irgendwo auflaufen können, macht mich fertig, obwohl alle sagen, ab hier wird es besser. Das hat nichts mit Urlaub zu tun. Meine Kollegen sitzen zu Hause, beneiden mich, nach dem Motto, der Kieling macht jetzt eine tolle Reise mit seiner Familie, kriegt auch noch Geld dafür und kommt damit ins Fernsehen. Die haben keine Ahnung, was ihnen erspart bleibt!

Am liebsten würde ich alles hinschmeißen, meine Sachen packen und mit Cita auf und davon ziehen.

Verschnaufpause in Fort Selkirk

Wir beschließen, ein paar Tage bei Fort Selkirk zu ankern, um etwas zur Ruhe zu kommen und uns die Geisterstadt anzusehen. Selkirk liegt wunderschön an einem Steilufer. Rundum saftige, grüne Hügel, zwischen den Holzhäusern viel Wiese und immer wieder einzelne Birkengruppen. Es sieht jetzt schon aus wie ein Freiluftmuseum.

Fort Selkirk hat wie viele Orte zwischen Whitehorse und Dawson City eine wechselvolle Geschichte hinter sich. Ursprünglich war es ein Fischcamp, in dem die seßhaften Chilkat-Tlingit mit den Northern Tutchone Handel trieben. Als sich Mitte des 19. Jahrhunderts die Hudson's Bay Company als konkurrierender Handelspartner hier festzusetzen versuchte, plünderten die Chilkat-Tlingit den Handelsposten. Erst knapp 40 Jahre später wagten sich wieder weiße Handelsleute nach Fort Selkirk. In den folgenden Jahren blühte der Ort durch den Goldrausch am Klondike und den dadurch auflebenden Schiffverkehr auf dem Yukon auf. Fort Selkirk wurde zu einem wichtigen Handels- und Versorgungszentrum mit Geschäften, Hotels und Saloons. Neben Goldsuchern traf man auf Siedler und Trapper. Mit dem Ende des Goldrauschs begann die Bedeutung der Stadt zu schwinden. Ihr endgültiges Ende läutete jedoch der Bau des Klondike Highway ein. Viele Einwohner von Fort

Selkirk zogen nach Minto, um beim Straßenbau zu arbeiten. Die Bevölkerungszahl sank rapide, und nach und nach schlossen die Geschäfte, die Hotels und Saloons. Nach Fertigstellung des Highway kehrte kaum einer der ehemaligen Einwohner in seine jetzt fernab des Geschehens gelegene Heimat zurück, denn die neue Straße erwies sich bald als der schnellere und kostengünstigere Verkehrsweg und besiegelte das Ende der Dampfschiffahrt auf dem Yukon. Mitte der 1950er Jahre war Fort Selkirk eine Geisterstadt.

Erik und Thore interessieren sich am meisten für eine alte Werkstatt, in der Unmengen von völlig verrostetem Zeug herumliegen – Hammer, Nägel, Feilen, Sägen, Fallen, Töpfchen, Türschlösser, Klinken, Schlüssel und vieles mehr –, dazu alte Emailschüsselchen, wie man sie aus Großmutters Küche kennt: weiß mit blauem Rand. In der bereits vollständig restaurierten Schule spielen sie mit Birgit Unterricht. An einer Wand hängt eine riesige Schiefertafel, zu beiden Seiten eines uralten, schön verzierten Heizofens aus Gußeisen, dessen Abzugsrohr durchs Dach verschwindet, stehen je drei Schulpulte mit aufklappbarer Tischplatte und fest montierter Sitzbank. Selbst diese Holzmöbel sind noch Originale. Die alten Dielenbretter mußten allerdings neuen weichen, weil sie völlig verfault waren, erklärt uns einer der Indianer. Das ist wirklich schade, weil es dem Raum viel Atmosphäre nimmt.

Die Indianer sind zwar freundlich und allgemein an uns interessiert, aber nur bis zu einem gewissen Punkt. Unterschwellig ist bei dem ein oder anderen sogar Ablehnung zu spüren. Sie leben sehr ursprünglich und versuchen ihre alten Traditionen zu wahren, zu ihren Wurzeln zurückzufinden. Das heißt auch, daß sie keinen Alkohol trinken und keine Drogen nehmen und schon deshalb jeden Kontakt mit Weißen vermeiden.

Man findet in Nordamerika zwei Arten von Indianern: Die einen hängen in Kneipen herum, sagen, ach, super, du hier, laß uns einen trinken, sind sofort deine besten Freunde, weil sie sich auf deine Kosten beschickern wollen. Die anderen sagen, *fuck the white man*, egal, woher er kommt und welche Nationalität er hat, mit Weißen wollen wir nichts zu tun haben. Ihr habt den Alkohol gebracht, ihr habt die Drogen gebracht, ihr habt uns entwurzelt, ihr habt uns zu dem gemacht, was wir heute sind. Sehr selten trifft man einen traditionell lebenden und zugleich aufgeschlossenen Indianer. Bei Inuits ist das eher möglich.

Erik und Thore hatten sich Indianer natürlich ganz anders vorgestellt. Daß Indianer keine Feder mehr im Haar tragen, war zwar selbst dem kleinen Thore klar, aber daß sie ein Käppi von Gap aufhaben und morgens in einem Jogginganzug von Kappa und mit Adidas- oder Puma-Schlappen herumlaufen, enttäuscht die beiden maßlos. Es ist überhaupt nicht mehr erkennbar, daß diese Menschen Indianer sind. Sie könnten genausogut Filipinos sein. Greg zum Beispiel, mein bester Freund in Alaska, ist Halbindianer, sein Vater war Vollblut-Chirokee. Greg sieht eher wie ein italienischer Pizzabäcker als wie ein Indianer aus.

Insofern sind die Indianer für die Jungs relativ uninteressant. Da finden sie den Traktor und das Werkzeug sowie die Restaurierung der Blockhäuser schon viel spannender.

Als eines Morgens ein älterer Opa fast Cita erschießt, beschließen wir, den Anker zu lichten und uns wieder auf den Weg zu machen. Der Mann sieht sehr schlecht und hat wohl gedacht, Cita sei ein kleiner Schwarzbär. Er hatte schon auf den Hund angelegt, als ich ihn zum Glück bemerkte.

»*Hey, that's a dog!*« schrie ich, rannte auf Cita zu und fuchtelte mit den Armen.

»*Oh, sorry*«, meinte der Alte verlegen. Vermutlich hätte er sowieso vorbeigeschossen, aber man weiß ja nie.

Thore hat es einen gehörigen Schrecken eingejagt.

»Wieso wollte der Cita erschießen?« fragte er ganz aufgeregt.

»Er hat nicht gesehen, daß das unser Hund ist.«

»Aber man sieht doch, daß sie einen Schwanz hat!«

Viele Indianer sind durch die Umstellung ihrer Eßgewohnheiten in den letzten zwei, drei Generationen – früher aßen sie niemals Dinge, die viel Zucker enthalten, und vor allem kein Fast food – nicht nur fettleibig, sondern, was viel schwerer wiegt, zuckerkrank und haben dementsprechend schlechte Augen. Daher tragen auch fast alle First Nation People in Nordamerika eine Brille.

Wir entschließen uns also weiterzuziehen. Die Reise hier einfach abzubrechen wäre ohnehin kaum möglich. Wir sind mitten in der Wildnis, haben keine Straßenanbindung. Natürlich könnten wir uns von den Indianern zum Klondike Highway bringen lassen, nur: Wie würden wir dann von dort weiterkommen? Zu viert mit Hund und Sack und Pack trampen? Die andere Alternative wäre, uns von Randy ausfliegen zu lassen. In beiden Fällen müßten wir den *Tardis* zurücklassen, und das will keiner von uns – selbst Birgit nicht.

Der Yukon hat ein Einsehen mit uns. Er wird ein bißchen überschaubarer, ist nicht mehr so verzweigt, und seine Fahrwasser werden tiefer. Wir haben zwar noch ein paarmal Grundberührung, aber lang nicht mehr so heftig wie auf der bisherigen Strecke. Endlich können wir die Fahrt mit dem *Tardis* genießen.

Lockruf des Goldes

Gemächlich tuckern wir auf dem Yukon unserem nächsten Ziel entgegen, wo wir uns mit Proviant und Treibstoff eindecken und dem Goldrausch nachspüren wollen.

»Habt ihr schon mal von Dawson City gehört?« frage ich Erik und Thore.

»Ja, klar«, meint Erik, »als wir im Frühjahr über den Chilkoot Trail gezogen sind und du mir von den Goldgräbern erzählt hast ...«

»Da gibt's Gräber aus Gold?« fragt Thore verwundert dazwischen.

Als Birgit, Erik und ich lachen, zieht unser Kleiner ein beleidigtes Gesicht.

»Nein, Thore, da wurde nach Gold gegraben«, erkläre ich ihm.

»Ach so.«

»Wie kommt jemand auf die Idee, ausgerechnet hier, in dieser menschenleeren Gegend, nach Gold zu suchen?« wundert sich Birgit.

»Keine Ahnung. Ich vermute mal, es wurde eher zufällig gefunden, von einem Trapper, einem Landvermesser oder so. Vielleicht hat auch der Dawson, nach dem die Stadt benannt ist, gezielt danach gesucht. Der war Geologe, und 1880 war ja schon in Juneau Gold gefunden worden.«

»Aber Juneau ist weit weg«, wendet Birgit zu Recht ein.

»Das schon, doch wenn die geologischen Bedingungen ähnlich sind ...«

»Hm, ja klar.«

»Und Juneau hatte sich als das bis dahin größte Goldvorkommen in der Geschichte Alaskas herausgestellt. Die Ausbeute hatte fünfmal mehr Gold erbracht, als die Vereinigten Staaten dem russischen Zar 1867 für die Abtretung Alaskas gezahlt hatten. Da rentiert es sich doch, auch an anderen Stellen zu suchen. Alaska und das Yukon Territory wurden damals zum Synonym für Reichtum und Abenteuer, das Land, in dem Träume wahr werden.«

»Nach allem, was ich 1991 und in den letzten Wochen gesehen habe, sind sie nicht wahr geworden«, wirft Birgit skeptisch ein.

Das Land zu beiden Seiten wirkt wie das überdimensionale Waschbrett eines Riesen – bedeckt von tiefen sattgrünen Wäldern.

Noch bevor wir die ersten Häuser der Stadt sehen, schiebt

sich auf einmal ein klares blaues Band in die schlammbraunen Wasser des Yukon.

»Hey, Jungs, Birgit, seht mal, der Klondike. Wir sind gleich da.«

Im nächsten Moment sind wir schon fast an Dawson City vorbei.

»Das ist Dawson?« fragt Erik völlig irritiert. »Das hab' ich mir viel größer vorgestellt!«

»Tja, der große Goldrausch ist längst vorbei. Es wird zwar immer noch nach Gold gebuddelt, meist sind da aber Klein- und Kleinstunternehmen am Werk. Die arbeiten mittlerweile mit hochmodernem und vor allem schwerem Equipment, Wasserkanonen, Lastern, Schaufelladern und so weiter. Damit graben sie Hunderte und Tausende Tonnen von Erde um, um an ein paar Gramm Gold zu kommen.«

»So wie bei Kohle oder Erz?« will Erik wissen.

»In etwa, ja.«

»Kann ich das mal sehen, Papa?« mischt sich Thore ein.

»Na klar, ich will mir so was auch mal anschauen. Jetzt brauchen wir aber erst einmal einen vernünftigen Ankerplatz.«

Wir finden ihn in der Nähe der Fähre, die zwischen der Stadt und dem Campingplatz auf der anderen Seite des Yukon pendelt. Hauptsächlich wird sie von Wohnwagen und Motorhomes genutzt, die über den Klondike Highway, den sogenannten *Top of the World Highway,* von Alaska herüberkommen. Auf dem Campingplatz hatten Michael, Birgit und ich 1991 unser Lager aufgeschlagen und einen jungen Mann kennengelernt, der mir sehr imponierte. Er trampte allein durch Kanada. Das ist nun freilich nichts Besonderes – es sei denn, man ist blind. Der Typ hatte zudem aufgrund eines schweren Unfalls mit einem landwirtschaftlichen Gerät verkrüppelte Hände.

In der Goldgräberstadt

Nachdem wir *Tardis* geankert haben, machen wir uns »stadtfein«. Wir kommen nur zwei Straßen weit, dann zieht uns ein General Store magisch an. Wenige Minuten später schlecken wir gierig an einem Eis mit Schokolade-, Erdbeer- und Zitronengeschmack. Die einzigen drei Sorten, die im Moment zu haben sind, doch wir sind selig.

Birgit und ich entschließen uns spontan, für die nächsten Tage zwei Zimmer in einer Pension zu nehmen, um der Enge auf *Tardis* für eine Weile zu entkommen. Danach schlendern wir durch die Stadt, die wie ein großes Museumsdorf wirkt. Verblichene Fassaden sind restauriert und aufgefrischt, alte Häuser wiedererrichtet worden. Die Main Street ist wie eine Filmkulisse, die Häuser vorne hui und hinten pfui, eher simpel. Nur eine einzige Straße ist asphaltiert, die anderen sind Schotterstraßen. Es gibt zahlreiche Shops, einen Liquor Store, eine Tankstelle, eine Polizeistation, jede Menge Bars und Cafés, einige Hotels, ein Heimatmuseum, die Diamond Tooth Gertie's Gambling Hall – die Rekonstruktion eines Saloons aus der Goldgräberzeit mit einem Honky-tonk-Piano und eines der ganz wenigen legalen Spielcasinos in Kanada –, das kunstvoll restaurierte Palace Grand Theatre aus dem Jahr 1899 und etliche weitere Sehenswürdigkeiten. Ansonsten ist Dawson, wie man es sich als Tourist vorstellt – eine typische nordische, kanadische Siedlung. Nette Menschen, die Leute sitzen herum, alle haben Zeit, keiner ist richtig in Hektik. Ähnlich wie bei uns auf dem Land: Jeder kennt jeden, hallo Sam, hi Tom, hallo Bob, abends trifft man sich in den Bars, es wird getrunken.

Es sind auffallend wenig Touristen in der Stadt, obwohl eigentlich Hochsaison ist. Mich wundert das nicht sonderlich, denn die Benzinpreise in Kanada sind gerade sehr hoch, und da rechnet es sich für die meisten nicht, nach Dawson zu fahren, das letztendlich nicht so viel zu bieten hat. Von Whitehorse oder Fairbanks, den beiden nächstgelegenen größeren Städten, sind es hin und zurück immerhin schlappe 1000 Kilometer.

»Pizza!« ruft Birgit auf einmal und bleibt so abrupt stehen, daß ich fast über sie stolpere.

»Wie, Pizza?« frage ich und merke, wie mir bei dem Gedanken an dünnen, knusprigen Teig, belegt mit Schinken, Champignons, Salami und einer dicken Schicht Käse, das Wasser im Mund zusammenläuft.

Wortlos streckt sie den Arm aus und deutet auf ein Restaurant.

»Wow, eine Pizzeria!« Nun hat auch Erik sie entdeckt.

»Pizza, Papa, Papa, bitte!« beginnt Thore zu betteln.

Völlig unnötig, denn Papa steuert bereits mit Riesenschritten auf die Veranda zu. Zuerst Eis, nun auch noch Pizza. Ich fühle mich wie im Schlaraffenland. Das Leben kann so schön sein, denke ich, während ich die Speisekarte studiere – und so schwierig, wenn die Auswahl so groß ist. Nachdem wir uns nach langem Hin und Her entschieden haben, scheint es eine Ewigkeit zu dauern, bis die herrlich duftende Köstlichkeit endlich vor uns steht.

Knusprig splittert der Rand beim Anschneiden auf, der Käse zieht lange Fäden, und dann der erste Biß – hmmm!

Wochenlang hatten wir nur an Basics herumgenagt – von einer Gans oder einem Schneeschuhhasen zwischendurch und natürlich sehr viel Fisch mal abgesehen –, da ist eine richtig geile Pizza schon eine feine Sache.

»Mamma mia, ihr scheint ja richtig ausgehungert zu sein!« ruft Elton, der Besitzer italienischer Abstammung und ein total netter Typ, als ich mir eine zweite Pizza bestelle, während ich noch mit der ersten beschäftigt bin. »Betrachtet euch als eingeladen. Noch ein bißchen Rotwein?«

Birgit und ich nicken mit vollem Mund. Cita sitzt neben uns, der Speichel trieft ihr aus dem Maul, und sie kaut die ganze Zeit mit, während wir essen. Es schmeckt wirklich phantastisch.

Satt und zufrieden sitzen wir eine Stunde später in einem Straßencafé in der Sonne und stellen die Einkaufsliste zusammen.

»Ich will Schokolade ... und Chips ... und Gummibärchen ... und Kekse ...« Thore ist nicht mehr zu bremsen.

»Langsam, langsam«, lacht Birgit, »hast du vielleicht schon wieder Hunger?«

»Nö, aber später bestimmt.«

Wie Packesel beladen, laufen wir zweimal zum *Tardis*, bevor unsere Vorräte aufgefüllt sind: jede Menge Nudeln, Tomaten in Dosen und wochenlang haltbarer abgepackter Käse für Spaghetti Napolitana, die Lieblingsspeise der Jungs, sowie etliche Instantsuppen, Konserven und anderes, was sich gut lagern läßt. Dazu Kaffee, Tee und natürlich Rotwein. Vor der Weiterfahrt werden wir uns noch mit Salat, Gemüse und Obst eindecken.

Am nächsten Morgen gönnen wir uns ein ausgiebiges Frühstück in einem der vielen Cafés, bevor wir auf den Hausberg von Dawson City steigen, den 900 Meter hohen Midnight Dome. Bei klarem Wetter eröffnet sich von dort eine faszinierende Aussicht auf die Stadt, den Zusammenfluß von Klondike und Yukon sowie die nähere Umgebung. Zunächst scheint es, als wolle sich der Nebel, der seit dem Morgen über Dawson hängt, partout nicht verziehen, doch kaum sind wir auf dem Midnight Dome angekommen, zerreißt die Sonne die Dunstschwaden zu Zuckerwattewölkchen und läßt sie innerhalb weniger Minute schmelzen.

»Von hier oben sieht die Stadt ja *noch* kleiner aus. Und die soll das Zentrum des Goldrauschs gewesen sein?« fragt Erik.

»Vor dem Goldrausch war Dawson sogar noch kleiner, da war hier tote Hose. Aus einem verschlafenen Nest wurde dann in kürzester Zeit eine *boom town*. Eigentlich war Dawson davor nicht mal ein Nest, es war eigentlich gar nichts. Weil der Klondike hier in den Yukon einmündet, hatte sich ein Trapper anscheinend mal gedacht, keine schlechte Stelle, hier baue ich mein Häuschen. Das war Dawson. Als dann vor gut 100 Jahren die ersten Goldsucher an den Klondike kamen, schoß wie aus dem Nichts eine Stadt aus dem Boden.«

»Da war sie dann aber größer als jetzt, oder?« hakt Erik nach, der immer noch nicht glauben will, daß er auf das einstige Herz des Goldrauschs am Klondike blickt.

»Ja, sogar deutlich«, erkläre ich ihm und bin froh, daß ich gestern abend ein bißchen in einem Buch über den Goldrausch gestöbert habe. »Stell dir vor, 1898, nur *ein* Jahr, nachdem die Kunde vom ersten Goldfund Seattle erreicht und sich von dort über ganz Nordamerika und den Rest der Welt verbreitet hatte, zählte Dawson City 40 000 Einwohner und wurde sogar die Hauptstadt des Yukon Territory. Sie nannten es damals sogar ›das Paris des Nordens‹. Dabei war es einer der ungemütlichsten Orte, den man sich nur vorstellen kann. Im Sommer versanken die Menschen knöcheltief im Schlamm und wurden von Moskitoschwärmen geplagt, im Winter fiel das Thermometer nicht selten unter minus 50 Grad. Wenn dazu ein eisiger Wind blies, erfroren Menschen, die sich ungeschützt im Freien aufhielten, innerhalb weniger Minuten.«

»Da hätte man mich mit noch soviel Gold nicht herlocken können«, wirft Birgit ein, »Schlamm, Moskitos, Eiseskälte – ohne mich!«

»Na ja, damals dachten viele ähnlich. Ein Jahr nach dem großen *run*, als der Klondike schon nicht mehr so viel hergab, hatten 8000 Menschen die Stadt bereits wieder verlassen, und 1902 lebten nur noch 5000 Einwohner in Dawson. Der Goldrausch am Klondike war kurz, aber heftig. Als es nämlich hieß, daß es in Nome ein riesiges Goldvorkommen gäbe, strömten die Glücksritter dorthin.«

»Fahren wir da auch hin, Papa?« will Thore gleich wissen.

»Nö, Thore, das ist viel zu weit weg.«

»Wie weit?«

»Ich erklär es dir. Schau.« Ich ziehe eine Landkarte aus dem Rucksack und breite sie vor uns aus. »Ihr seid mit *Tardis* hier gestartet, und jetzt sind wir hier.« Ich tippe mit dem Finger auf die entsprechenden Stellen. »Und Nome ist« – langsam ziehe ich eine Linie hoch an die Beringsee – »dort oben.«

Thore und auch Erik ziehen erstaunt die Luft ein. Aber wohl mehr angesichts der im Verhältnis gesehen kurzen Strecke, die sie bislang zurückgelegt haben.

»Alle rannten dann also auf einmal nach Nome hoch ...«, erzähle ich weiter.

»Die *rannten*? Von hier bis nach da oben?« fragt Thore irritiert und schaut mich mit großen Augen an.

»Nein, das hat der Papa jetzt nur so gesagt. Die sind natürlich mit dem Schiff dahingefahren. Lediglich die großen Minenkonzerne blieben am Klondike, weil die natürlich wußten, wenn wir hier mit schwerem Gerät weiterbaggern und -schürfen, machen wir immer noch unseren Reibach. Und in Nome war es so, daß das Gold im Tidebereich des Meeres lag. Wenn du bei Flut dein Claim verlassen hast, war es weg. Du mußtest also immer auf diesem Ding bleiben. Da hat dich kein Gesetz geschützt, dort oben war quasi Niemandsland. Tja, dennoch sind alle da hoch, und Dawson City wurde wieder bedeutungslos. Heute hat es nur noch 2000 Einwohner – im Winter sind es wesentlich weniger, in den kurzen Sommermonaten, wenn die modernen Goldritter hier rumbuddeln, deutlich mehr. Dennoch ist es die zweitgrößte Stadt im Yukon Territory. Das muß man sich mal vorstellen!«

»40 000 Goldsucher.« Erik ist mit seinen Gedanken noch im Jahr 1898. »Die kamen sich bestimmt oft in die Quere«, überlegt er.

»Das glaube ich auch. Aber es waren nicht alles Goldsucher, die hier lebten. Das Gold lockte auch unzählige andere an den Klondike, Handwerker, Händler, Tanzgirls ...«

»Was sind Gööörls?« fragt Thore interessiert.

»Mädchen, Thore, *girl* ist das englische Wort für Mädchen.«

»Ach so.«

»Und alle versuchten sie ihr Glück zu machen. Am Anfang muß es wirklich so gewesen sein, daß sie die Goldstücke mit der Hand oder mit Pinzetten einfach aus dem Kies klaubten, so viel muß da gelegen haben. Speziell im oberen Bonanza Creek und im Rabbit Creek, die beide in den Klondike einmünden. Doch wie gewonnen, so zerronnen. Ein Glas Champagner kostete 60 Dollar, die leichten Mädchen ...«

»Kriegten die nicht genug zu essen?« will Thore wissen.

»Was? Ähm, doch, also die ließen sich eine Nacht mit 1700 Dollar entlohnen. Mancher schnelle Reichtum verschwand da über Nacht im Suff und im Spiel.«

Bis heute ist es so, daß Männer, die auf den Ölfeldern Alaskas, in den Zinkminen Westalaskas, in den riesigen Steinkohleminen oder den Holzfällercamps Kanadas arbeiten, viel Geld verdienen, aber auch viel Geld ausgeben. Für sie ist es ganz normal, das Geld für Frauen auszugeben – oder für allen möglichen Schnickschnack. Der moderne Alaskaner oder Kanadier braucht einen Motorschlitten, ein Dirtbike (das ist eine Motorcrossmaschine), einen Wasserjet, ein Motorboot, ein Quad (ein vierrädriges Motorrad) – einfach den ganzen Technikkram, und am besten noch in doppelter Ausführung und immer das Neueste. Das ist hier ganz typisch. Mein Freund Greg ist auch so einer, der alles haben muß. Und dann stehen die Geräte herum – draußen oder allenfalls in einem Carport. Wenn er sie dann nach einem Jahr mal wieder benutzen will, springen sie nicht an. Dann kauft er wieder etwas Neues.

»Ist das Gold jetzt alle?« fragt Thore.

Das Thema scheint ihn richtig zu interessieren.

»Nein, es wird immer noch viel Gold gefördert. Die großen Minenbetriebe haben sich allerdings zurückgezogen, denen war es nicht mehr profitabel genug.«

Bei den Argonauten von heute

Währenddessen sind wir wieder in der Stadt angekommen und laufen an einer riesigen offenstehenden Werkstatt vorbei, in der zwei Mechaniker vor einer Abraummaschine stehen und mit einem dritten Mann, offensichtlich dem Besitzer des Ungetüms, diskutieren.

Ich gehe mit den Jungs hinein und frage den Typen, der aussieht wie der kleine Bruder von Omar Sharif, ob wir uns seine Maschine mal näher anschauen dürften. Daraus entwickelt sich ein Gespräch, und er erzählt uns, daß er vor Jahren als Greenhorn nach Kanada gekommen sei, ohne recht zu wissen, was er hier machen solle.

»Auf einmal sagte mein Bruder zu mir, hör mal, da oben am Klondike in Dawson, da bauen die immer noch Gold ab. Da sind zwei Minen zu pachten. Laß uns doch da hochgehen. Von Gold hatten wir zwar keine Ahnung, ich hatte gerade einen Motorsägenlehrgang gemacht, wollte eigentlich eher im Forstbereich arbeiten. Aber mein Bruder meinte, laß das, wir machen lieber was mit Gold, das geht viel schneller, und im Winter haben wir immer frei. Und so sind wir nach Dawson gekommen, haben eine Mine gepachtet und gemerkt, wenn wir das vernünftig anstellen und nicht über die Stränge schlagen, nicht das ganze Geld bei den *good time girls* lassen, sondern sparen und anlegen, können wir was erreichen.«

»Und? Seid ihr erfolgreich?«

»Yeah«, grinst er und nickt, »und was hat euch hierherverschlagen?«

»Wir fahren mit unserem Segelboot den Yukon runter.«

»Mit einem Segelboot?« fragt er ungläubig. »Wie kommt man denn auf die Idee?«

»Na ja, Birgit, meine Frau, und ich haben das vor 15 Jahren schon einmal mit dem Kanu gemacht. Dieses Mal haben wir die Jungs dabei und dachten, da sei das Segelboot besser geeignet ...« Er lacht schallend. Als er sich wieder beruhigt hat, erzähle ich weiter. »Ich bin Tierfilmer, drehe fürs deutsche Fernsehen, für National Geographics und, und, und.«

»Habt ihr Lust, euch meine Mine anzusehen? Du kannst auch filmen.«

Als ich Erik und Thore das Angebot übersetze, schauen sie John mit leuchtenden Augen an und nicken eifrig.

»Na, dann los«, meint er.

Wir fangen noch schnell Birgit ein, die in einem Café auf der anderen Straßenseite auf uns wartet, und fahren zur Mine.

Wir kommen aus dem Staunen nicht mehr heraus. Wir stehen inmitten großer Abraumhalden, die uns stark an die Kiesgrubenlandschaften in Deutschland erinnern.

»Zu wieviel arbeitet ihr hier?« will ich wissen.

»Fünf Leute habe ich für die eigentliche Minenarbeit angestellt, plus einen Mechaniker. Tja, und mein Bruder, mein Sohn und ich.«

»Du brauchst einen Mechaniker für dich allein?« frage ich verblüfft.

»Sieh dich doch nur mal um!« Er beschreibt mit seinem Arm einen weiten Kreis. »Da ist ständig was kaputt.«

Erst jetzt nehme ich die vielen Maschinen so richtig wahr: riesige Bagger, Planierraupen, Schaufelradlader – ein komplettes Caterpillarsortiment –, und die Sachen sind ziemlich neu. Da steht für viele Millionen kanadische Dollar richtig gutes Equipment herum.

»Puh, eure Mine muß sich tatsächlich rentieren, denn diese Geräte kosten ja richtig Geld.«

»O ja, umsonst kriegst du die nicht. Wir sind ein wahnsinniges unternehmerisches Risiko eingegangen. Die meisten Maschinen gehören noch nicht einmal uns, sondern der Bank oder sind geleast. Damit sich die Investition einigermaßen rechnet, muß jede dieser Maschinen von morgens bis abends im Einsatz sein – sofern sie nicht gerade wieder kaputt ist. Daher muß jeder Arbeiter jede Maschine fahren und bedienen können, sonst läuft uns die Zeit weg.«

»Wieso denn?« mischt sich nun Erik zaghaft mit ins Gespräch, das ich für Thore und ihn in groben Zügen übersetze.

»Du kannst erst ab Anfang Mai in der Mine arbeiten. Vorher ist der ganze Boden gefroren. Ab Mai ist wenigstens die oberste Schicht aufgetaut. Und du brauchst ja auch Wasser, zum Beispiel für die Waschrinne, in der der ganze Kies und Schlamm ausgewaschen wird. Über diese *slugbox* laufen in der Minute mindestens 2000 Liter. Spätestens Mitte, Ende Oktober friert dir der ganze Kram wieder ein, und das war's – bis zum nächsten Jahr.«

Als ich das für die Jungs dolmetsche, zupft Thore mich am Ärmel.

»Wo ist denn die Waschrinne, Papa? Ich seh sie nicht.«

»Keine Ahnung«, gestehe ich und gebe die Frage an John weiter.

»Abbau und Waschen finden nicht unbedingt am selben Ort statt. Das Material wird dazu zum Teil woanders hingebracht. Ich zeige es euch später«, vertröstet er Thore.

Ich merke sehr schnell, daß John und sein Bruder sehr disziplinierte, sehr fleißige Männer sind, und glaube gern, daß die beiden ihr Geld schön beisammenhalten. Das erinnert mich an die Brüder Richard und Lee. Birgit und ich hatten die zwei netten alten Goldschürfer 1991 in Dawson kennengelernt. Die scheffelten mit ihrer Mine richtig viel Geld. Vor ein paar Jahren schrieben sie uns, daß sie ihre Grizzly Mine verkauft hätten und mit dem Geld aus dem Verkauf nun Schulprojekte in Indonesien unterstützen würden. Lees Frau stammt von dort, und die beiden verbrachten schon früher den Winter immer in Indonesien. Richard und Lee verpulverten ihr Geld nicht für unnütze Sachen, sondern leisteten etwas Vernünftiges damit. Sie waren unheimlich diszipliniert, hatten beim Goldschürfen immer ihre Frauen dabei und kamen schon deshalb nicht in Versuchung, das Geld für leichte Mädchen zu verschwenden. Das waren richtige Gentlemen der alten Schule, vor allem Richard.

John und sein Bruder haben vielleicht nicht die Goldgräbernase von Richard und Lee, aber es reicht für ein gutes Auskommen.

John führt uns zu einer der Abbaustellen. Ein junges hübsches Mädchen empfängt uns dort mit einem fröhlichen Lachen. Mit einer riesigen Wasserkanone zielt sie auf das Erdreich, um es erst einmal aufzutauen, damit das Erde-Kiesel-Gemisch weich genug für die Bagger wird. Denn hier in der Permafrostregion taut selbst im Sommer nur die oberste Bodenschicht auf, bis in eine Tiefe von 50 Zentimeter bis einen Meter. Darunter liegt ein etwa 20 bis 30 Meter dickes, ständig gefrorenes Erde-Eis-Gemisch. Unter diesem Permafrost wird es wieder weich. Das Mädchen schießt also mit der Wasserkanone immer in den Boden rein, um das Material zu lösen. An der Stelle, an der sie gerade arbeitet, hatten frühere Goldsucher Stollen in die Mine gegraben. »Von Hand« wäre hier nicht mehr viel Gold zu holen, doch mit modernem Equipment lohnt sich der Aufwand. Dabei kommen die seltsamsten Dinge zum Vorschein: alte Schuhe, Leibchen, Schaufeln und Hacken – und jede Menge Knochen prähistorischer Tiere.

Das Yukon-Urstromtal war einst eine der großen Wanderrouten, wie man sie aus dem Film »Ice Age« kennt. Riesige Tierherden zogen damals über die Bering-Landbrücke, eine weitgedehnte Steppenlandschaft: Karibus, Moschusochsen, Elche, Grizzlys, sogar Hyänen und Löwen. Ähnlich wie in der Nordsee, die damals trocken lag. Dann fing es an kalt zu werden, noch kälter zu werden, und die Tiere merkten, hoppla, wir müssen weiter Richtung Süden. Der einzige gangbare Weg zwischen der vergletscherten Brooks Range, der großen Bergbarriere im Norden, und der Alaska Range, dem hohen Gebirge im Süden, war das Yukon-Urstromtal. So setzten sich gewaltige Tierherden in Bewegung und wanderten in südöstlicher Richtung, von Kamtschatka kommend, nach Nordamerika ein. Und im Troß dieser Tierherden natürlich steinzeitliche Jäger auf der Suche nach guten Jagdmöglichkeiten.

Man kann das heute sehr gut nachweisen, da alle Funde von Feuersteinwerkzeugen einer Kulturstufe entsprechen, der sogenannten Clovis-Kultur, benannt nach dem ersten Ort in Nordamerika (genauer im Bundesstaat New Mexico), an dem man Speerspitzen aus Obsidian und aus Feuerstein fand. Die Spur zieht sich durch ganz Nordamerika – von Alaska über Kanada bis hinunter nach Mexiko. Die Clovis-Kultur, deren Werkzeuge auf etwa 14 000 Jahre datiert werden, gilt allgemein als älteste ganz Nordamerikas. Es gibt auch einige völlig idiotische Theorien, daß irgendwelche »Europäer« damals durch die Nordsee gestiefelt seien, an Island vorbei bis nach Grönland. Warum hätten sie das tun sollen? Es gab keinen Grund, auf große Wanderschaft zu gehen, wenn es irgendwo nett war. Auf der Bering-Landbrücke war es aber nicht nett, sondern eiskalt – und außerdem viel zu trocken. Also ab in den Süden. Das Yukon-Urstromtal ist eine wahre Fundgrube für prähistorische Knochen. So stieß man zum Beispiel auf die Überreste eines Höhlenbären, des sogenannten *short-faced bear*.

Das Mädchen an der Wasserkanone zeigt uns etliche Knochen.

»Nehmt sie ruhig mit, wir haben hier so viele davon. Manchmal kommen sogar Leute von der Uni, von Toronto, Edmonton oder Vancouver, und nehmen das Zeug mit. Wir heben es schon gar nicht mehr auf, weil es so viel ist. Es sei denn, wir stoßen auf einen Mammutstoßzahn. Dieses fossile Elfenbein ist nach wie vor sehr wertvoll.«

John wollte uns nun unbedingt zeigen, wieviel Gold in diesem Claim schlummert.

»Normalerweise machen wir eine Probebohrung und waschen das Material mit der Pfanne, um zu sehen, wieviel Goldstaub und kleine Goldblättchen es enthält«, erklärt er uns, »und wenn wir glauben, daß es sich an dieser Stelle abzubaggern lohnt, bauen wir mehrere Wochen nur Erdreich ab, bringen es auf eine große Halde, und danach waschen wir wochenlang. Das ist ja nicht mehr so wie früher. Man geht heute viel tiefer, da man weiß, daß Gold sehr schwer ist, sich immer ganz, ganz unten ablagert, auf den *bed rocks*, wo es nicht mehr tiefer kann. Da wandert das Gold dann entlang. Es sind heute ganze Heerscharen von Geologen und Beratern damit beschäftigt, uns Goldminern zu sagen, wo genau wir buddeln müssen, wo wahrscheinlich die größten Goldadern sind. Für euch machen wir das heute mal anders.«

Für Erik und Thore, aber auch für mich, ist das natürlich eine tolle Welt. Allein schon dieses ganz moderne Equipment. Thore darf sogar auf einem Monsterbagger mitfahren.

»Das Kind ist nicht angeschnallt!« ruft Birgit, die nicht gesehen hat, wie Thore hinaufgeklettert ist, völlig außer sich. »Da ist keine Tür drin. Wenn er rausfällt und in die Ketten gerät!«

»Warum soll er rausfallen? Er hält sich doch fest!« versuche ich sie zu beruhigen, was mir nur einen bösen Blick einbringt.

Der ganze Platz wirkt eher wie eine Großbaustelle. Von der alten Goldgräberromantik ist hier nichts zu spüren. Jack London, »Wolfsblut«, »Ruf der Wildnis« – das sind schon längst nur noch Klischees.

Am Abend sind John und seine Leute ziemlich geschafft, und während wir noch das Kamera- und Tonequipment abbauen, fahren sie schon nach Dawson. Thore winkt ihnen nach, und dann sind wir allein – totale Ruhe, nur der Bach rauscht. Wir stehen allein in einer Goldmine! Richard und Lee hatten Birgit und mich auch mal in ihrem Bus, in dem sie das Konzentrat aus der Waschrinne aufbewahrten, bevor sie es endgültig auswuschen, mit dem ganzen Haufen allein gelassen. Das Eisengitter auf der Tonne war nur mit einem lächerlichen Schloß, wie man es bei uns zum Beispiel an der Kellertür hängen hat, gesichert. Daneben stand eine Schüssel mit dem »Endprodukt«: etwa zwei Kilo reinstes Gold – ungesichert. Wir hätten nur mal hineingreifen müssen. Und die Mine war nachts ebenfalls verlassen, denn die Arbeiter waren abends völlig k.o., wollten zu ihren Familien, ein ordentliches Steak essen und ein Bier trinken – und nicht in der *fucking gold mine* die Nacht verbringen! Die Mine von Richard und Lee befand sich am oberen Bonanza Creek, ungefähr 20 Kilometer von Dawson City entfernt. Das heißt, man hätte in aller Ruhe das Schloß aufbrechen, die Tonne leer schaufeln (zum Heben war sie viel zu schwer) und das Gold auf einen alten Pick-up laden können – und ab durch die Nacht. Wenn da einer hätte klauen wollen, wäre es wirklich leicht gewesen. Hat aber keiner, denn Dawson ist nicht Frankfurt oder Chicago.

Die Männer, die hier in den Minen arbeiten, haben Instinkt und Gespür – nicht nur dafür, wer gut und wer böse ist; kann dir einer in die Augen gucken?, hat er einen kräftigen Händedruck?, sondern auch dafür, ob hier oder dort Gold zu finden ist, ob es eine gute Ader ist, ob der Caterpillar durchhält oder bald schlapp macht, ob man sich auf die Geschäftspartner ein- und verlassen kann oder nicht. Es ist einfach ein anderer Menschenschlag, der hier lebt. Sie sind nicht so gestreßt und achten nicht so darauf, ob einer eine tolle Schulausbildung hat, vielleicht auch noch auf einer namhaften Universität war. Hier zählen andere Werte, dementsprechend verhalten sie sich sehr offen, sehr großzügig und gutmütig – wenn es ihnen angebracht erscheint. Nicht gutgläubig, da muß man unterscheiden, denn in der Wildnis kann der kleinste Fehler zum Verhängnis werden.

»Nach Golde drängt, am Golde hängt doch alles«

Mich hat in den ganzen Jahren, in denen ich viel Zeit in Alaska verbracht habe und noch verbringe, das Gold nie in seinen Bann gezogen. Ich kenne ein paar Stellen, an denen man Gold findet, und entdeckte auch schon mal relativ große Kupfernuggets und tolle große Granatedelsteine. Viele denken bei Granat an Großmutters Schmuck, ich finde ihn jedoch viel hübscher als Gold. Genauso geht es mir mit schönen, gut gewachsenen Bergkristallen. Aber mit Gold wird halt immer noch viel Geld verdient. Ein Nugget ist übrigens ab dem Moment ein Nugget, wo ein leichtes *Kling* zu hören ist, wenn man das Klümpchen aus einem Yard – also knapp einem Meter Höhe – in eine metallene Goldwaschpfanne fallen läßt.

Die Technologie und die Schürfverfahren sind so weit fortgeschritten und das Binden des Goldes wurde derart verfeinert, daß selbst alte Stollen und Abraumhalden noch Gewinn bringen – Johns Mine ist dafür das beste Beispiel –, obwohl in Nordamerika kein Quecksilber zur Bindung des Goldstaubs verwendet wird. Man geht heute davon aus, daß man, wenn man pro metrischer Tonne bewegtem Erdreich für mehr als fünf US-Dollar Goldstaub findet, bereits mit Gewinn arbeitet. Das liegt daran, daß das Gold am Yukon, speziell am Klondike, sehr hochwertig ist und einen Goldgehalt von um die 85 Prozent hat – der Rest ist Silber. Russisches Gold hingegen, um nur ein Beispiel zu nennen, besteht oft nur zu 60 Prozent aus Gold und hat einen hohen Kupfer- und Silberanteil. Dawson bietet zudem den Vorteil einer guten Logistik: Straßenanbindung, großer Flugplatz, generell eine funktionierende Infrastruktur.

Man schätzt, daß in Alaska 80 Prozent aller Goldvorkommen der USA schlummern, und weiß zum Teil sogar, wo sie liegen, aber es gibt keine Möglichkeit, sie zu explorieren, weil keine

Straßenanbindung besteht. Und ohne Straßenanbindung entwickelt sich die Goldgräberei schnell zur Milchmädchenrechnung. Das mußten Freunde von Birgit und mir auch irgendwann einsehen. Sie hatten eine Mine am Yukon, in der Nähe von Ruby: der Vater, seine zwei Söhne und ein Hilfsarbeiter buddelten, die Frauen kochten und machten andere Arbeiten. Und obwohl sie eine eigene Landebahn und alle eine Fluglizenz hatten, mußten sie ihre Mine aufgeben. Sie rentierte sich einfach nicht: Immer wieder mußte für teures Geld Equipment eingeflogen werden, weil ständig Sachen kaputt waren, und sie konnten nur wenige Wochen im Jahr Gold schürfen, weil das Klima dort noch rauher ist und die Winter noch länger sind als in Dawson.

Greg sagt immer, die Goldgräberei sei ein sehr hartes und sehr trickreiches Geschäft. Das glaube ich ihm gern. Grundsätzlich kann sich jeder ein Claim abstecken, muß es dann aber auch bewirtschaften. So besagt es ein altes, bis heute gültiges Gesetz in Alaska und in Kanada. Als ich das den Jungs erzähle, finden die das natürlich super. Cool! Wir stecken uns sofort ein Claim ab.

Kielings auf Goldsuche

In Dawson läuft es allerdings ein bißchen bürokratischer ab, da erhält man beim Fremdenverkehrsamt ein Claim zugeteilt – was die Jungs aber nicht zu wissen brauchen, denn wo bleibt denn da das Abenteuer?

»Okay, morgen gehen wir Gold suchen. Der Papa weiß, wo es eine Menge Gold gibt. Also, was brauchen wir dafür?«

»Einen Bagger!« antwortet Thore wie aus der Pistole geschossen. Klar, wir sind ja gerade erst von Johns Mine zurück, da sitzen die Eindrücke noch tief.

»Ein Bagger ist jetzt ein bißchen zu groß. Aber wie wäre es denn mit Goldwaschpfannen?«

»Au ja. Super!«
Am nächsten Tag rennen alle los, inklusive Cita. Im Hardware Store von Dawson wird erst einmal eingekauft. Eine Schaufel haben wir selbst, denn ich hatte damit gerechnet, daß wir *Tardis* hin und wieder von einer Kiesbank würden freischaufeln müssen, und Watthosen haben wir auch dabei.

»Oh, Papa, schau mal, krieg ich so 'nen großen Hut?« ruft Thore ganz aufgeregt. Schon hat er sich einen aufgestülpt und grinst mich an. Ich muß mich wegdrehen, um nicht laut aufzulachen – mit dem riesigen Hut, seinen pumucklroten Haaren und seiner Zahnlücke sieht er aus wie aus einem Comic herausgeschnitten.

»Ja, den nehmen wir mit«, bringe ich schließlich hervor.

»Ui, guck mal, Papa, Goldwäscherstiefel!« höre ich Eriks Stimme zwei Regale weiter.

Was zum Teufel sind Goldwäscherstiefel?

»Ne, laß mal, Erik, wir haben ja Neoprenhosen dabei.«

Dann ziehen wir los. Thore hat eine witzige Waschtechnik. Ich erklärte ihm zwar, daß er die Pfanne schön schwenken und auswaschen müsse, und führte es ihm auch vor, aber für einen Sechsjährigen mit noch etwas grober Feinmotorik ist der Umgang mit einer Goldwaschpfanne eine echte Herausforderung. Thore wäscht und schwenkt, schwenkt und wäscht – und am Schluß ist die Pfanne jedesmal leer. Das wenige Gold, das man schon in der Pfanne glimmen sah, wäscht er immer gleich mit aus. Na ja, diese hauchfeinen Goldplättchen wiegen natürlich so gut wie nichts, da kann das schon passieren. Kein großer Verlust. Blattgold – es wird durch Jahrmillionen hindurch von größeren Nuggets abgewalzt – ist so wenig wert, daß es sogar als nette Beigabe in Wodka oder dem Pfirsich-Likör »Goldrausch« (!) zu finden ist. Wie auch immer: Thores Pfanne ist nach jedem Waschen leer, und er schaut mit großen Augen in das Wasser.

»Jetzt hol ich das aber mit einem Stöckchen raus! Oder mit

dem Finger!« Endlich hat er es auf der Hand, doch im nächsten Moment fällt es ihm wieder ins Wasser. »Wo ist es denn jetzt? Ach, da ist es ja.«

Und dann sucht er weiter, redet dabei völlig selbstvergessen ständig mit sich selbst. Er ist richtig im Goldfieber, findet das super spannend. Birgit und ich amüsieren uns eine Weile klammheimlich über seine Versuche, dann helfen wir ein bißchen nach. Birgit lenkt ihn ab, und ich lege ihm drei ganz kleine Körnchen, die ich gefunden habe, in seine Pfanne. Als er sie entdeckt, ist er total aus dem Häuschen, daß er echtes Gold gefunden hat. Obwohl es für ihn eher ein Spiel ist. Ob er nun Muscheln sucht oder Krebse, irgendwelche bunten Steine oder eben Gold: Hauptsache, er findet was.

Erik ist ebenfalls begeistert, wobei es für ihn eigentlich viel aufregender ist, eine Abwurfstange, eine riesige Schaufel von einem Elch, zu finden. Das mag auch daran liegen, daß er bereits eine negative Erinnerung mit Gold verbindet. Als ich mit ihm vor den Aleuten segelte, suchten wir einmal – ein bißchen illegal – nach Gold. Erik sicherte mich mit einem Seil, während ich fast nackt in einem eiskalten reißenden Gletscherfluß stand und nach Gold tauchte. Wir mußten uns laut zurufen. Und ein paarmal, als ich beinahe abgetrieben worden wäre, brüllte ich ihn an, daß er das Seil festhalten solle. Ich Idiot, er war damals erst neun! Das Ende vom Lied war: Wir hatten richtig dicke Goldklunker erbeutet, ich hatte eine schmerzhafte Blasenentzündung und Erik seither kaum Interesse an Gold. Damals hatte ich wohl – entgegen meiner sonstigen Einstellung zu diesem Metall – einen richtiggehenden Goldrausch. Dieser Fluß ist aber auch das reinste Eldorado. Mittlerweile wurden Probebohrungen durchgeführt, und renommierte Geologen vermuten, daß dort das größte und reichste Goldvorkommen der Welt liegt. Deshalb plant man dort die größte Goldmine der Welt zu errichten. Das hat jedoch Naturschutzorganisationen mobilisiert, die befürchten, daß das ganze Gebiet platt gemacht wird, weil Straßen und ein Hafen gebaut werden müßten, um das Gold zu explorieren. Es wären außerdem erst einmal Milliarden von Dollar an Investitionen nötig, bevor überhaupt die erste Unze Gold herausgeholt werden könnte.

Als die Jungs ein paar Krümel zusammenhaben, kommt natürlich die Frage: »Verkaufen wir das in Dawson?«

»Ja klar wird das verkauft, mal gucken, was wir dafür kriegen.«

Der Erlös ist ziemlich ernüchternd: 22 Dollar für den gesamten Tagesfund. Für Greenhorns allerdings vielleicht gar nicht mal so schlecht.

»Davon könnte ich mir eine Schachtel Patronen kaufen oder ein Paar Gummistiefel – oder dreimal zu McDonald's essen gehen«, überlegt Erik, der sich unter der Summe schon etwas vorstellen kann.

»Mehr ist das nicht?« fragt Thore enttäuscht.

Bei Thore ist es noch so: Wenn man ihm eine Zehn-Dollar-Note gibt, sagt er, och, das ist aber wenig, gibst du ihm einen Sack voller Cent-Stücke, sagt er, Mann, das ist aber viel Geld.

Dawsons Kuriosa

Für Papa Kieling sind die Bar im Downtown Hotel und die Diamond Tooth Gertie's Gambling Hall die Highlights von Dawson.

Diamantenzahn-Gertie ist eine dralle alte Frau, und ihr Kasino, in dem man ganz legal Black Jack, Baccara und Roulette spielen kann, ist eine der Hauptattraktionen in Dawson. Die Croupiers und die Barkeeper laufen in alten Kostümen herum, und auf der Bühne tanzen *can-can girls* – wie vor 100 Jahren.

Noch mehr als die wirbelnden Beine der quietschenden Tänzerinnen interessiert mich das Downtown Hotel. Ich habe nämlich gehört, daß man dort einen abgefrorenen Zeh trinken könne. Die Story ist nicht ganz neu, vor mir machten das wahrscheinlich bereits ein paar tausend Leute. Der Hintergrund ist folgender: Vor Jahrzehnten sind mal einem die Zehen erfroren, und man mußte ihm den großen Zeh abnehmen. Der Typ dachte wohl, den hebe ich mir auf, in Spiritus. Irgendwann landete das Ding in der Kneipe, und dort dachten sie sich, da können wir doch etwas Witziges daraus machen. Nur was? Aaaah, eine Mutprobe! Und so kann man sich seither ein Getränk seiner Wahl bestellen und sich den Zeh – noch mit Nagel dran und Knochen drin; sieht aus wie aus einem Horrorshop – ins Glas legen lassen. Wenn man beim Trinken den Zeh mit der Lippe berührt, hat man die Mutprobe bestanden und erhält eine kleine Urkunde. Das will ich mir natürlich ansehen und vor allem filmen. Erik und Thore müssen leider draußen warten – mit einer Cola und einer Tüte Chips bewaffnet –, da es in Kanada streng verboten ist, Kinder in Kneipen und Bars mitzunehmen.

Heute habe bereits einer das Spiel mitgemacht, dem ein Arm fehlte, werde ich aufgeklärt, und ich denke, nicht daß der Drink hier demnächst mit einem ganzen Arm serviert wird. Ich bitte Birgit, das Ganze zu filmen, aber sie weigert sich.

»So eine Schweinerei filme ich nicht, ich küß dich auch nicht mehr. Das ist ja ekelhaft.«

»Hör mal, das Ding ist 60 Jahre alt«, versuche ich sie zu beruhigen, »das lag ein Leben lang in Spiritus, ich kann dir genau sagen, wie das schmeckt. Wie ein Stück Plastik. Gut, das hatten vor mir schon ein paar andere Leute im Mund, aber es ist nur der Gedanke, der einen ekelt. Reine Kopfsache.«

»Trotzdem widerlich! Gut, daß die Jungs das nicht sehen müssen.«

Während ich Birgit noch zum Filmen zu überreden versuche, fragt mich ein anderer Gast, warum ich so eine schicke, große Kamera dabeihätte. Da erzähle ich ihm von dem Film, den ich fürs Fernsehen drehe.

»Hey, sag mal, würdest *du* mich filmen? Meine Frau schafft es nicht, sie ekelt sich zu sehr vor dem Zeh.«

»Ja, klar, wenn du mir sagst, wie dieses Höllenteil funktioniert.«

»Es ist ganz simpel, einfach stillhalten, auf mich draufhalten, kurz ein bißchen mitschwenken.«

Ich stelle die Kamera ein, Blende, Schärfe und so weiter, und zeige ihm die Knöpfe für »Record« und »Stop«.

Die Frau, die das Ganze anpreist und dabei für meinen Geschmack arg übertreibt, ist ziemlich beschickert. Na, denke ich mir, dir zeig ich's, hebe das Glas, nehme einen kräftigen Schluck – und täusche vor, daß mir der Zeh in den Rachen geschlupft ist. Schlagartig weicht der Frau die Farbe aus dem Gesicht, und sie glotzt mich mit großen Augen an. Deutlich kann ich ihre Gedanken lesen: Mein kapitaler Zeh! Jetzt hat der Idiot den Zeh verschluckt! Dann tue ich so, als würde ich ihn wieder hochwürgen, und sie ist sich offensichtlich nicht sicher, kotzt mir der Typ jetzt im nächsten Moment den Zeh auf den Tisch oder hat er ihn schon ganz runtergeschluckt? Schließlich habe ich Erbarmen mit ihr. Ich signalisiere, daß es ein Scherz war, hole den Zeh aus dem Mund und lege ihn auf den Tisch. Sofort entspannt sich ihre Miene. Puh, noch mal gutgegangen.

Als ich es den Jungs danach erzähle, freut sich Erik diebisch, denn nur wenige Stunden zuvor waren er und Thore in Mikes Trading Post auf die Schippe genommen worden. Das ist ein sehr atmosphärischer Laden voller altem Krempel: Gewehre und Angelruten, Bilder von leichten Mädchen, Gläser, Bierdosen, kleine Fallen, große Fallen, Skier, Nummernschilder und unter anderem ein großes Einweckglas mit einer Hand drin – genauer gesagt: dem Skelett einer Hand mit ein bißchen Fleisch –, und an einem Finger steckt ein Goldring, ein Ehering. Mike behauptete, das wäre die Hand seiner Frau. Sie sei sehr böse gewesen und hätte ihm immer das Geld aus der Kasse gestohlen, deshalb hätte er ihr irgendwann die Hand abgehackt. Die wäre jetzt in diesem Glas in Spiritus eingelegt. Die Jungs waren tief beeindruckt.

»Donnerwetter, wo hast du die denn her?« fragte ich. »Hast du irgendwo eine Leiche gefunden, oder was? Hand abmontiert?« Dann schaute ich sie mir genauer an und stellte fest, daß die Fingerspitzen und das zweite Gelenk fehlten. »Weißt du, Mike, ich habe ein Jahr lang in China gelebt, am Ussuri. Da gab es Kragenbären, die sind den Schwarzbären sehr ähnlich.«

Mike grinste und meinte: »Was willst du mir denn damit sagen?«

»Eine der Delikatessen der Chinesen ist Bärentatze. Das habe ich nur einmal in der Zeit essen dürfen, aber ich weiß, wie eine gehäutete Bärentatze aussieht. Und was du hier in diesem Glas hast, ist die Hand eines Schwarzbären und nicht die Hand deiner Frau! Also, mach die Jungs hier nicht verrückt. Der Thore träumt heute nacht davon. Jungs, schaut euch das noch einmal an, es ist nur die Hand eines Schwarzbären, nichts anderes, keine Angst!«

Mike lachte schallend, doch dann entschuldigte er sich bei Erik und Thore für den Schrecken, den er ihnen eingejagt hatte.

Erik grinste, und mit das erste, was er seinen Kumpels in Deutschland später erzählen wird, ist, daß er in einem General Store gewesen war, in dem ein total durchgeknallter Typ lebte, der die Hand seiner Frau mit dem Ehering in einem Einweckglas aufbewahrte.

Mike hat in seinem Laden außerdem uralte Nummernschilder aus Alaska und aus Kanada, die für viel Geld gehandelt werden, weil sie sehr selten sind. Ich sammle diese Dinger und entdeckte welche, die 50 Jahre und älter sind. Obwohl sie kaputt und verrostet sind, wollte Mike um die 100 Dollar haben – für eins! Ich handelte ein uraltes Nummernschild aus Alaska, auf dem ein Grizzly abgebildet ist, auf einen vernünftigen Preis herunter. Jeder Bundesstaat in den USA hat seinen eigenen

Slogan, Idaho zum Beispiel »Famost Potatoe Country«, Montana »Blue Sky Country« und Minnesota »Lincoln Land«. Alaska hatte verschiedene Slogans. Der erste lautete »North to the Future«, der zweite hieß »The Last Frontier«.

Mike ist ein netter Typ, aber auch ein Schlitzohr. Zum Beispiel überzieht er Kupfernuggets mit einer dichten Schicht Gold und bietet sie Touristen als echte Goldnuggets an. Kupfer ist ja ebenfalls sehr schwer, so daß ein Laie den Betrug nicht erkennen kann.

Als wir uns endlich von all den alten Dingen losreißen konnten, gingen wir, das heißt Erik, Thore und ich – Birgit war an dem Nachmittag auf dem *Tardis* geblieben –, gleich in das nächste Geschäft. Dort kauften wir für Birgit eine sehr hübsche Silberspange mit einem großen Bernstein. Meine Art der Wiedergutmachung: Ich hatte morgens blöderweise mit einem Mädchen geflirtet. Und das hatte Birgit nicht so toll gefunden. Die Frau ist mit ihrer Harley Davidson, einer aufgemotzten Buell, von Toronto bis nach Dawson gefahren. Das sind locker 5500 Kilometer. Sie ist eine ganz nette, zierliche Frau, der man nie zutrauen würde, daß sie mit so einem schweren Motorrad durch die Wildnis düst. Sie sieht auch sehr hübsch aus mit ihren langen braunen Haaren und den großen braunen Augen, fast wie eine Italienerin.

Als nächstes landeten wir in einem General Store, in dem wir Bärenfallen anguckten, riesige Tellereisen, mit denen man früher Bären fing: Der Bär trat hinein, die Bügel schlugen zu, und das Tier hing in der Falle. Zum Teil waren die Bügel auch noch mit großen, spitzen Dornen versehen. Entweder starb der Bär vor Schmerzen, oder es kam irgendwann der Trapper und erlöste ihn mit einem Fangschuß. Das war wirklich grausig. Heute sind in Kanada nur noch Fallen erlaubt, die sofort töten oder das Tier so fangen, daß es nur eingeklemmt, aber nicht verletzt wird. Wobei natürlich die Gefahr besteht, daß das Tier erfriert oder verhungert, wenn es nicht rechtzeitig gefunden wird. Grotesk ist, daß sich in Deutschland viele darüber mokieren, daß in Alaska und Kanada Menschen vom Fallenstellen und von der Jagd leben – in einem Land, in dem es jede Menge Wildtiere gibt, während wir in Deutschland nicht einmal *einen* Bären leben lassen!

Am Abend sitzen wir außerhalb von Dawson um ein Lagerfeuer – was in den hellen Polarnächten leider bei weitem nicht so romantisch ist, wie wenn rundherum alles dunkel ist –, und die Jungs erzählen Birgit von all den aufregenden Sachen, die sie gesehen haben.

»Und da waren sooooo große Eisen«, schildert Thore seiner Mutter die Bärenfallen, indem er seine Arme so weit wie nur möglich zur Seite streckt, »das tat dem Bären ganz schön weh, wenn er da reintrat, weißt du.«

»Ja, das glaube ich gern«, stimmt Birgit zu.

»Wollt ihr eine Geschichte hören?« frage ich in die Runde.

»Ui ja, Papa!« Gespannt rutschen die Jungs näher.

Und so erzähle ich die Geschichte des uralten kanadischen Films »Wie ein Schrei im Wind«, der mich als Kind wahnsinnig beeindruckt hat.

»Es war einmal ein Trapper, der allein in den Bergen lebte. Und da er sich einsam fühlte, ging er in die nächste Siedlung, um sich eine Frau zu suchen.« Ich sehe, wie Erik die Augen verdreht, und denke mir, du kommst auch noch auf den Geschmack, mein Junge. »Damals war es so, daß englische Frauen, die ein Verbrechen begangen hatten, sich entscheiden konnten, ob sie viele Jahre im Gefängnis verbringen wollten oder nach Kanada gingen, um dort als Ehefrauen an einen Mann verkauft zu werden.«

»Die Männer müssen die Frauen kaufen?« unterbricht mich Thore konsterniert. »Mußtest du Mama auch kaufen?«

»Nein«, lache ich, »heute ist das nicht mehr so. Also, der Trapper kaufte sich eine der Engländerinnen, eine ganz hübsche dazu, allerdings war sie stumm, und nahm sie mit in seine Hütte in der Wildnis. Er war so ein richtiges Rauhbein, und sie war ganz tierlieb, und ihr taten die Tiere furchtbar leid, die er in den Fallen fing: Iltisse, Wiesel, Marder, Nerze, mal ein Luchs. Eines Tages kontrollierte der Trapper eine große Bärenfalle, die er für den alten Sam, so hieß der Bär, aufgestellt hatte. Plötzlich steht ein Berglöwe vor ihm und faucht ihn an.« Ich ahme das Fauchen eines Pumas nach, und Birgit und die Jungs zucken erschrocken zusammen. »Der Trapper weicht zurück und tritt in die Falle. Der Puma dreht sich um und läuft weg. Aber der Mann sitzt in der Falle fest. Es bleibt ihm keine andere Wahl, als mit seinem Gewehr die Falle kaputtzuschießen. Nun ist er zwar frei, aber die Falle hat ihm fast das Schienbein abgeschlagen. Er humpelt mit letzter Kraft nach Hause. Dort bekommt er Fieber, und das Bein entzündet sich. Er sagt der Frau, daß sie ihm das Bein abhacken muß, damit er nicht stirbt. Sie weiß, daß sie ohne ihn völlig hilflos wäre und dies die einzige Chance auf Heilung ist. Und so hackt sie ihm mit der großen Axt das schon halbverfaulte Bein ab.« Aus dem Augenwinkel sehe ich Birgits mißbilligende Blicke, weil die Geschichte schon ein bißchen brutal ist – vor allem für einen sechsjährigen Jungen. Ich mache eine beschwichtigende Geste, denn das Schlimmste ist vorbei. »Tatsächlich beginnt das Bein zu heilen, aber der Mann kann lange Zeit nicht jagen. Und so muß die Frau, die Tiere so liebt, eines abends von der Hütte aus das Reh schießen, das sie zuvor immer gefüttert hat, damit sie und der Trapper nicht verhungern. In dem Moment hat sich die Frau in das rauhe Leben der Wildnis integriert.«

Ich merke, wie Birgit Thores Reaktion beobachtet, doch der ist ganz gelassen. Daß Tiere geschossen werden, um gegessen zu werden, ist für keinen der Jungs etwas Besonderes. Zwar bin ich schon längst kein Berufsjäger mehr, habe aber noch, zusammen mit einem ehemaligen Kollegen, ein Revier in der Eifel und schieße uns ab und zu ein Stück Wild. Und auch hier in Kanada haben wir uns ja schon ab und zu einen Braten geschossen.

Wir spüren deutlich, wie gut uns Dawson tut, dieses Eintauchen in Kultur und Zivilisation nach so langer Abgeschiedenheit. Das Wissen, daß es hier eigentlich all das gibt, was man braucht, und sei es nur ein Store, in dem man Candys, Softdrinks und ein paar Zeitungen kaufen kann, das hat schon was. Vor allem Birgits Stimmung bessert sich von Stunde zu Stunde. Alles ist letztlich gutgegangen. Hier gibt es ein Bad, hier gibt es eine Dusche. Hier kann man in einem Waschsalon vernünftig Wäsche waschen, nicht wie auf dem Schiff, wo man die Sachen nie richtig sauber bekommt, da das Yukonwasser zu einem Großteil von Gletschersedimenten durchsetzt ist, die zum Teil sogar den Fischen zum Problem werden, weil sie die Kiemen verstopfen. Dieses Gletschermehl, aus dem unter anderem Luvos-Heilerde gemacht wird, mag zwar eine gute Gesichtspackung abgeben, aber in den Klamotten ist es einfach nur nervig.

Nach all den Tagen, in denen Birgit und ich uns nur anblafften, jeder die Worte des anderen in den falschen Hals bekam, können wir nun endlich wieder vernünftig und ruhig miteinander reden. Und daß wir in der Pension ein Zimmer für uns allein haben, fördert die Versöhnung ungemein.

Im Dschungel von Dawson

Birgit und die Jungs werden heute einen Ruhetag einlegen, lesen, spielen, Eis essen ..., während ich mich auf die Suche nach Schwarzbären mache. Mit dem Kanu paddle ich ein Stück den Klondike hoch, bevor ich mit meiner Kameraausrüstung in den Wald eintauche.

Die Luft ist von Feuchtigkeit geschwängert, die Farben und die Geräusche sind wie gedämpft. In dichten Vorhängen baumeln lange Flechten von knorrigen Ästen, und bei jedem Schritt trete ich auf dicke, weiche Moospolster. Dazwischen wachsen kräftige Farne. Überall sind Pilze, am Boden, an den Bäumen, selbst an den Felsen. Ich sehe Bromelien und sogar Orchideen. Und dann entdecke ich einen Kolibri, der an einer wunderschönen, kräftig roten Blüte trinkt. Ich glaube zu träumen. Wo bin ich hier eigentlich? Bin ich wirklich in Kanada? Oder vielleicht doch im Nebelwald von Costa Rica?

Der erste Schwarzbär, den ich ausmache, ein älteres Männchen, verschwindet sofort zwischen den Bäumen, als er mich wahrnimmt. Auch meine weitere Suche bleibt erfolglos, bis ich an einen Wasserfall komme, in dem ein Bärenweibchen Lachse fängt. Als ich das Kamerastativ aufstelle, wird die Bärin auf mich aufmerksam und stößt kurze Warnlaute aus, und da entdecke ich ihre zwei Jungen. Die Schwarzbärin erkennt jedoch schnell, daß ich keine Gefahr darstelle, und widmet sich wieder den Fischen. Hin und wieder wirft sie aber sicherheitshalber einen prüfenden Blick zu mir herüber. Ihr Nachwuchs ist noch sehr klein, erst wenige Monate alt. Das eine Junge liegt auf einem großen Felsen direkt über der Mutter und schaut ihr trockenen Fußes von oben beim Fischen zu, während das andere nur wenige Meter neben ihr auf einem Stein nahe am Wasser herumturnt und von der Gischt völlig durchnäßt wird. Es ähnelt mehr einer struppigen Wasserratte als einem Teddy.

Es dauert nicht lange, bis die Bärin einen Lachs aus dem schäumenden Wasser zieht und, das eine Junge im Gefolge, über die Felsen nach oben turnt, wo es von dem anderen Winzling eifrig begrüßt wird. Genüßlich verspeist die Bärenmutter ihren Fang, während der Nachwuchs seine Zähne an kleineren Brocken erprobt, die sie abgerissen hat; dann trollen sich die drei in den Wald. Eilig packe ich meine Ausrüstung zusammen und pirsche ihnen in einiger Entfernung, aber immer in Sichtweite hinterher. Auf dem dicken, hubbeligen Moos sind kaum

Fußspuren auszumachen, deshalb darf ich die Familie nicht aus den Augen verlieren.

Plötzlich verhält die Bärenmutter mitten in ihrem gemütlichen Trott und wittert. Das ist was, denke ich und bringe schnell meine Kamera in Position. Die Bärin gibt wieder einen Warnlaut von sich, doch diesmal klingt es wütend. Sie knurrt und schnaubt. Im Nu spurten die Kleinen zum nächsten Baum und klettern in unglaublichem Tempo den schmalen Stamm bis fast in den Wipfel hoch. Noch immer sehe ich nicht, was die Bärin so erregt, bis aus dem Unterholz ein Männchen hervorbricht, ein gutes Stück größer als die Bärenmutter. Ohne zu überlegen, geht sie zum Gegenangriff über. Die Sorge um ihre Jungen scheint ihr zusätzliche Kraft zu verleihen, denn nach wenigen Sekunden des Kampfes zieht sich das Männchen zurück. Die Bärin wartet eine Weile, erst dann ruft sie ihre Kleinen zu sich.

Zufrieden schalte ich die Kamera ab, klappe das Stativ zusammen und mache mich auf den Rückweg nach Dawson City.

Die Flößer-Mädels

So gut uns allen Dawson tut: Allmählich läuft uns die Zeit davon, und so machen wir uns auf zur nächsten Etappe, der Grenzstadt Eagle. Der Yukon ist jetzt ein sehr, sehr netter Fluß. Er ist relativ breit und tief, sehr gut befahrbar und fließt außerdem durch eine wunderschöne Landschaft, links und rechts Berge, zum Teil weiße Felsen. »Fließen« ist übertrieben: Er schiebt sich extrem langsam und träge voran. Auf dem Weg nach Eagle mündet der 40-Mile River ein. Sein Wasser ist herrlich warm, ganz sauber und klar, und er hat einen flachen Strand, auf dem wir *Tardis* beachen können.

Fast einen ganzen Nachmittag lang plansche und balge ich mit den Jungs und Cita im Wasser herum. Manchmal tauchen wir auch nur unter und lauschen den Geräuschen des Flusses. Da die Strömung extrem viel Material mitträgt, hört man den Kies und größere Steine über den Grund rumpeln, und es herrscht ein ständiges Gurgeln und Schmatzen. Ganz anders, als wenn man im Meer taucht. Es hat etwas sehr Schönes. Da, wo sich der 40-Mile in den Yukon schiebt, sehen wir Hechte und Forellen auf der Lauer liegen. Den Körper in den trüben Fluten des Yukon, guckt lediglich der Kopf in das klare Wasser des 40-Mile – eine hervorragende Tarnmöglichkeit für diese Räuber.

Birgit geht währenddessen lieber ihrer Lieblingsbeschäftigung nach und versinkt bis über beide Ohren in einem Buch. Die drei Schmöker, die sie sich mitgenommen hat, hat sie längst ausgelesen. Auch durch meine Urlaubslektüre und die Bordbibliothek ist sie bereits durch. Nun sitzt sie über einem von Eriks Büchern. Birgit könnte auf alles Mögliche verzichten, aber nicht auf Bücher, und so liest sie in ihrer Verzweiflung sogar Kinder- und Jugendbücher!

»Okay, Männer, Schluß mit lustig. Wir müssen uns noch den *Tardis* vornehmen«, scheuche ich die Jungs schließlich aus dem Wasser.

Es stehen zwischendurch immer wieder kleinere und größere Reparaturen an. Mal stimmt am Ruder was nicht, mal klemmt ein Bolzen am Kiel, mal läuft der Motor unrund. Erik und Thore sind wie immer, wenn es was zu reparieren gibt, sofort Feuer und Flamme.

»Thore kann dir helfen, Erik muß mal wieder was für die Schule tun«, mischt sich in dem Moment Birgit ein.

»Ach komm, Bitzel, er hat Ferien!« sage ich und ernte ein wütendes Funkeln ihrer Augen, weil ich ihr – nicht zum ersten Mal bei diesem Thema – vor den Kindern in den Rücken falle. Doch in diesem Punkt lasse ich nicht mit mir reden. »Und er lernt hier mehr fürs Leben, als wenn er jetzt ein paar Englischvokabeln paukt.«

»Okay, okay.« Birgit will die friedliche Stimmung der letzten Tage offenbar nicht stören und gibt sofort nach.

Ich bin derart verblüfft, daß ich erst einmal überhaupt nicht darauf reagiere. Als aber die Jungs und ich eine halbe Stunde später mit unserer Arbeit an *Tardis* fertig sind, springe ich über meinen Schatten und revanchiere mich.

»So, das ging schneller als gedacht. Was hältst du davon, jetzt doch noch einen Blick ins Englischbuch zu werfen?« fordere ich Erik auf.

Der verzieht zwar sein Gesicht, holt aber ohne zu maulen sein Vokabelheft. Und wie um seinen Beitrag zum Frieden zu leisten, setzt er sich zu Birgit und bittet sie ganz lieb, ihn abzufragen. In solchen Momenten bin ich besonders stolz auf meinen Großen.

Anschließend genießen wir bei einem Glas Rotwein die Abendstimmung, mit Betonung auf »genießen«. In den Tagen vor Dawson war es kein Genußtrinken mehr, wenn wir den Wein ins uns reinkippten, sondern nur noch Wirkungstrinken, und ich hatte vollstes Verständnis dafür, daß man irgendwann aus Streß, Frust oder Angst zum Alkoholiker wird.

Am nächsten Morgen, wir sind gerade erst eine halbe Stunde unterwegs, sehen wir Schiff voraus eine schwimmende Fischfabrik. So sieht es jedenfalls von weitem aus. Ein Unterbau, welcher Art auch immer, darüber eine große, würfelförmige blaue Plastikfolie.

»Was ist das denn? 'ne Fischzuchtanlage?« wundert sich Erik, der offensichtlich denselben Gedanken wie ich hat.

»Sieht ganz danach aus. Aber hier inmitten von nirgendwo?« wende ich skeptisch ein.

Wir schauen durch die Ferngläser und sehen zwei Frauen und etliche Kinder auf dem Floß.

»Du, Erik, mir scheint, das sind alles Mädchen.«

Das hört Thore und meint gleich: »Ich verpiß mich ins Vorschiff.« Und weg ist er.

Wir kommen näher, die winken, wir winken.

»Da ist tatsächlich kein einziger Junge dabei. Das gibt es doch gar nicht. Also, Berufsfischer sind das definitiv nicht«, sage ich.

»Ähm, ich geh auch unter Deck«, platzt es auf einmal aus Erik heraus.

»Nee, nee, bleib hier, du mußt steuern«, rufe ich ihn zurück, »wir fahren da mal rüber.«

»Och, muß das sein? Da sind doch nur Mädchen!«

Birgit wittert gleich Lunte.

»Erik hat recht, was willst du da drüben?«

»Das ist doch total schräg! Wir sind hier mitten in der Wildnis, wo du nur lederhosenbestückte Westernhelden mit riesigen Messern vermutest, und was kommt hier an? Ein halber Kindergarten mit Mädels! Von wegen, nur die Harten kommen in den Garten. Das ist bestimmt eine interessante Geschichte.«

»Du immer mit deinen Geschichten!« raunzt Birgit.

»Ach komm, Birgit, zick nicht rum. Das ist mein Job.«

Kurz darauf sind wir in Rufweite, und es gibt ein Riesenhallo.

»Hey, wo kommt ihr denn her?« fragt die eine der beiden Frauen.

»Aus Deutschland. Und ihr? Was macht ihr hier? Ich denke, wir sind hier im größten Abenteurergebiet der Erde, und dann sehen wir ein Floß voller Mädchen!«

»Wenn wir darauf warten würden, bis unsere Männer so eine Tour mit uns machen, dann säßen wir in zehn Jahren noch zu Hause. So was muß man schon selbst anpacken.«

Typisch kanadischer Frauenspruch.

»Habt ihr das Floß selbst gebastelt?«

Das Floß sieht zwar furchtbar unförmig aus, ist aber höchst funktionstüchtig. Unter einer Holzplattform sind große Kunststoffässer angebracht, die als Auftriebskörper dienen. Es gibt ein ganz simples Segel, wie es früher die Wikinger hatten. Bei

Wind können sie also segeln, keine schlechte Idee, denke ich anerkennend. Und hinten und vorn ist ein großes Steuerpaddel angebracht, richtig professionell – wie bei den Flößen, mit denen früher Holzstämme transportiert wurden.

»Ja, haben wir, in nachbarschaftlicher Hilfe, wie es so schön heißt«, sagt die eine Frau. Plötzlich reckt sie den Hals, wirft einen Blick über meine Schulter, dreht sich dann zu den Mädels um und ruft: »Habt ihr gesehen? Da sind zwei Jungs!«

Thore, der nur mal kurz durchs Fenster hochgeguckt hat, taucht sofort wieder ab, und Erik zieht den Kopf noch weiter zwischen die Schultern. Ich kann mir ein Grinsen nicht verkneifen.

Die ganze Bande ist total nett. Diane, eine etwas rundliche Blonde mit einer weichen, warmen Stimme, ist mit etwa 40 die älteste, Dinah, eher das Modell *taff cookie*, wohl ein paar Jahre jünger. Sie hat ein sehr charismatisches Gesicht, ist durchtrainiert, mit auffallend muskulösen Armen, und sehr selbstbewußt. Allein aus der Art, wie sie das Floß steuert, wird klar, daß die Frau nicht ihr Leben lang nur Klavier gespielt und Kinder gehütet hat.

»Hey, kommt rüber«, lädt uns Diane ein. »Wollt ihr erst mal ein Schnäpschen? Oder einen Wein? Oder nein, laßt uns einen Yukon Jack trinken!«

Birgit ist Neuem gegenüber manchmal ein bißchen scheu und braucht einige Zeit, bis sie mit fremden Menschen warm wird. Das war schon 1991 so. Damals kamen wir an vielen Fisch- und Goldgräbercamps vorbei, und wenn ich anhalten und mit den Menschen reden wollte, sagte sie meistens, nö, ich will da jetzt nicht hin, ich kenne die Leute nicht. Und sie hat ja auch nicht gewollt, daß ich überhaupt zu dem Floß hinsteuere, doch die Frauen scheinen ihr zu gefallen, denn auf einmal stupst sie mich von hinten.

»Na los, worauf wartest du noch?«

Als dann die drei Frauen und ich ein Gläschen Schnaps in

der Hand halten, erzählen Diane und Dinah, daß sie in Carmacks gestartet sind und sich nun den Yukon hinuntertreiben lassen.

»Seid ihr aus Carmacks?« frage ich.

»Nein. Wir sind nicht einmal alle aus dem Yukon Territory. Ein paar der Mädels sind Freundinnen unserer Töchter und kommen von weiter her. Eine ist aus Edmonton, eine aus Vancouver, eine aus Toronto.«

»Und wovon lebt ihr?« will Birgit wissen und schaut sich demonstrativ um.

»Da in der Kiste ist jede Menge Essen. Dosen natürlich, aber wir haben zu Hause auch vorgekocht und das Essen vakuumiert.«

Dann erzählen wir von unserer Reise, wie schwer wir es bisher hatten, dennoch beneiden uns alle um unser Boot, sagen, laßt mal gucken, und – *zack* – entern die Mädels den *Tardis*. Die sind natürlich neugierig zu sehen, wie so eine Yacht aussieht.

»Das ist keine Yacht, das ist ein ganz normales Segelboot«, werfe ich ein, doch das geht in dem aufgeregten Geschnatter völlig unter.

»Oh, toll!«

»Wow, was für ein Motor.«

»Eine Kajüte! Richtig mit Pantry und so!«

Erik und Thore rutschen nur immer weiter nach vorn, versuchen sich im Vorschiff unsichtbar zu machen, nach dem Motto: Mädchen finden wir doof. Dabei sind die Mädels total freundlich. Eine von ihnen, eine richtig hübsche, interessiert sich sofort für Erik und hält ihm auffordernd eine Papprolle mit Chips hin.

»Nein, danke, ich mag keine Pringles«, brummelt Erik.

Dabei stirbt er für Pringles! Und auch Thore verzichtet auf einmal auf alles ihm Angebotene. Ich versteh's nicht. So eine Chance, Hahn im Korb zu sein, läßt man sich doch nicht entgehen! Ich werfe einen fragenden Blick zu Birgit, die zuckt nur mit den Schultern. Als die Mädchen sich wieder nach oben verziehen, versuche ich die Jungs herauszulocken.

»Erik«, sag ich, »jetzt komm doch mal raus, die sind wirklich nett!«

»Nein, laß mal, ich muß noch lesen.«

»Erik, die Sonne scheint, das Boot ist voller netter Mädels, die Frauen sind gut drauf. Es herrscht tolle Stimmung, endlich mal Abwechslung, jetzt laß uns doch was draus machen!«

»Nö, vielleicht später.«

Ich denke, okay, laß ihn erst mal, der kommt schon noch.

Die Mädels ziehen inzwischen schon eine richtige Party ab. Ein paar sind auf *Tardis,* der Rest ist auf dem Floß.

»Wißt ihr was«, schlage ich den beiden Frauen vor, »da wir ein bißchen unter Zeitdruck sind, nehmen wir euch ans Schlepptau. Dann können wir feiern und kommen trotzdem voran.«

Diane und Dinah sind sofort einverstanden, und so nehme ich das Floß achtern auf den Haken. Wir machen zwar nicht mehr so schnelle Fahrt, aber schaffen im Durchschnitt immer noch eine Geschwindigkeit von etwa drei Knoten – das sind fünfeinhalb Kilometer – pro Stunde.

»Und, wie ist eure Reise bislang so gewesen?« frage ich.

»Einmal war es ganz gruslig. Da trafen wir zwei Frauen in einem Kanu. Die eine hatte sich gerade einen Finger abgehackt. Sie hatten aber schon über Satellitentelefon den Notarzt verständigt. Der Finger war jedoch weg!« berichtet eines der Mädchen.

»Ansonsten war es bisher richtig schön. Wir haben unheimlich viel Spaß, sind total entspannt und können die Dinge so machen, wie wir wollen, ohne daß uns ständig ein schlauer Mann dazwischenquatscht«, schwärmt Dinah mit einem Augenzwinkern in meine Richtung. »Fort Selkirk hat uns gut gefallen. Habt ihr euch das angesehen?«

»Ja, gezwungenermaßen«, lache ich und erzähle, daß *Tardis*

Auch nach vielen Expeditionen nach Nordkanada und Alaska – die Sehnsucht nach diesem Land zieht mich immer wieder magisch hierher *(vorige Seite)*.

Bei minus 15°C schlagen wir unser Camp am Chilkoot-Paß auf. Unser Hund Cita muß wegen der Kälte einen Polarfleeceanzug tragen.

Elche werfen jedes Jahr ihre Geweihe ab. Eine Schaufel kann bis zu 20 kg wiegen.

An den Quellen des Yukon suchen wir nach einer geeigneten Stelle, um das Kanu einzusetzen.

Trotz des digitalen Zeitalters – für die harten Wildniseinsätze benutze ich am liebsten meine robuste Filmkamera.

Nach einem Eiseinbruch im Yukon versuche ich meine gefrorenen Sachen zu trocknen.

Durch die extreme Kälte bildet sich am Ufer des Yukon starkes Randeis. Das Ein- und Aussteigen ins Kanu wird zur unberechenbaren Gefahr. Der Winter hat das Land schon fest im Griff, ständig muß ich mit dem Kanu Eisschollen ausweichen (*rechts*).

Nicht zur Nachahmung empfohlen – aber nach Tagen der Annäherung dulden mich die Bären in ihrer Nähe (*nachfolgende Doppelseite*).

Dallschafe in der Brooks Range. Die stärksten Widder stehen den Sommer über gern in kleinen Rudeln zusammen.

Der weiße Grizzly im spielerischen Kampf mit einem anderen jungen Männchen.

Cita stellt in der Tundra einen Moschusochsen. Diese Polarbüffel haben von allen Säugetieren das längste Fell.

Mit Cita am Gletscher – auch in Alaska schmelzen die Eisriesen im Rekordtempo.

Grizzlybärin mit ihrem sieben Monate alten Jungen. Mit sechs bis sieben Jahren werden sie das erste Mal Mutter und sind selbst noch sehr verspielt (*vorige Doppelseite*).

Für mich die Krone des Angelns: Fliegenfischen in einer menschenleeren, intakten Welt.

Nach über 3000 km auf dem Yukon und unendlichen Strapazen erreiche ich das Flußdelta an der Beringsee.

Birgit ist mit Erik und Thore auf dem *Tardis* zu unserem gemeinsamen Treffpunkt unterwegs.

Thore und Erik mit einer gemeinsam gefangenen Seeforelle. In ihrem Magen fanden die Jungs eine Wasserspitzmaus.

So ein frisch gefangener Silberlachs ernährt mich wieder für mehrere Tage (*links*). Thore mit seinem größten Fang, einem sehr seltenen Sheefisch, und Erik mit einem nicht ganz kleinen Königslachs (*rechts Mitte*).

Die Familie fast komplett auf Erkundungstour (*nachfolgende Doppelseite*).

Waldbrände sind im Norden ein natürlicher Walderneuerungsprozeß.

Familienidylle an einem der vielen Nebenflüsse des Yukon. Wegen der Moskitoplage muß immer ein rauchendes Feuer brennen.

Postkartenidylle mit dem *Tardis* an einem der schönsten Ankerplätze der Reise. Was noch keiner ahnt: Einen Tag später bricht hier ein ungeheurer Sturm los ...

Nach dem Auflaufen auf der Kiesbank geht das Stimmungsbarometer gegen null. Die Angst, den *Tardis* aufgeben zu müssen, ist zermürbend (*rechts oben*).

Was über Wasser relativ harmlos wirkt, hat unter Wasser fatale Folgen – der Kiel hat sich tief in die Kiesbank geschoben. (*rechts Mitte*).

Das Ruderblatt aus Edelstahl wird nach der Grundberührung provisorisch gerichtet (*rechts unten*).

An einem Nebenfluß des Yukon suchen wir nach Gold und werden fündig. Unser größter Nugget ist stecknadelkopfgroß. Die Jungs sind im Goldrausch.

Vor dem General Store in Dawson City. Die Stadt, die im Winter keine tausend Einwohner zählt, ist auf jeder Weltkarte eingezeichnet. 1898 fand hier der größte Goldrausch in der Geschichte der Menschheit statt.

Birgit, Thore und Erik in einer Goldmine am Klondike. Mit modernster Technik wird hier dem gelben Metall nachgespürt.

Die Yukon Flats – ein Wirrwarr aus Inseln, Sandbänken und Kanälen. Hier wird der Fluß bis zu 28 km breit.

Urlaubsstimmung auf dem *Tardis*: volle Fahrt ohne paddeln.

Frauenpower – kanadischer Pioniergeist auf dem Yukon River.

An der Südseite der Brooks Range – viele der Bären, denen ich hier begegne, haben noch nie in ihrem Leben einen Menschen gesehen. Sie verhalten sich mir gegenüber völlig entspannt, fast gleichgültig (*nachfolgende Doppelseite*).

Am Tanana River endet für die Familie die Reise. Der Tardis wird aus dem Wasser genommen. Luke und Dick helfen mit Traktor und Truck. Für Cita und mich geht es ab hier wieder mit dem Kanu weiter.

Minigray – ihr Eskimoparka ist mit Vielfraßfell verbrämt.

Minigray mit ihrer Enkelin und Tochter beim täglichen Kontrollieren der Netze. Ihr ganzes Leben dreht sich um die Jagd und den Fischfang.

Auf der Wanderung in ihre Winterquartiere durchqueren Karibus immer wieder Flüsse und Seen.

Ein junger Inuit erlegt vom Motorboot aus Karibus für den Wintervorrat (*rechts oben*).

Von den erlegten Tieren wird alles verwertet (*rechts Mitte*).

Vom Lager aus können die Jäger herannahende Herden zeitig ausmachen (*rechts unten*).

Mit bis zu 750 Kilo ist der Alaska-Elch die größte Hirschart der Erde. Der Platzbulle toleriert meine Nähe. Cita kann ihren Jagdtrieb beim Anblick der Tiere nur schwer unterdrücken.

Nordlichter sind wie ein Feuerwerk am Himmel, nur ohne Geräuschkulisse. Von der Sonne abgestoßene Teilchen werden vom Magnetfeld der Erde angezogen und beginnen in der Atmosphäre zu leuchten (*nachfolgende Seite*).

Die Elchbrunft dauert fast einen Monat. Immer wieder wird die Rangordnung unter den Bullen ausgekämpft.

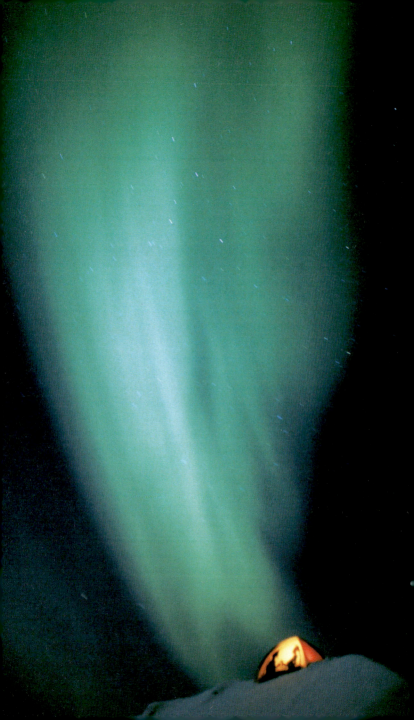

ein Stück vor Fort Selkirk total festsaß und wie uns die Indianer halfen. Daß ich bei der Reparatur des Kiels fast abgesoffen wäre, verschweige ich allerdings.

Probleme mit dem Auflaufen haben die Flößer-Mädels natürlich nicht, da die Fässer dem Floß soviel Auftrieb geben, daß es gerade mal fünf Zentimeter tief im Wasser liegt.

Ich genieße den Tag sehr und denke mir immer wieder, das Ganze ist so was von schräg. Jeder erzählt dir nur: Yukon River, total hart, Five Finger Rapids und so.

»Wie ging es euch denn an den Five Finger Rapids?« erkundige ich mich.

»Och, da mußten wir halt ein bißchen aufpassen. Zwei der Mädels kletterten oben über die Felsen, die hatten Angst vor der Durchfahrt, aber die anderen wollten sich das nicht entgehen lassen. Wir hatten rechts und links je ein Kanu am Floß festgemacht. Da saßen ein paar Mädels drin und paddelten kräftig, um Diane beim Steuern des Floßes zu unterstützen.«

Dinah hält kurz inne, dann lacht sie laut auf.

»Das hättet ihr sehen sollen! Wie ein Amazonenheer muß das ausgesehen haben. Na, jedenfalls nahmen wir die rechte Röhre, weil uns alle dazu geraten hatten, und flutschten ganz einfach durch.«

Es ist ein wunderschöner Tag, die Sonne scheint, Bikiniwetter, die Mädchen tragen nur leichte Sachen, die meisten sind ja fast noch Kinder. Ein paar liegen auf dem Vorschiff von *Tardis* und sonnen sich. Auch Cita hat ihren Spaß, weil vor allem die Kleinen sie streicheln und mit ihr spielen wollen. Es herrscht eine Atmosphäre wie am Mittelmeer. Während ich ein bißchen filme und fotografiere, denke ich mir, wenn du das herumzeigst und sagst, wir waren da irgendwo an der Riviera, dann glaubt es jeder. Na ja, die Berge im Hintergrund müßte ich vielleicht wegretuschieren.

Erik hält sich trotz der phantastischen Stimmung immer

noch abseits. Das grenzt schon an Unhöflichkeit, finde ich und gehe zu ihm.

»Hey, Erik, komm jetzt raus, das ist eine Ansage! Die sind total nett, und du kannst mit denen dein Englisch üben.«

»Und Thore? Der ist ja auch nicht bei denen!«

»Laß den mal, der kommt von ganz allein, wenn du erst einmal draußen bist.«

Dummerweise filme ich das Auftauchen von Erik, das ist ihm oberpeinlich. Nach einigen Minuten sehe ich allerdings, daß er die Ärmel hochkrempelt, und muß schmunzeln. Erik hat schon ziemlich viele Haare an den Armen – mehr als ich, was allerdings kein Kunststück ist –, und die will er nun offensichtlich zeigen. Und dann taut er richtig auf, wird munter.

»Ich schieß mal die Tampen auf«, sagt er betont lässig.

»Ja, tu das. Und mach vorn schon mal ein bißchen klar Schiff und kontrollier den Anker«, weise ich ihn an.

Demonstrativ behandle ich ihn als zweiten Mann an Bord, damit er den Mädels ein bißchen imponieren kann.

»Soll ich auch das Gewehr nachgucken? Die Winchester müßte eigentlich mal geputzt werden!«

»Nein, laß mal«, und ganz leise, so daß nur er es hören kann, »ich glaube, da stehen die Mädels absolut nicht drauf.«

Und dann wagt sich Thore hervor.

»Och, ist der süüüüüß!« ruft Diane, und ich bin froh, daß Thore es nicht versteht, denn welcher sechsjährige Junge will schon als »süß« bezeichnet werden.

Es herrscht ein reges Hin und Her zwischen dem Floß und unserem Boot. Mal steuert Birgit den *Tardis*, mal ich, mal Erik. Der Motor läuft wie am Schnürchen, und obwohl wir die Flößer-Mädels den ganzen Tag hinter uns herziehen, machen wir Strecke.

Ohne daß wir groß darüber reden, ist klar, daß wir abends gemeinsam anlegen. Erik und ich haben keine Chance, mit unserem Können zu prahlen, denn bis wir uns umsehen, hat

Dinah eine Axt in der Hand und – *zack, zack, zack* – brennt ein Lagerfeuer. So schnell habe ich noch niemanden – geschweige denn Frauen – Feuer machen sehen. Im Nu stehen Klappstühle drum herum, und ich denke, o je, Wildnis und Klappstühle!

»Du, Papa, ich gehe jetzt mal ins Wasser, kommst du mit?« fordert mich Erik auf.

Mir ist sofort klar, daß er zeigen will, daß wir auch was draufhaben.

»Ja klar, wir wollen ja hier nicht als die totalen Memmen gelten«, willige ich ein, und wir vollführen beide einen mehr oder weniger eleganten Kopfsprung von *Tardis*.

Danach erzählt Erik voller Stolz und ein bißchen prahlerisch, daß wir mit dem *Tardis* in der Beringsee waren – es steht ja auch mit »Kodiak, Alaska« groß der Heimathafen auf dem Boot. Daß wir schon in schweren Stürmen unterwegs waren, Begegnungen mit Grizzlys hatten und da völlig autark lebten. Das fasziniert Diane. Und Erik macht klar, daß wir wildniserfahren sind und ganz coole Sachen machen.

Dinah, Diane, ein paar Mädels und Birgit zaubern derweil ein wahres Festmahl auf die Teller, und nach dem Essen sitzen wir gemütlich um das Lagerfeuer, trinken Rotwein, singen Lieder und unterhalten uns bis tief in die Nacht. Als sie hören, daß ich von Beruf Tierfilmer bin und oft monatelang allein durch die Wildnis ziehe, fragen sie mir fast ein Loch in den Bauch und wollen wissen, wie das denn für Birgit so ist.

»Mann, Andreas, das stelle ich mir toll vor. Das würde mir, glaube ich, auch Spaß machen«, meint die taffe Dinah.

»Ja, vor allem, wenn man jemanden hat, der sich in der Zwischenzeit um Haus und Hof kümmert und alles am Laufen hält, nicht wahr?« wirft Diane ein und stupst mich lachend in die Seite. Die zwei Frauen sind richtig cool und unheimlich gut drauf!

Sie erzählen, daß es ihnen wichtig sei, ihren Kindern Werte

und Basics zu vermitteln – auch ohne die Männer. »Werte und Basics«, also genau das, was ich meinen Jungs beibringen will.

»Und wo kannst du das besser als auf einem Fluß? Da passiert einfach alles. Da ist Wasser, aus dem wir Menschen letztendlich ja herkommen, da ist Abenteuer, da ist Distanz, da sind neue Welten, die man erschließen kann und, und, und. Ein Fluß ist halt einfach ideal«, ereifert sich Diane und spricht mir damit aus der Seele.

»Wie weit wollt ihr eigentlich noch?« frage ich.

»Bis nach Alaska. Wahrscheinlich schaffen wir es gerade noch bis Eagle, bevor unsere Zeit abläuft. Von Eagle geht eine kleine Schotterpiste nach Jack Wade. Dort können wir entweder auf dem Klondike Highway direkt nach Whitehorse fahren, oder wir nehmen zunächst den Taylor Highway, der nach knapp 100 Kilometer auf den Alaska Highway stößt. Wahrscheinlich entscheiden wir uns für Letzteres, das ist zwar ein kleiner Umweg, dafür ist der Alaska Highway asphaltiert.«

»Wie viele Kilometer sind das dann noch zu fahren?« forscht Birgit nach.

»Och, nicht einmal 800. Die sitzen wir auf der linken Arschbacke ab!«

In dünn besiedelten Gegenden, ob nun in Kanada, Teilen der USA oder Australien, werden Entfernungen ganz anders empfunden als bei uns. Dort kommt man allerdings auch schneller voran, weil viel weniger Verkehr ist und man stundenlang dahinbrettern kann, ohne ständig durch sich gegenseitig überholende Lkws und schleichende Sonntagsfahrer behindert zu werden.

Diese Begegnung tut Birgit und mir richtig gut, denn wir merken, es gibt noch andere Verrückte außer uns, die ausgefallene Sachen machen und sich auf echte Abenteuer einlassen. »Verrückte« wie Diane und Dinah, deren Verantwortung ja eigentlich noch viel größer ist als unsere, denn sie haben nicht nur zwei, sondern acht Kinder dabei. Das kleinste ist acht, die meisten sind elf, zwölf, das Mädchen, das Erik so toll findet, ist 14 und die älteste 18.

»Ich weiß nicht, ob ich mich das trauen würde, was ihr hier abzieht«, gesteht Birgit den beiden. »Zwei Frauen und ein Haufen Mädchen allein unterwegs. Was macht ihr, wenn was passiert?«

»Darüber zerbrechen wir uns den Kopf, wenn es soweit ist. Du kannst dich sowieso nicht auf alles vorbereiten, und wenn du dir vorher dauernd vorstellst, was alles schieflaufen kann, verlierst du gleich den Mut. Schau, euer Boot war, nach dem, was ihr uns erzählt habt, bei Fort Selkirk praktisch im Eimer. Aber ihr seid hier, oder? Also habt ihr es irgendwie hingekriegt! Zwei der Mädels sind erkältet, weil sie in den Yukon gesprungen und neben dem Floß hergeschwommen sind. Und, was soll's? An einer Erkältung stirbt man nicht, und sie hatten einen Riesenspaß dabei.«

Ich bedanke mich im stillen für diese Sätze und werfe Birgit einen vielsagenden Blick zu, doch sie tut, als würde sie ihn nicht bemerken.

Eine Weile sitzen wir schweigend da. Thore schläft schon seit geraumer Zeit mit Kopf in Birgits Schoß, zwei der Mädchen liegen zusammengerollt etwas abseits.

»Zeit für's Bett, Mädels«, gibt Diane das Kommando, und ruckzuck stellen sie ihre Zelte auf.

Als wir in unseren Kojen liegen, fühlen wir uns fast ein bißchen wie Weicheier.

Am nächsten Morgen ist es dann irgendwie schon später Vormittag, als Birgit und ich mit dickem Kopf aus den Federn kriechen. Das schöne Wetter hat sich verzogen, es nieselt. O shit! Diane und Dinah sitzen in Ostfriesennerz und Regenhose am Feuer, als wäre es das Normalste auf der Welt, trinken Kaffee und lachen schon wieder. Ein paar der Mädchen leisten ihnen Gesellschaft, die anderen hocken unter dem Foliendach auf dem Floß. Anscheinend sind wir die einzigen, die sich an dem Wetter stören. Wir sind halt doch Weicheier, denke ich, und die anderen echt taffe Frauen! Einfach klasse!

»Los, setzt euch zu uns und nehmt euch Kaffee«, fordert uns Diane auf, und wir lassen uns nicht zweimal bitten.

»Vielen Dank«, sage ich artig und nehme ein paar Schlucke von dem heißen, starken Gebräu. »Wie sieht's aus? Sollen wir euch noch ein Stück hinter uns herziehen?«

»Nein, laßt mal«, winkt Diane ab, »ihr habt es eilig und wollt weiter. Vielleicht sehen wir uns ja in Eagle noch mal. Bis ihr die Grenzformalitäten erledigt habt, sind wir möglicherweise auch schon da. Aber hör mal, Andreas, wenn du bei deinem nächsten Dreh in die Nähe von Whitehorse kommst, dann trinken wir abends einen feinen Rotwein zusammen, okay? Ich wohne etwas außerhalb der Stadt. Die Telefonnummer lautet 3006, kannst du dir gut merken, wie diese Großkaliberpatrone.«

»Ich schieß das Kaliber sogar.«

Und dann geht es ans Verabschieden.

»*Give me a hug*«, sagt die 14jährige zu Erik und drückt ihn. Auf einmal würde mein großer Junge gern noch länger bleiben.

Welcome to Alaska

Wir fahren durch eine traumhafte Berglandschaft. Eis- und schneebedeckte Gipfel kontrastieren mit dem tiefblauen Himmel darüber und den saftig grünen Wäldern darunter. Dazu die herrlich frische Luft und eine entspannte Atmosphäre an Bord.

Eagle an der Grenze zwischen Kanada und Alaska ist eine kleine, verschlafene Siedlung, der letzte Vorposten der Zivilisation, bevor der Yukon in eine wilde Welt ohne Tourismus eintaucht. Die Grenze selbst ist eine mehr als 1000 Kilometer lange, schnurgerade durch den Busch gehauene Schneise. Als die Grenze festgelegt wurde, hatten die Kartographen wohl keine Lust, an einem Gebirgskamm und irgendwelchen Flußläufen entlangzumarschieren, und da Land damals noch nicht so wichtig war, sagte man einfach, okay, wir machen einen geraden Schnitt quer durchs Land, das da drüben ist Alaska, das gehört den Russen, und das hier herüben ist Crow-Land und gehört zu Kanada. Fertig. Wenn man sich das auf der Karte anschaut, sieht es schon irgendwie irrwitzig aus. An der Küste ist Alaska wild zerklüftet – wodurch es eine längere Küstenlinie hat als die West- und Ostküste der *lower 48* zusammen –, und im Landesinneren dann diese gestochen gerade Linie.

Über diese kartographische Meisterleistung fährt einmal am Tag ein Tragflächenboot den Yukon hinunter und bringt Touristen nach Eagle. In dem gerade mal 150 Einwohner zählenden Nest werden sie in einem Blockhouse-Restaurant abgefüttert und dann in einem Affenzahn nach Dawson zurückgefahren. Zu Hause können sie dann erzählen, daß sie schon mal in Alaska waren. Toll!

Der Grenzpolizist – und Postbeamte in Personalunion – ist ein hochgewachsener, schmaler Mann mit riesigen Pranken und einem Wahnsinnshändedruck.

»Ah, *citizens*«, sagt er, als wir anlegen, denn wir haben die amerikanische Flagge gehißt, und er sieht natürlich den alaskanischen Nummerncode und die Aufschrift »Kodiak, Alaska« am *Tardis*.

»Na ja, nicht ganz, nur das Boot, meine Familie und ich sind Deutsche«, entgegne ich, erzähle ihm aber sogleich, daß ich schon seit Jahren oft hier arbeite, für das deutsche Fernsehen filme, und zeige ihm meinen Paß mit an die 50 Ein- und Ausreisestempeln der USA und mein Journalistenvisum. Dann stelle ich ihm meine Familie vor: »Das sind Erik, Thore, Birgit und unser Hund, der hat auch seinen Reisepaß dabei.«

Da lacht sich der Officer halbtot. Ich zücke Citas internationalen Reisepaß – sogar mit Bildchen drin –, in dem ihre ganzen Impfungen vermerkt sind und daß sie einen Chip unterm Fell hat, also jederzeit identifizierbar ist, und halte ihm das Dokument unter die Nase. Er blättert es durch und zieht für die Jungs eine kleine Show ab, tut so, als würde er das Foto ganz genau mit Cita vergleichen. Dabei versucht er ernst zu bleiben, was ihm aber nicht so recht gelingen will.

»Habt ihr genug Munition und ein Gewehr dabei?«

Die Frage würde man in Kanada nie gestellt bekommen! Aber Alaska ist halt USA, *brothers in arms* und so. Es gibt ja in kaum einem anderen Land so viele Waffenfanatiker wie in den USA, nichtsdestotrotz ist es normalerweise nicht gerade ratsam, Waffen und Munition in die Vereinigten Staaten einzuführen. In Alaska ist es noch erlaubt, außerhalb geschlossener Ortschaften einen großkalibrigen Revolver frei am Holster zu tragen. In Kanada darf man zwar eine Waffe besitzen, sie aber nicht offen zeigen. In Alaska begegnen einem oft Leute, vor allem draußen im Busch, die haben eine dicke Wumme, meistens eine .44 oder eine .375 Magnum am Holster. Ob sie die wirklich brauchen, ist eine andere Frage. Es geht ihnen mehr darum, von ihrem Recht, eine Waffe zu tragen, Gebrauch zu machen, ganz so, wie es Michael Moore in seinem Film »Bowling for Columbine« gezeigt hat.

Mir ist nie ganz wohl dabei, wenn ich Leute mit einer Knarre herumlaufen sehe. Vor ein paar Wochen wurde der 18jährige Sohn von Gregs bestem Freund auf einer Party erschossen. Einer hatte eine dicke Knarre dabei, hey, cool, zeig mal, och, ist ja gar nicht geladen. Und es wurde einfach abgedrückt – *peng, peng*. Dann spielten sie in ihrem leichten Alkohol- und Marihuanadunst angeblich russisches Roulette, immer eine Kugel rein, die Trommel gedreht, auf den Kopf gezielt – und *paff*. Dustin war auf der Stelle tot. Das ist die Kehrseite von »Habt ihr genug Munition und ein Gewehr dabei«?

Einerseits finde ich es gut, daß man vom Vater lernt, wie man eine Winchester oder eine Remington Jagdbüchse bedient. Aber wenn einer weiß, wo die Knarre steht, und ein bißchen verkehrt tickt, ist die Gefahr groß, daß was Schlimmes passiert. Das kam in den USA ja auch schon öfter vor. Und gerade in Alaska gibt es sehr viele Unfälle mit Schußwaffen. Deshalb war für uns klar, die Jungs bekommen keine Großkaliberbüchse, die würde ihnen wahrscheinlich sowieso das Schulterblatt verdrehen. Für Erik und Thore reicht eine kleinkalibrige Winchester. Außerdem kaue ich mit den beiden seit Anfang der Reise immer wieder die Sicherheitsregeln durch, zum Beispiel darauf zu achten, wie sie den Lauf halten, denn immerhin haben sie es mit einem tödlichen Gerät zu tun. Das ist ihnen inzwischen in Fleisch und Blut übergegangen, und Erik ist im Umgang mit einer Waffe sehr verläßlich. Bei Thore würde ich dafür nicht die Hand ins Feuer legen, er ist einfach noch zu jung. Deshalb darf er die Waffe nur in die Hand nehmen, wenn ich dabei bin, ansonsten muß er die Finger davon lassen – das ist allerhöchstes Gebot. Nicht daß es irgendwann, wenn Erik die Winchester hat, heißt, ich will auch mal schießen, gib mal her das Ding! Und dann wird gezogen und gezerrt, und schon ist es passiert.

Zurück nach Eagle. Die Einreise nach Alaska ist viel einfacher als erwartet. Das war 1991 zwar ähnlich, aber da waren wir ja auch nicht mit einem Boot unterwegs, in dem man alles Mögliche schmuggeln könnte. Die Grenzer hier gehen vermutlich davon aus, daß die Leute, die über den Yukon River nach Alaska kommen, keine potentiellen illegalen Einwanderer sind, sondern einfach nur die Natur, die Wildnis, das Abenteuer lieben und suchen. Von all dem, was man von den Amerikanern sonst oft hört: daß sie seit den Flugzeuganschlägen vom 11. September 2001 intolerant und völlig verschreckt seien, spürt man in Alaska nichts. Wobei mir jeder Alaskaner immer sagt, hör mal, Alaska ist nicht die *lower 48*, hier ticken die Leute und auch die Uhren und die Behörden ein bißchen anders. Mir fehlen dafür die Vergleiche und die Erfahrung.

»Ich gehe mal davon aus, daß ihr keine Drogen mitführt«, meint der Officer halb fragend, halb feststellend.

»Nur ein paar Flaschen Rotwein und Yukon Jack.«

»Ja, das ist okay. Wie gesagt, Hauptsache, ihr habt eine Knarre mit und Munition. Denn hier gibt es überall Bären.«

»Mit Bären haben wir Erfahrung, ich mache Filme darüber.«

»Wußt' ich doch, daß ich dich und deinen Sohn« – er nickt kurz zu Erik hinüber – »schon mal gesehen habe. Ich habe auf Discovery Channel den Film gesehen, wo du mit deinem Jungen vor den Aleuten gesegelt bist und ihr all die Bären gesehen habt. Toll.«

Er drückt in jeden Paß feinsäuberlich einen Einreisestempel und bricht uns mit seiner Pranke zum Abschied noch mal fast die Hand.

Ja, und dann sind wir durch: *Welcome to Alaska.*

Die Flößer-Mädels sind weit und breit nicht zu sehen. Wir überlegen kurz, ob wir auf sie warten sollen, aber wer weiß, wann sie Eagle erreichen.

Nur wenige Kilometer hinter Eagle taucht ein Wolf am Ufer auf.

»He, schaut mal, ein Wolf«, rufe ich meiner Familie zu.

»Stimmt ja gar nicht, das ist ein Hund«, behauptet Thore.

»Nee, das ist ein Wolf, Thore!«

»Hier können doch keine Wölfe sein!«

»Warum sollen hier keine Wölfe sein?« frage ich verblüfft.

»Weiß nicht, aber der guckt so, und jetzt rennt er uns auch noch nach! Wie ein Hund seinem Herrchen. Hm, der hat bestimmt Hunger!«

»Nein, der hat keinen Hunger, der ist nur neugierig. Glaub mir, Thore, das ist ein Wolf.«

Auf einmal verschwindet das Tier wieder im Urwald. Und dann irgendwann, nach etwa zwei Kilometern, erscheint er erneut am Ufer und läuft neben uns her. Da er keine Witterung von uns bekommt und sich kein Bild von dem machen kann, was da auf dem Wasser schwimmt, treibt ihn die Neugierde dazu an, uns ein Stück zu begleiten. Das geht eine ganze Weile so, und es ist nicht das letzte Mal, daß uns so etwas passiert.

Der Yukon ist immer noch schön breit und tief, das heißt aber nicht, daß wir es überstanden hätten, denn bald kommen die Yukon Flats, wo der Fluß sich auf über 20 Kilometer Breite in unzählige Kanäle aufsplittet. Das Yukon Flats National Wildlife Refuge ist das drittgrößte Naturschutzgebiet der Vereinigten Staaten, und angeblich sind schon Leute für immer darin verschwunden. Birgit und ich verfuhren uns 1991 ebenfalls in dem Wirrwarr und brauchten Tage, bis wir wieder herausfanden. Wen sollte man auch fragen, wo es langgeht? Es gibt in dem riesigen Gebiet nur zwei Siedlungen: Circle und Fort Yukon, die größte Athabaskensiedlung.

Hinter Eagle verläßt der Yukon das Gebirge, und die Gegend wird relativ schnell flach. Da es nun nicht mehr weit bis zu den Yukon Flats ist, die unsere ganze Aufmerksamkeit und Konzentration erfordern werden, entscheiden wir uns, den Rest des Tages hier zu verbringen, um am nächsten Morgen frisch und ausgeruht die nächste Zitterpartie anzutreten.

Seit wir Eagle verlassen haben, spüre ich, wie die Gelassenheit und die Zuversicht, die Birgit durch das Zusammensein mit Diane und Dinah gewonnen hat, allmählich abbröckelt. Sie reagiert zunehmend gereizt und ist mit den Jungs sehr ungeduldig.

»Birgit, bitte«, sage ich zu ihr, als wir am Abend zusammensitzen, während die Jungs schon schlafen, »wir haben gute Flußkarten, wir haben GPS, und wir haben ein Satellitentelefon. Selbst wenn wir uns total verfransen sollten, geht die Welt nicht unter.«

»Ja, ich weiß, aber ...«

»Deine Angst wird sich wieder auf Thore übertragen«, unterbreche ich meine Frau sanft und ziehe sie in meine Arme, »versuch sie ihm zuliebe in den Griff zu bekommen, okay?«

»Ich geb' mir Mühe, ich versprech's.«

Am nächsten Morgen brechen wir früh auf und tauchen kurze Zeit später in eine Sumpflandschaft mit Erlen und Weiden, Wäldern, Sandbänken, zig Inseln und Kanälen ein. Der Hauptstrom ist nur schwer zu erkennen und das Navigieren nicht gerade einfach. Der Kiesel am Grund des Flusses ist auf diesem Abschnitt Schlick und Silt gewichen, wodurch sich die Grundberührungen, die wir nun ab und an wieder haben, nicht mehr so gruselig anhören. Oftmals sind sie als ein leichtes Bremsen eher zu spüren als zu hören. Durch den Schlamm ist der Yukon allerdings noch trüber geworden, weshalb wir Untiefen mehr denn je *erahnen* müssen.

Birgit gibt sich betont entspannt und lässig, und nach einiger Zeit habe ich den Eindruck, daß sie dadurch nicht nur Thore, sondern sogar sich selbst beruhigt. Als Circle vor uns auftaucht, ist Birgit völlig überrascht.

»Was? Wir sind schon in Circle? Das ging aber flott!«

Circle war Ende des 19. Jahrhunderts als Versorgungszentrum für verschiedene Goldgräbercamps in der näheren Umgebung gegründet worden. Heute hat es nur noch knapp 100 Einwohner – drei Viertel davon First Nation People –, die hier ein ärmliches Dasein fristen. Aus einer Laune heraus beschließen wir, uns hier ein bißchen umzusehen, und beachen den *Tardis* auf dem flachen Strand.

Im Nu sind wir von einer Horde Kinder umringt. Auch ein paar Erwachsene finden sich ein, und es kommt ein sehr nettes Gespräch in Gang. Schließlich werden wir von einer Indianerfamilie nach Hause eingeladen. Irgendwann kommen Unterhaltungen ja unweigerlich auf den Punkt, womit man sich sein Leben verdient, und als ich sage, daß ich Tierfilmer bin, erzählt uns der Mann, daß Circle seit einiger Zeit von einem großen Grizzly »terrorisiert« werde.

»Das ist nicht der erste Bär, der uns hier Probleme bereitet«, wirft die Frau ein. »Es gab vor vielen Jahren in Circle mal einen ganz schweren Unfall mit einem Grizzly. Da ist ein junges Pärchen nachts in seinem Zelt – sie wollten ein bißchen allein sein, ihr wißt schon – von einem Grizzly überfallen worden. Zunächst hat er sich die Frau vorgenommen und ihr das Gesicht zerfleischt. Als ihr Freund ihr zu Hilfe kommen wollte, biß der Bär den Mann in die Schulter. Der Mann fiel in so eine Art Starre, da hat ihn der Bär mitgeschleift und angefangen, an ihm rumzubeißen. Irgendwie hat er dann wohl das Interesse verloren, jedenfalls kam der Mann mit dem Leben davon. Aber er sieht ganz schlimm aus.«

Es hätte wenig Sinn, diesen Leuten zu erklären, daß wir Menschen definitiv nicht zum Beutespektrum von Braunbären gehören – eigentlich, denn allein durch ihre Größe und dadurch, daß sie Allesfresser sind, geht natürlich eine gewisse Gefahr und Aggressivität von diesen Tieren aus. Gerade First Nation People sind sehr zurückhaltend gegenüber großen Raubtieren. Zwar jagen Indianer im Winter zum Beispiel gern Wölfe, aber vom Motorschlitten aus, das birgt weniger Risiken. Der Wolf hat in dem tiefen Schnee keine Chance zu entkommen, es sei denn, daß er im dichten Buschland verschwinden kann, wo ihm das Ski-Doo nicht folgen kann. Flüchtet er in die offene Landschaft, in die Tundra, ist er dem Tod geweiht, denn dann wird er so lange gehetzt, bis er entkräftet stehenbleibt und vom fahrenden Motorschlitten aus geschossen wird.

»Was ist mit dem Bären, der euch ›terrorisiert‹? Was macht er denn?« hake ich nach.

»Er bricht in Häuser ein und verwüstet sie. Die Schlittenhunde im Ort schlagen zwar jedesmal mächtig an, doch das stört den überhaupt nicht. Er kommt immer wieder.«

Ich höre ständig Geschichten von »bösen« Bären, die Siedlungen heimsuchen, doch in der Regel ist es so, daß die Menschen selbst daran schuld sind, weil sie ihren Müll in einfachen Säcken vor dem Haus liegenlassen. Bären sind aber Nahrungsgeneralisten und vor allem -opportunisten, das heißt, wenn irgendwo ein riesiger Berg frischer Heidelbeeren liegt, frißt der

Bär so lange an diesem Haufen, bis nichts mehr übrig ist, selbst wenn das Tage dauert; erst dann zieht er weiter. Und wenn irgendwo ein totes Karibu liegt, dann frißt er halt an dem ein oder zwei Wochen. Das ist Bärenmentalität, und das muß man wissen. Und wenn einem Grizzly in einer Siedlung Essensreste quasi auf dem silbernen Tablett serviert werden, ist es kein Wunder, wenn er sich daran gütlich tut und immer wieder zu dieser Speisekammer zurückkehrt. Daß ein Bär in Häuser einbricht, ist allerdings ungewöhnlich.

»Wie lange geht das schon?« frage ich.

»Laß mal überlegen«, antwortet die Frau und zieht nachdenklich die Stirn in Falten, »ich würde sagen, seit Beginn des Frühjahrs.«

Mit dieser Antwort habe ich fast gerechnet. Der letzte Winter war besonders lang, und die Bären mußten länger als üblich in ihren Ruhehöhlen bleiben. Eigentlich bedeuten lange Winter viel Fallwild, für die meisten Schwarz- und Grizzlybären nach ihrer Standardnahrung im Frühjahr – frischem Grün – die erste gehaltvolle Nahrung des Jahres. Damit können ihre nach monatelanger Winterruhe stark abgemagerten Körper schnell wieder Masse bilden. Doch wenn sie statt dessen in einer Siedlung praktisch einen gedeckten Tisch vorfinden, halten sie sich natürlich daran – und zwar, wie schon erwähnt, so lange, bis nichts mehr da ist.

Bärenhatz

»Hey, Leute, ich hab' das Mistvieh erwischt«, platzt in dem Moment ein großer, schwitzender Mann in einer Arbeiterlatzhose in unsere Unterhaltung.

»Ist er tot?«

»Nein, dummerweise habe ich ihn nicht richtig getroffen, und er ist in den Wald abgehauen. Keine Ahnung, wie schwer die Schußverletzung ist und ob er nicht in den nächsten Tagen als *mad bear* zurückkehrt. Ich lasse meine Kinder erst einmal nicht mehr allein aus dem Haus, und das würde ich euch ebenfalls raten.«

Wie ich später erfahre, leben die Einwohner von Circle überwiegend vom Lachsfang und von der Wohlfahrt. Leidenschaftlicher Jäger ist erstaunlicherweise keiner von ihnen. Zwar versucht fast jede Familie im Herbst einen Elch zu schießen, um an preiswerte Nahrung zu gelangen, aber damit ist für die meisten die Jagd auch schon beendet.

»In Troys Haus«, erklärt uns unser Gastgeber gerade und nickt in Richtung des Mannes mit dem langen Vollbart, »am Rand der Siedlung hat sich der Bär schon öfter blicken lassen, meistens nach Mitternacht. Andere Dorfbewohner haben ihn ebenfalls gesehen und auf ihn geschossen. Seither ist der Bär vorsichtiger und ergreift beim Anblick von Menschen sofort die Flucht.«

Ich fordere Troy auf, mir ein paar Einzelheiten zu erzählen. Mittlerweile strömen immer mehr Dorfbewohner herbei, die Troy auf dem Weg hierher informiert hat.

»Unser Hund Cita ist ein Schweißhund«, sage ich schließlich, »mit ihr könnte man den Bär nachsuchen.«

Alle schauen mich entgeistert an. Was für deutsche Jäger ganz normal ist, nämlich, einem angeschossenen Wild die bestmögliche Nachsuche zu gewähren, ist, wie schon erwähnt, in nordamerikanischen Jägerkreisen nicht selbstverständlich. Was für ein Problem der Bär für die Siedlung werden könnte, ist aber allen klar. Nach einigem Hin und Her kann ich Troy überreden, eine Nachsuche auf den Grizzly zu starten.

»Sag mal, bist du noch zu retten?« fährt mich Birgit entgeistert an. »Laß diesen blöden Bär doch, wo er ist! Das ist gefährlich, Andreas!«

Es ist sogar verdammt gefährlich, aber das sage ich ihr lieber nicht. Grizzlys haben keine natürlichen Feinde. Und ein

Grizzly – eines der intelligentesten Säugetiere der Erde – merkt, wenn er verfolgt wird. Es gibt zu dem Thema übelste Geschichten. Daß verletzte Bären dem Jäger hinterhältig auflauern und ihn zerfleischen. An so ein Jägerlatein glaube ich nicht, aber ich weiß, daß ein verwundeter Bär, der merkt, daß er nicht schnell genug fliehen kann, irgendwo Deckung sucht – das machen fast alle Tiere. Kommt ihm der Verfolger zu nahe, greift er ihn an. So weit, so gut, doch das hat nichts mit »hinterhältig« zu tun.

»Birgit, ich bin Berufsjäger! Und ich habe Cita dabei. Sie ist ein super Spürhund, und sie warnt mich, wenn's gefährlich wird.«

»Trotzdem wärst du bei so was fast schon mal draufgegangen!«

Birgit spielt auf einen Vorfall an, bei dem mich ein Wildschwein in der Eifel übel zurichtete. Ich wäre damals fast verblutet. Heute erinnert nur noch eine große Narbe an meiner rechten Wange daran.

»Bitzel, das Tier ist verwundet, und wahrscheinlich leidet es.«

»Ja, ja, hab' schon verstanden«, lenkt sie resignierend ein. »Aber die Jungs bleiben hier, und du versprichst mir, auf dich und Cita aufzupassen!«

»Na klar.«

Erik und Thore spielen mit den Kindern unserer Gastgeber hinter dem Haus. Leise rufe ich Cita herbei und mache mich mit ihr heimlich davon.

Troy und ich gehen zu seinem Haus.

»Warte mal«, sagt er, »ich hol dir eine Waffe.«

Kurz darauf drückt er mir eine .44 Magnum in die Hand, er selbst hat einen alten Militärkarabiner umhängen. Der Anschuß neben dem Schuppen ist gut zu erkennen. Die Erde ist aufgewühlt, und ich finde einige Pirschzeichen. Ich lasse Cita vorsuchen. Sie verweist nur kurz den Anschuß und zieht fast ungestüm auf der Bärenfährte in den Wald. Mit bloßem Auge ist gut zu erkennen, in welche Richtung der Bär geflüchtet ist.

Seine Prankenabdrücke und die Beschreibung Troys lassen auf keinen kleinen Grizzly schließen. Vor Jahren suchte ich einmal mit meinem ersten Hannoverschen Schweißhund einen riesigen Schwarzbären nach, den der Hund nach langer Riemenarbeit und kurzer Hetze stellte. Jetzt kommen die Erinnerungen daran hoch.

Die Anspannung wächst. Man stelle sich vor, der Hund arbeitet in einen dunklen Wald hinein, überall große Blätter, Moose und Farne, der Boden ist feucht und macht beim Gehen keine Geräusche. Hinter jedem Busch kann der angeschossene Grizzly sein. Wenn wir ihm unabsichtlich zu nahe kommen, startet er einen Gegenangriff. Und ein Grizzly ist trotz seiner Masse ein enorm schneller Kurzstreckensprinter.

Troy stehen die Schweißperlen auf der Stirn und klebt das Hemd am Körper. Mir geht es nicht viel anders. Cita arbeitet konzentriert und entschlossen. Ich bin erstaunt, daß die Wundwitterung ihr nicht mehr Respekt vor dem König des Nordens einflößt. Aber das ist wohl menschliche Denke.

Nach zwei Kilometern verweist der Hund an einem Ast ein Stück Fett und kleinste Spritzer von angetrocknetem Blut, etwa hüfthoch am Blattwerk abgestreift. Ich habe immer noch keine Ahnung, wo der Schuß oder die Schüsse sitzen könnten. Die Fluchtrichtung ist nach wie vor gegen den Wind. Das beruhigt mich etwas. Ich bin sicher, daß Cita mir den Bären anzeigen würde, wenn sie ihn in die Nase bekäme. Braunbären wälzen sich gern in Kadavern, Losung oder Harn – und so riechen sie auch. Es ist mir ein Rätsel, wie Grizzlys trotz ihres starken Eigengeruchs ihre Umgebung noch mit der Nase wahrnehmen können. Sie laufen ja quasi wie in einer Dunstglocke.

Die Landschaft wird offener, und die Spur des Bären zieht an einem Flußlauf, einem Nebenarm des Yukon, entlang. An einer Stelle ist deutlich zu erkennen, daß er im Wasser seine Wunden gekühlt hat.

»Laß uns hier abbrechen«, meint Troy, »der Bär ist weit genug vom Ort entfernt und stellt keine Gefahr mehr dar. Und seine Fluchtrichtung zeigt direkt in die Berge.«

»Was meinst du?« frage ich Cita und tätschle ihr den Kopf. Ihr Blick sagt mir, daß sie unbedingt weiterwill.

Ich selbst bin hin- und hergerissen zwischen Herausforderung und Vernunft. Etwa fünf Kilometer Riemenarbeit liegen hinter uns, durch Erlenbruch, Weidengehölz, Schwarzfichtenwald und offene Tundra. Der Busch wird wieder dichter und der Untergrund feuchter. Regelmäßig sind jetzt kleine Blutspritzer an Blättern und Gräsern abgestreift. Nein, Cita hat recht, wir können jetzt nicht einfach abbrechen.

Nach weiteren drei Kilometern läßt meine Konzentration deutlich nach, Troy ist am Ende. Nur Cita arbeitet noch hochinteressiert. Wir haben bisher kein Wundbett gefunden. Plötzlich nimmt Cita die Nase hoch, bleibt stehen und wittert extrem aufmerksam.

»Der Bär muß hier ganz in der Nähe sein«, flüstere ich Troy zu. Der entsichert sofort seinen Karabiner, und ich ziehe die Magnum aus dem Gürtel. Keine geeigneten Bäume zum Raufklettern. Ich lasse Cita von der Leine, und lautlos verschwindet sie im Busch. Die Anspannung ist unerträglich. Kein Hetz- oder Standlaut durchbricht die Stille. Vorsichtig pirschen wir in Citas Laufrichtung. Etwa 50 Meter vor uns bewegen sich Farnblätter. Dann sehe ich sie. Sie zerrt an etwas. Büschelweise reißt sie dem verendeten Grizzly sein Fell aus. Der Bär, ein für sein Alter sehr großes junges Männchen, ist noch warm und die Totenstarre noch nicht eingetreten. Troy umarmt, drückt und küßt mich.

»Andreas, du weißt gar nicht, was das für mich bedeutet«, sagt er mit Tränen in den Augen, und dann immer wieder: »Was für ein Hund, was für ein unglaublicher Hund, dieser kleine Hund. Wenn der einmal Junge bekommt, möchte ich unbedingt einen der Welpen haben.«

In der Siedlung wird Cita als Held gefeiert; die Kinder haben ohnehin einen Narren an ihr gefressen. Endlich mal ein Hund, mit dem man spielen kann, der Stöckchen holt, auf Befehle gehorcht, Katzen jagt und riesige Portionen Trockenfisch verdrücken kann. Und die Erwachsenen sind einfach nur fasziniert von dem, was sie bei der Bärensuche geleistet hat. Troy erzählt wieder und wieder, wie sich Cita an die Spur geheftet und sie über die weite Stecke verfolgt hat. In dem Dorf gibt es sehr viele Huskys, aber diese Schlittenhunde sind völlig desinteressiert, was Wildtiere betrifft. Die könnten neben einem Bären stehen und würden nicht einmal bellen. Sie wollen nur vor den Schlitten gespannt werden und rennen. Es gibt den ein oder anderen, der schon mal kläfft, wenn irgendwo ein Elch oder ein Bär ist. Aber daß er ihn angreift oder stellt oder sogar verfolgt, das wird man bei Huskys, egal ob Alaskan Malamutes, Sibirian Huskys oder Canadian Eskimo Sledge Dogs, nicht erleben. Das muß man wissen, wenn man mit solchen Hunden zusammen ist. Sie verhalten sich ganz anders, wurden eben für eine völlig andere Sache gezüchtet. Wenn jetzt jemand einwendet, aber unser Husky, der ist ganz wachsam, die Oma und den Opa kennt er, aber wehe, da kommt ein Fremder, muß ich sagen, solche Huskys sind die Ausnahme, als Jagd-, Wach- oder Spürhund sind sie in der Regel nicht geeignet.

Powwow* in Circle

Die Einwohner von Circle stellen quasi aus dem Nichts ein Fest auf die Beine. Über unseren Kopf hinweg wird entschieden, daß wir dazubleiben und mitzufeiern haben. Schluß, aus!

---

* Der Begriff Powwow aus der Sprache der Narragansett bedeutet »Schamane«, wurde jedoch von englisch- und deutschsprachigen Kolonisten entfremdet. Seither bezeichnet er ein Treffen nordamerikanischer Ureinwohner – entweder unter sich oder mit Menschen einer anderen kulturellen Herkunft. Salopp wird das Wort Powwow auch für einen »Ratsch unter Freunden« verwendet.

Keine Widerrede! Na ja, zum Weiterfahren wäre es mittlerweile ohnehin zu spät.

Nach und nach werden die Menschen immer offener und zutraulicher. Und irgendwann traut sich eine Frau, Birgit zu fragen, ob sie ihre Haare anfassen dürfe. Birgit hat schönes, dichtes, langes rotblondes, fast schon rotes Haar, um das sie von vielen Frauen beneidet wird. Ihre Schwägerin, eine Friseurin, die selbst nur fusseliges Haar hat, will Birgit seit Jahren überreden, sich die Haare abzuschneiden und für eine Perücke zu verkaufen. Ich sage ihr dann immer, Bitzel, die ist doch nur neidisch! Als kleines Mädchen wurde Birgit aufgrund ihrer Haare als Hexenkind bezeichnet, worunter sie sehr litt, aber als sie älter wurde und immer hübscher und selbstbewußter, wurde ihr klar, daß sie etwas ganz Außergewöhnliches auf dem Kopf hat. Beide Jungs kommen, wie das bei Söhnen so üblich ist, nach ihrer Mutter, wobei Eriks Haar mehr blond als rot ist und Thores ziemlich rot. Erik wurde als kleines Kind ebenfalls eine Zeitlang deswegen gehänselt und nahm es sich zu Herzen. Thore hingegen hat überhaupt kein Problem mit seinem roten Haar, weil er bei Mädels sehr gut ankommt. Bei Thore kommt wohl hinzu, daß er nicht nur wie seine Mutter und sein Bruder das ganze Gesicht voller Sommersprossen hat, sondern außerdem braune Augen, eine sehr seltene Kombination.

Rot ist eine Farbe, die den Natives nicht ganz geheuer ist. Sie können mit Blond umgehen, aber wenn jemand rot ist, ist das für sie etwas ganz Außergewöhnliches, fast schon Mythisches, als wäre derjenige eine Art Geist. Auch Bären, die rötliches Fell haben, sind für Indianer etwas ganz Besonderes, mehr noch als ein weißer Bär, der *spirit bear*.

Fast ehrfürchtig streicht die Indianerin nun Birgit über das Haar, nimmt eine Strähne zwischen die Finger, betastet sie, riecht daran. Im Nu ist Birgit von weiteren Frauen umringt, doch als ein Mann nach einer ihrer Locken greift, haut ihm eine der Frauen, vermutlich seine Ehefrau, kräftig auf die Finger.

»Pfoten weg!« herrscht sie ihn an.

Rundherum Gelächter, doch ich bin alarmiert. Indianerfrauen sind extrem eifersüchtig. Birgit wurde 1991 in einer Siedlung, in der es drunter und drüber ging, mal fast von einer Indianerin überfahren. Deren Mann hatte Birgit auf einem Potlatch* zum Tanzen aufgefordert. Sie tanzten einen Square Dance, ganz auf Distanz, nicht eng umschlungen, lachten – das war alles. Der Frau des Mannes war das schon zu viel. Vor dem Gemeinschaftshaus, in dem das Fest stattfand, paßte sie uns mit ihrem Truck ab. Und als wir herauskamen, brauste sie los und hielt direkt auf Birgit zu. Sie wollte sie überfahren!

Ich beobachte aufmerksam die Reaktion des Mannes und behalte eine Weile seine Frau im Auge, doch die redet und lacht wieder ganz freundlich mit Birgit. Erleichtert atme ich auf.

Bei »Indianer« denken viele wahrscheinlich an den »edlen Wilden« und all die schönen Geschichten von Karl May. Aber den »edlen Wilden« gibt es nicht. Indianer sind ganz pragmatische Menschen. Dennoch leben sie, wie alle Naturvölker, in einer spirituellen Welt, die stark von Ritualen geprägt, vor allem aber ihren Lebensumständen angepaßt ist. Es nützt einem Indianer nichts, an das Jesuskind, die Jungfrau Maria und all das zu glauben, weil es für die Welt, in der er lebt, nicht von Belang ist. Christliche Werte sind gut und schön, jedoch nicht so ohne weiteres in jeden Winkel der Erde zu übertragen. Die katholische Kirche und ihre Missionare rissen die Naturvölker

---

* Potlatch ist ein traditionelles Indianerfest, bei dem der Gastgeber – früher in der Regel der Häuptling eines Stammes – in ritueller Weise Geschenke verteilt (in der Sprache der Chinook-Indianer heißt Potlatch »geben«). Da mit dem Wert des Geschenks das Ansehen des Schenkenden steigt, stieg in der Vergangenheit der Wert der Gaben immer mehr an und drohte manche Stammesgruppen regelrecht zu ruinieren, weshalb sich die kanadische Regierung Ende des 19. Jahrhunderts gezwungen sah, den Potlatch zu verbieten. In Alaska wird dieses Fest noch in ritueller Weise gefeiert und dabei viel getrunken, gegessen und getanzt.

aus ihren angestammten Religionen und ihrem Glauben, um ihnen ein Dogma und ein Leben aufzupfropfen, wie es sich vor 2000 Jahren im Nahen Osten abgespielt hatte. Daraus ergaben sich viele Konflikte für die heutige Zeit.

Das allergrößte Problem der Indianer – und der Inuits – ist die Freizeit. Früher erforderte das Leben im Norden den ganzen Mann oder die ganze Frau: im Frühjahr wurden Vogeleier gesucht, in die Permafrostkeller gepackt, Kräuter gesammelt und getrocknet, dann ging es weiter mit dem Fischfang, am Yukon im speziellen mit den Lachsen, die Fische wurden getrocknet, geräuchert, auf Gestelle gehängt – Futter für die Schlittenhunde, Nahrung für den Menschen. Im Herbst kam die Elch- oder Karibujagd. Anschließend mußte man sich ganz fix darum kümmern, daß genug Feuerholz für den langen Winter bevorratet wurde, mußte *trails* für die *trapline* schlagen, um im Winter Fallen stellen zu können, und das alles zu Fuß oder mit einfachen Hilfsmitteln. Heute hat man dafür eine Motorsäge, einen Motorschlitten, ein Motorboot, und die Heizung wird über den öffentlichen Generator der Siedlung betrieben, man braucht kein Feuerholz mehr zu sammeln, und es werden quasi nur noch zum Zeitvertreib Fallen aufgestellt, denn man wird ja von der Regierung durchgefüttert. Mittlerweile lebt ein hoher Prozentsatz der First Nation People – in Alaska und im Norden Kanadas ist er extrem hoch – von der Wohlfahrt. Ein Thema, das besonders Birgit interessiert. Vorsichtig, um unsere netten Gastgeber nicht zu beleidigen, tastet sie sich mit Fragen vor.

»In so einer kleinen Siedlung wie hier, wovon lebt man da?« fragt sie eine junge, recht aufgeschlossen wirkende Indianerin.

»Och, während der Lachswanderung fischen wir natürlich viel, und das ein oder andere Mal gehen die Männer auf Jagd, aber die meiste Zeit leben wir von den Essensmarken.«

»Essensmarken? Was ist das denn?«

»Die bekommen wir von der Regierung und können sie

eigentlich in jedem Geschäft gegen Nahrung eintauschen, also zum Beispiel auch in all den großen Stores in Fairbanks, nicht nur hier am Ort.«

»Aber nach Fairbanks sind es 150 Kilometer! Die fährt man ja nicht so auf die Schnelle, und man muß oder will sich ja auch mal andere Sachen als etwas zu essen kaufen«, bohrt Birgit nach.

»Na ja, es ist so.« Die Frau zögert kurz und blickt in die Runde. Als ihr eine Ältere aufmunternd zunickt, spricht sie weiter. »Es gibt in jeder Siedlung einen Schwarzmarkt, Cash gegen Essensmarken. In den meisten Siedlungen im Norden wird das eingetauschte Geld allerdings für Alkohol und Drogen ausgegeben.«

»Warum gerade im Norden?« will Birgit wissen.

»Was soll man hier schon mit seiner ganzen Freizeit anfangen? Wenn du 100 oder mehr Kilometer bis zum nächsten Kino oder Theater fahren mußt, überlegst du dir das zweimal. Und vor lauter Langeweile greifen die Menschen dann halt zu Alkohol und Drogen. In manchen Siedlungen geht es drunter und drüber. Da laufen die Potlatchs ganz übel ab. Weißt du, was ein Potlatch ist?« Birgit nickt nur. »In manchen Orten besaufen sie sich dabei fast bis zur Besinnungslosigkeit. Dann fällt im Prinzip jeder über jeden her und versucht, irgendwie Sex zu haben, und kriegt es gar nicht mehr gebacken.«

Birgit schaut ob dieser Offenheit und der deutlichen Sprache ganz verblüfft, und die Frauen lachen schallend.

»Hey, du hast zwei Jungs, du weißt doch wohl, wovon wir reden, oder?« zieht eine der älteren Frauen Birgit auf.

Und mein Bitzel wird tatsächlich ein bißchen rot, worauf die Frauen noch mehr lachen.

»Die Kehrseite ist«, wirft eine junge Frau in ernstem Ton ein, »daß es mit all dem Alkohol- und dem Drogenmißbrauch, der hier im Norden weitverbreitet ist, häufig zu Vergewaltigungen kommt. Ich habe eine Weile in Anchorage gelebt und mich dort mit einer Frau angefreundet, die für die *Anchorage Daily News* schrieb. Die ertrug all die grausigen Geschichten, die sie Tag für Tag zu hören bekam, irgendwann nicht mehr. Sie ist dann einfach weg, konnte über den ganzen Scheiß nicht mehr schreiben. Die Mutter einer anderen Freundin arbeitet in Ruby als Lehrerin. Von den 28 Schülern ihrer ersten Klasse sitzen mittlerweile elf im Gefängnis, und zwar langfristig, 13 haben sich umgebracht oder sind auf andere Weise ums Leben gekommen – Drogen, Alkohol, Schießerei, irgendwelche Exzesse –, und vier laufen halt noch herum. So ist ungefähr die prozentuale Rate, nicht nur in Ruby.«

»Unternimmt irgend jemand was dagegen?« will Birgit wissen.

»Ach, weißt du, Heerscharen von Sozialarbeitern zerbrechen sich den Kopf darüber, wie sie diese Probleme in den Griff bekommen könnten – bislang vergebens. Auch die Regierung hat bislang keine Lösung gefunden. Die Politiker glauben nach wie vor, man könne alles mit Geld regeln, aber die Leute, die alkohol- oder drogenabhängig sind, kaufen sich von ihrem *dividend cheque* ...«

»Entschuldige, was ist ein *dividend cheque*?« fragt Birgit.

»Der flattert jedem Bürger Alaskas, ob Baby oder Greis, einmal im Jahr ins Haus. Mit der Dividende aus dem Alaska Permanent Fund beteiligt die Regierung uns an ihren Öleinnahmen.«

»Wow! Und wie hoch ist diese Dividende?«

»Das wechselt von Jahr zu Jahr, aber im Schnitt sind es um die 1500 Dollar.«

»Und die bekommt jeder Bürger Alaskas?«

»Ja.«

»Und die Steuer nimmt ihm die Hälfte davon gleich wieder ab, oder?«

»Nein, nein«, lacht die Frau, »die Dividende ist zwar der US-Einkommensteuer unterworfen, die trifft jedoch nur einen sehr kleinen Teil der Empfänger. In Alaska selbst gibt es keine Einkommensteuer. Und die Dividende wird auch nicht auf die Sozialhilfe oder Ähnliches angerechnet.«

»Ist ja irre. So etwas habe ich noch nie gehört!«

»Es ist aber nicht alles Gold, was glänzt, weil dieses Geld die Probleme, von denen wir gerade gesprochen haben, weiter verschärft. Die Ölbohrungen haben viele Menschen entwurzelt, aber auch reich gemacht, vor allem im North-Slope-Bezirk und in Barrow. Sie können sich sehr viel leisten, brauchen alle nicht mehr zu arbeiten. Und nun wissen sie mit ihrer Freizeit nichts Vernünftiges anzufangen.«

Als wir am späten Abend in unseren Kojen auf dem *Tardis* liegen, greifen Birgit und ich das Thema noch einmal auf.

»Ich verstehe das nicht«, meint Birgit, »ich möchte nicht von der Wohlfahrt abhängig sein, solange ich zwei Hände zum Arbeiten habe. Essensmarken! Das ist ja wie bei uns im Krieg und in der Nachkriegszeit mit den Lebensmittelmarken! Und die, die durch die Erdölvorkommen richtig reich geworden sind, verstehe ich noch weniger. Da wüßte ich mir was Besseres, als mich jeden Tag zuzudröhnen.«

»Das Komische ist, daß Naturvölker offenbar generell nicht mit Freizeit umgehen können, sie nicht umsetzen oder genießen können – nicht einmal, wenn sie das nötige ›Kleingeld‹ haben.«

»Ach komm, das läßt sich doch nicht so pauschalisieren«, wirft Birgit ein.

»Doch, leider schon. Ich erlebe das überall auf der Welt, egal, wohin ich komme. Sie verfallen dem Alkohol oder nehmen Drogen, oder es gibt Mord und Totschlag. In Deutschland – oder überhaupt in den industrialisierten Ländern – gibt es zwar auch Typen, die den ganzen Tag nur in der Kneipe rumhängen, rauchen und Bier trinken, aber tendenziell machen die Leute immer irgend etwas, suchen sich eine Beschäftigung, ein Hobby. Die Indianer können noch dazu Alkohol schlechter abbauen. Ihnen fehlen bestimmte Enzyme, die dafür zuständig sind.«

»Trotzdem, daß so viele von der Wohlfahrt leben, schockiert mich.«

»Eigentlich leben hier fast alle von der Wohlfahrt, bis auf die wenigen, die ein Fischrad haben oder im Winter Pelztiere fangen. Das Schlimme ist, daß die, die sich ihren Unterhalt selbst verdienen, von der Mehrzahl der anderen total geschnitten werden. Ich habe das mal in einer Siedlung erlebt. Da wurden einem Mann die Fensterscheiben eingeworfen, und die anderen haben ihn regelrecht bekämpft, waren ungeheuer aggressiv gegen ihn, weil er sich aus eigener Kraft ernährte. Das führt letztlich dazu, daß du dich dem ergibst und genauso lebst wie die anderen, daß du wegziehst oder verbitterst – oder jemanden erschießt, weil du ständig angegriffen wirst.«

Im Herzen der Yukon Flats

Am nächsten Morgen brechen wir zeitig auf, denn nun liegt das Herzstück der Yukon Flats vor uns. Wir fahren und fahren – und nichts passiert. Nur ein einziges Mal schrappen wir ganz leicht über eine Sandbank. Die Orientierung fällt dank des guten Kartenmaterials relativ leicht. Zwar geraten wir gegen Mittag in einen Seitenarm, doch der ist tief und breit, und bevor wir es überhaupt richtig merken, sind wir schon wieder zurück im Hauptstrom.

Auf einmal sehe ich ein Stück voraus ein seltsames Ungetüm und rufe die Jungs zu mir.

»Guckt mal, da vorn, seht ihr das?«

»Sieht aus wie eine Wassermühle«, meint Erik verwundert.

»Ist aber ein Fischrad. Am Yukon und am Tanana gibt es eine ganz spezielle Art und Weise, Lachse zu fangen. Das Fischrad ist praktisch wie eine Wassermühle auf einem Floß. Zwei der vier großen Schaufelräder wirken als Paddel, die anderen beiden sind zwei riesige, mit Draht bespannte Fangkörbe. Das Ganze wird an einer tiefen Stelle installiert, da die Fangkörbe ja tief ins Wasser eintauchen müssen, und meistens in Ufernähe, weil die Lachse sehr gern dort den Fluß hochziehen.«

»Wieso, da kann sie ein Bär oder so doch viel leichter erwischen, oder?« fragt Thore überrascht.

»Ja, das stimmt. Aber die Lachse müssen von der Beringsee bis zu den Seen im Quellgebiet – das ist da, wo du mit Mama und Erik auf *Tardis* losgefahren bist – eine ganz, ganz weite Strecke gegen den Strom schwimmen, und deshalb versuchen sie, möglichst oft in ruhigem, angenehmem Wasser zu ziehen.«

»Hm, würd' ich wahrscheinlich auch.«

»Manche Indianer haben ein Gespür dafür, wo eine solche Stelle ist, und setzen dort ihr Fangrad rein. Sie vertauen es am Ufer mit Stahlseilen oder einfach mit großen dicken Seilen, die Lachse kommen den Yukon hoch und fangen sich praktisch selbst in den Körben.«

»Wie, was? Fangen sich selbst?« unterbricht Thore, der das Prinzip des Fischrads noch nicht verstanden hat.

»Das ist ähnlich wie bei der Ziehung der Lottozahlen. Du kennst doch die große Glaskugel, oder?« Thore nickt heftig. »Nun, sobald eine Nummernkugel in der Spirale im Innern der Glaskugel landet, wird sie unweigerlich nach oben transportiert und fällt dann – plopp – in eines der Glasröhrchen. Dann wird die nächste Zahl gezogen. So fallen die Lachse in die Kiste. Zweimal am Tag kommt der Fischer, sprich der Indianer, und holt sie heraus, filetiert sie, räuchert sie oder kocht sie in Dosen ein.«

»Pah, das ist ja fast schon wie bei den großen Trawlern«, wirft Erik verächtlich ein, dem diese Art zu fischen zutiefst zuwider ist, weil er sie als unsportlich und unfair empfindet.

Unsere nächste Station ist die Athabaskensiedlung Fort Yukon, eine Stadt, die trotz ihrer fast 2000 Einwohner keine Straßenanbindung hat. 1991 fuhren Birgit und ich daran vorbei, und auch ich habe es in all den Jahren, die ich nun schon nach Alaska komme, nie geschafft, mir diesen Ort mal anzuschauen. Fort Yukon, der nördlichste Ort am Yukon, liegt knapp jenseits des Polarkreises. Der Porcupine River, der hier einmündet, führt zwar ordentlich Wasser mit, hat aber dennoch keinen Einfluß auf die Strömungsgeschwindigkeit des Yukon. Denn von der Beringsee trennen uns zwar noch an die 2000 Kilometer, aber nur 600 Höhenmeter.

Kaum haben wir am Steilufer von Fort Yukon angelegt und sind die Stufen hochgegangen, erscheint Polizei und gibt sich recht martialisch. Wir erzählen wie üblich unsere Geschichte – woher, wohin, Urlaub, Tierfilmer und so weiter –, und die Sheriffs entspannen sich sichtlich. Wie sich herausstellt, hatten sie in uns zunächst Drogendealer vermutet.

»Der Drogenkurier kommt wohl erst morgen«, flachse ich.

»Ja, scheint so. Ihr seht bei genauerem Hinsehen jedenfalls nicht danach aus. Habt ihr hier was Besonderes vor?«

»Nein, nur ein bißchen umsehen, ein paar Süßigkeiten kaufen, nach Postkarten gucken und so.«

»Das haben wir hier alles nicht. Wir würden euch ohnehin nicht empfehlen, in die Stadt zu gehen. Fahrt lieber gleich weiter. Wir können nicht für eure Sicherheit garantieren. Wir können euch nicht einmal allein durch die Stadt laufen lassen, sondern müßten euch eskortieren.«

»Ach ja, hab schon gehört, daß das hier so eine Art offener Vollzug für Mörder und Räuber ist«, grinse ich in der festen Überzeugung, daß uns die beiden veräppeln wollen.

»Im Ernst, Mann«, knurrt der eine Polizist und schaut mir fest in die Augen, die Hände in die Hüften gestemmt, »ihr könnt jederzeit angefallen oder angepöbelt werden. Kann sogar sein, daß jemand auf euch schießt oder ein Messer nach euch wirft. Vielleicht passiert auch nichts, aber die Wahrscheinlichkeit ist gering.«

Birgit und ich schauen die beiden fassungslos an, dann sehen wir uns auf dem kleinen Platz um, an dem wir stehen. Verfallene Häuser, die Straßen voller Unrat; abgemagerte Schlittenhunde, die offensichtlich schon seit Tagen weder zu fressen noch zu saufen gekriegt haben und mehr tot als lebendig sind; torkelnde Leute, mittags um ein Uhr; Typen, die völlig heruntergekommen sind und feindselig zu uns herüberstarren; aus den Häusern Gebrüll und Gekeife, laute Musik, Streiterei. Wow, das sind Athabasken? So leben also Indianer, wenn sie ganz unter sich sind? Oder sind die hier die Ausnahme und die freundlichen Menschen in Circle die Regel?

»Ihr habt recht«, sage ich zu den beiden Polizisten, »besser, wir fahren weiter. Eine Frage noch. Wie kommt ihr hier klar?«

»Mehr schlecht als recht, eigentlich gar nicht. Wir sind total unterbesetzt, obwohl wir hier eine Sonderprämie bezahlt bekommen. Aber trotz der Extrakohle will fast keiner Dienst in Fort Yukon schieben. Kein Wunder, wir kriegen Morddrohungen, ab und zu wird mal einer von uns zusammengeschlagen. Es ist schier unmöglich, Recht und Ordnung aufrechtzuerhalten. Deshalb bringt keiner seine Familie mit hierher.«

»Verständlich. Und ich schnappe jetzt meine und haue ab. Haltet die Ohren steif!«

»Nichts wie weg!« ruft Birgit, kaum daß wir auf dem *Tardis* sind. Es kann ihr gar nicht schnell genug gehen.

»Mami, wann kaufen wir denn nun Süßigkeiten und mal wieder ein Eis?« quengelt Thore.

»Keine Ahnung, mein Schatz. Aber du wirst dich sicher noch eine Weile gedulden müssen.«

Thore zieht ein langes Gesicht und verkrümelt sich schmollend unter Deck. Als kleinen Trost für ihn und Erik holt Birgit die eiserne Reserve – Gummibärchen – hervor, wobei sie darauf achtet, daß keiner der beiden sieht, daß zwischen ihren T-Shirts noch eine zweite Tüte steckt.

Wir legen einen ziemlich großen Sicherheitsabstand zwischen uns und Fort Yukon, bevor wir vor Anker gehen. Ich wate zum Ufer hinüber, um mir ein bißchen die Beine zu vertreten, und laufe ein Stück den Strand hoch. Das sieht ganz danach aus, als könnte es hier Chocolate Lilys geben, denke ich mir, und mache mich auf die Suche. Die Wurzel dieses Liliengewächses sieht aus wie Topinambur und schmeckt auch so ähnlich. Zwar sind meine Familie und ich eher fleischfressende Pflanzen, das heißt, mit Gemüse oder irgendwelchen Knollen kann man uns, vor allem den Jungs, keine so große Freude machen, eine Abwechslung auf dem Speiseplan könnte jedoch nicht schaden. Denn in erster Linie gibt es Fisch, Fisch, Fisch. Fisch bekommen wir nie über, und wir mögen ihn in allen Varianten: gegrillt, gebraten, geräuchert, mariniert – wir haben genug Salz, Zucker, Dill und Zitrone dabei, um eine einfache Marinade machen zu können. Sogar Cita mag Fisch. Aber vielleicht stecken ja in der Chocolate Lily Vitamine oder Mineralien, die in Fischen nicht enthalten sind? Heute jedenfalls müssen wir auf »Schoko-Lilly« verzichten, denn meine Suche bleibt erfolglos.

Die nächste Siedlung, etwa 100 Kilometer von Fort Yukon entfernt, müssen wir ebenfalls notgedrungen auslassen, denn Beaver, so heißt das Nest, liegt an einem Nebenarm, der uns zu klein ist, um ihn mit *Tardis* zu befahren. Thore lassen wir lieber im unklaren darüber, daß wir möglicherweise gerade knapp an einem General Store mit Schokolade und anderen Leckereien vorbeischippern.

Plötzlich zieht dichter Nebel auf.

»Was ist denn da los?« wundere ich mich laut. »Shit, das ist kein Nebel, das ist Rauch, hier brennt es irgendwo ganz dick!«

»O nein!« ruft Birgit.

Waldbrände sind hier keine Seltenheit. Durch die Mitternachtssonne und Tagestemperaturen bis zu 35 Grad Celsius heizt sich die Luft stark auf, und häufig kommt es zu heftigen Gewittern. Fast unweigerlich schlägt dabei ein Blitz in ein Waldgebiet ein. Waldbrände werden in Alaska erst bekämpft, wenn Menschen oder Straßen in Gefahr sind – also eher selten.

1991 fuhren Birgit und ich nicht weit von hier, kurz vor der Einmündung des Tanana River in den Yukon, ebenfalls durch Waldbrandgebiete. Wir atmeten möglichst flach, und meinem damaligen Hund Kim wickelte ich zum Schutz feuchte Tücher ums Maul. Wir paddelten, was das Zeug hielt, um dem gefährlichen Rauch zu entkommen. Es war kaum auszuhalten, und wir hatten Angst zu ersticken. Diese Angst kommt nun wieder – vor allem bei Birgit. Schon sucht sie Tücher zusammen, hievt für alle Fälle einen Eimer Flußwasser an Bord und weist die Jungs an, die Augen offenzuhalten.

Ausgerechnet jetzt muß das passieren, fluche ich leise vor mich hin. Denn seit wir ausreichend Wasser unter dem Kiel haben und nicht mehr ständig auflaufen, hat sich die Situation an Bord gewaltig entspannt. Es gibt zwar nach wie vor Momente, in denen ich die Zähne zusammenbeißen muß, aber im großen und ganzen hält sich meine Familie, allen voran Birgit, wirklich wacker. Manch andere Frau wäre wahrscheinlich schon kurz vor dem Nervenzusammenbruch – oder mittendrin. Und ich möchte nicht wissen, wie oft Birgit die Zähne zusammenbeißt, weil ich mich wieder mal wie ein Idiot aufführe. Ein Beispiel: Zusammen mit den Jungs kümmere ich mich darum, daß wir Fisch, ein Moorschneehuhn oder sonstwas Frisches auf den Teller bekommen, um das Boot und das Lagerfeuer. Und nebenbei filme und fotografiere ich natürlich. Einer muß ja unsere Brötchen verdienen. Birgit hingegen ist unter anderem für unsere Wäsche zuständig – eine ziemlich mühsame Angelegenheit, wenn man nicht nur ein paar Knöpfe an einer Waschmaschine zu bedienen braucht. Dementsprechend ist sie stinkwütend, wenn die Jungs nur zum Vergnügen durch eine Schlammgrube waten, und staucht sie auch mal zusammen. Mit Recht. Und dann kommt Papa und sagt, reg dich nicht so auf, ist doch halb so schlimm, weil *er* halt in dem Moment *nicht* daran denkt, daß auf *Tardis* keine Waschmaschine parat steht. Auftakt für einen der vielen Streits.

Trotz alledem hat sich die Stimmung deutlich gebessert, wir reden und lachen viel, haben wunderbare Momente und genießen die Reise immer mehr – bis zu dem Moment, in dem wir mangels Ausweichmöglichkeiten mitten in den Rauch hineinfahren. Der Qualm ist so stark, daß wir trotz feuchter Tücher vor dem Gesicht kaum mehr richtig atmen können, die Augen tränen. Thore beginnt zu weinen. Selbst im Gesicht des sonst so coolen Erik sehe ich Angst. Am liebsten würde ich mit Volldampf durch die Rauchschwaden rauschen und sie so schnell wir irgend möglich hinter uns bringen, statt dessen drossle ich den Motor, weil die Ufer nicht mehr auszumachen sind, und taste mich im Schrittempo voran. Birgit und Erik spähen so gut es geht voraus und deuten mir durch Handzeichen an, wohin ich steuern soll. Es kommt mir wie eine Ewigkeit vor, bis sich die graue Wand lichtet und wir wieder frische Luft in die Lungen bekommen.

Gegen solche Überraschungen ist man in der Wildnis nicht gefeit. In Deutschland sagt man, okay, morgen will ich Boot fahren, also ruf ich mal lieber den Wetterservice in Castrop Rauxel an, die sollen mir sagen, wie das Wetter wird. So läuft das hier nicht, nicht in Zentralalaska.

»Also, ich hab' genug für heute«, sage ich ein paar Kilometer hinter dem Brand, obwohl es erst früher Nachmittag ist. »Wie sieht's mit euch aus?«

»Ich auch«, stimmt Birgit zu, »such uns ein Plätzchen für die Nacht.«

Erik und Thore nicken nur.

Gut zehn Minuten später fließt ein herrlich klares Flüßchen

in den Yukon, und direkt vor seiner Einmündung liegt ein idealer Uferstreifen: flach, breit und am Waldsaum mit Feuerholz übersät. Was will man mehr?

Wir werfen den Anker aus, und zur Feier des Tages zeige ich mich mal ritterlich und trage Birgit auf meinen Armen auf trockenen Boden. Wir legen uns in die Sonne, jeder ein Glas Rotwein neben sich, und genießen das Nichtstun. Erik und Thore erkunden derweil die nähere Umgebung. Irgendwann kommen sie im Laufschritt angerannt.

»Da hat's Hechte«, ruft Erik und weist zum Seitenarm. »Ich werfe mal die Angel aus und guck, ob ich was fange.«

Hechte? Sofort springe ich auf, und wir holen die Angeln vom Boot. Es dauert gar nicht lange – *zack* –, ist der erste Hecht dran und dann schon – *zack* – der zweite.

»Ich will auch mal, ich will auch einen Hecht fangen!« Thore hüpft ganz aufgeregt auf und ab. Doch keiner beißt bei ihm an, und er ist total frustriert.

»Thore, laß den Papa mal probieren«, sage ich und mache ein paar Würfe. Als erfahrener Angler weiß ich halt, wie es geht und wo Hechte stehen könnten. Da ist Kraut, da ist die Scharkante, da sind Seerosenblätter, also, wenn da kein Hecht steht, will ich wirklich Steinbeißer heißen. Ich werfe und bitte Thore: »Halt mal die Angelrute, ich muß mal schnell wohin.«

»Ja, ja, mache ich.« Und sofort: »Du Papa, da ist einer dran!«

Er ist total glücklich und holt den Fisch ran.

»Super, Thore, toll. Und jetzt den Kescher und rein mit dem Fisch.«

In dem Moment kommt eine Kanadagans angeschwommen. Sie sieht uns, fliegt aber nicht weg.

»Die ist bestimmt in der Mauser«, sage ich, »sie kann nicht fliegen.«

»Da können wir doch hinterher! Die können wir doch schießen und braten!« ruft Erik.

»Keine schlechte Idee«, nicke ich, und bei dem Gedanken an Gänsebraten läuft mir bereits das Wasser im Mund zusammen.

»Was machen wir dann mit den ganzen Fischen?« will Thore wissen.

»Die müssen halt in die Bilch.«

Da wir auf dem *Tardis* keinen Kühlschrank haben, können wir frische Sachen nur bedingt lagern – und zwar in der Bilch, dem tiefsten Punkt im Schiff. Dort hat es in etwa Wassertemperatur, und der Yukon ist ja nicht gerade ein warmer Fluß.

»Och, die schönen Fische!« meint Thore enttäuscht.

»Hast du keine Lust auf ein so richtig knusprig gebratenes Gänsebein?« frage ich ihn.

Da bekommt er ganz große Augen und leckt sich die Lippen. Die Gans ist mittlerweile ein ganzes Stück weitergeschwommen.

»Wollen wir das Kanu klarmachen und der hinterher?«

Thore nickt eifrig. Ich mache das Kanu bereit und setze Thore hinein, Erik holt inzwischen die Waffe, und schon paddeln wir unserem Sonntagsbraten hinterher.

»Erik, du kannst sie schießen.«

»Ich will auch mal, ich will auch mal«, ruft Thore sogleich.

In Alaska ist es ein bißchen anders als bei uns, da braucht man keinen Jagdschein, und da gehen schon Zwölfjährige mit ihren Eltern auf Elchjagd.

Erik schießt, schießt vorbei. Die Gans flüchtet in einen Sumpf. Wir springen aus dem Kanu und hetzen wie die Geisteskranken hinterher. Erik schießt erneut. Plötzlich bekommt Thore von der Knallerei Angst.

»Bleib du mal hier«, sage ich zu ihm, »und ich gehe mit Erik allein weiter, okay?«

Thore nickt.

Die Gans flüchtet weiter durch den Sumpf, Erik und ich hecheln ihr nach. Auf einmal macht das Federvieh kehrt und kommt direkt auf uns zu. Diesmal trifft Erik. In dem Moment heult Thore los. Ich drehe auf dem Absatz um und laufe zu ihm, nehme ihn in den Arm.

»Sch, sch, sch, was ist denn, mein Kleiner?«

»Der Erik hätte mich treffen können«, schluchzt er und klammert sich an mich.

Der arme Kerl hat tatsächlich befürchtet, daß Erik ihn verwechseln könnte, und hat sich in dem großen Sumpf verloren gefühlt. Das ist hier halt nicht wie am Karpfenteich irgendwo am Stadtrand, sondern richtige Wildnis.

Da hören wir Birgit.

»Wie könnt ihr den Kleinen allein lassen? Wenn ihr hier zum Boot kommt, könnt ihr was erleben!«

Ich denke, o shit, sollen wir wirklich zurückpaddeln oder lieber irgendwo hier im Busch bleiben? Erik und ich bekommen eine richtig dicke Packung, und ich – statt mich in Birgit hineinzuversetzen, die von weitem hat mit ansehen müssen, wie ihr kleiner verschreckter Junge ganz allein im Sumpf steht und sich vor Angst fast in die Hosen macht, während der Papa seinem Jagdtrieb nachgeht – blaffe zurück. Damit ist der Abend gelaufen. Keiner von uns hat mehr Appetit. Ich packe die Fische und die Gans in die Bilch und verziehe mich für die Nacht an einen ruhigen Flecken.

Allmählich verlassen wir die Yukon Flats. Das Wirrwarr von Inseln und Kanälen, das so unheimlich viel Konzentration und Navigationsvermögen erfordert, verschwindet zunehmend, und der Fluß sammelt sich zu einem breiten, gemächlichen Strom.

Birgit und ich haben uns wieder beruhigt. Sie hätte mir heute morgen gar nicht zu erklären brauchen, was sie gestern so auf die Palme gebracht hatte, denn mittlerweile hatte ich selbst eingesehen, welchen Schrecken Erik und ich Thore eingejagt hatten. Nachdem ich mich bei ihr – und auch bei Thore –

für meine Hirnlosigkeit entschuldigt hatte, haben wir beschlossen, uns noch vor Stevens Village, der nächsten Siedlung, ein nettes Plätzchen zu suchen und uns die Gans schmecken zu lassen. Wäre ja schade darum.

Der Yukon bietet nun jede Menge guter Ankerplätze, und gegen Mittag entdecken wir einen schönen flachen Strand, auf dem wir den *Tardis* beachen können. Es herrscht eitel Sonnenschein – von oben und in der Familie. Während Birgit das Federvieh ausnimmt und rupft, sammle ich mit den Jungs Feuerholz. Dabei steigt mir ein Geruch in die Nase, der mir irgendwie bekannt vorkommt.

»Bitzel, komm mal her!« rufe ich meine Frau, und als sie neben mir steht, deute ich auf ein paar Pilze. »Die sind eßbar. Passen Pilze als Füllung für eine Gans?«

»Na klar, und wie!« meint sie mit strahlenden Augen.

Ich streife noch ein Weilchen umher, denn jetzt, Anfang August, reifen die ersten Lachsbeeren, kleine gelbe, schmackhafte Früchte. Tatsächlich finde ich welche und bringe sie zu Birgit.

»Ich hätte hier noch was, um der Gans den Bauch zu stopfen.«

Birgit probiert eine Lachsbeere, verzieht ein bißchen den Mund, denn noch sind die Beeren leicht sauer, nascht noch eine, wiegt den Kopf unschlüssig hin und her, schnappt sich eine dritte.

»Hey, hey«, bremse ich sie, »allzu viele gibt es davon noch nicht!«

»Schade, denn die passen hervorragend sowohl zu den Pilzen als auch zur Gans. Das wird ein Festessen.«

Eine Stunde später ist der köstliche Geruch des brutzelnden Bratens am Spieß kaum mehr auszuhalten. Wie hungrige Wölfe kreisen die Jungs um das Feuer und fragen alle paar Minuten, wie lange es noch dauert. Die Gans ist allerdings ein ziemlich großes, fettes Kaliber, und so müssen wir uns ein weiteres Weilchen gedulden. Als es endlich soweit ist, schmausen wir wie die alten Ritter. Völlig unzivilisiert reißen wir uns große Stücke von dem knusprigen Fleisch ab, das Fett tropft uns vom Kinn und von den Fingern. Aber welch ein Genuß!

Das Verdauungsschläfchen muß leider ausfallen, denn wir wollen nicht erst mitten in der Nacht in Stevens Village ankommen. Stevens Village ist ein Nest mit gerade mal 40 Einwohnern, ausnahmslos Indianer, aber es hat einen kleinen Store – und der zieht uns magisch an. Da wir uns in Fort Yukon nicht mit Vorräten eindecken konnten, fehlt es uns mittlerweile an fast allem.

Stevens Village hat wie Beaver oder Fort Yukon keine Straßenanbindung, aber es liegt nur wenige Kilometer von der Yukon Bridge und dem Dalton Highway entfernt, und von dort wiederum ist es für alaskanische Verhältnisse nur ein Katzensprung nach Fairbanks. Deshalb haben die meisten Bewohner von Stevens Village ein Auto an der Yukon Bridge stehen. Vom Ort aus düsen sie mit einem Motorboot zur Brücke, steigen in ihr Auto um und fahren zum Shoppen nach Fairbanks. Ursprünglich war die Yukon Bridge allein für die Alaska Pipeline erbaut worden und durfte der Dalton Highway streckenweise nur von Versorgungsfahrzeugen der Pipeline befahren werden, doch mittlerweile ist die Schotterpiste auf der gesamten Strecke für den Privatverkehr freigegeben.

Als wir in Stevens Village anlegen, tuckert gerade ein Motorboot heran, deren Besitzer offensichtlich gerade von einer Einkaufstour in Fairbanks zurückkehren. Ihr Boot ist bis obenhin vollgepackt, unter anderem, wie die Aufschrift auf einem riesigen Karton verrät, mit einer aufblasbaren Hüpfburg. Indianer stehen total auf überdimensionale, aufgeblähte Spielsachen für Kinder, wie zum Beispiel ein Bobby Car, einen Traktor oder ein Schießgewehr aus Gummi oder Plastik, wie man sie in den TOYS'Я'US-Läden zuhauf findet.

Kleine Feder und Roter Mond spielen schon längst nicht

mehr mit selbstgeschnitzten Tieren oder Pfeil und Bogen. Und Mokassins, Capotes, Leggins und Westen aus hirngegerbtem Hirschleder vermodern im hintersten Winkel in der untersten Schublade. Der (Indianer-)Mann von heute heißt Greg, Jim oder wie auch immer und trägt die in den USA so beliebte Basketball- und Baseball-Kleidung. Die Frauen sind aufgebrezelt, stecken in knalligen Jeans. Mit all dem modernen Kram kommen sie dann zurück in ihre kleine Siedlung, wo Oma einen General Store betreibt.

Oma und ihr Laden sind ein Kuriosum. Zu viert und mit Hund stürmen wir den General Store, Papa voran. Abrupt bleibe ich stehen, und Birgit, Erik, Thore und Cita laufen in mich rein. Wir stehen mitten in einem Wohnzimmer!

»Oh, Entschuldigung, wir sind wohl falsch«, stammle ich und schaue mich verwundert um.

»Nein, nein. Ist schon richtig hier«, sagt eine alte Frau, die in einem noch älteren Sessel vor einem High-Tech-Fernsehgerät sitzt, ohne den Blick von der Talkshow zu wenden.

»Aber wir wollten in den General Store, nicht in Ihr Wohnzimmer«, stottere ich verwirrt.

»Das hier *ist* der General Store, du Idiot«, blafft mich die Oma an.

»Nette Begrüßung«, flüstert mir Birgit zu.

»Ach schau, da sind ja die Regale«, deute ich in einen dunklen Winkel.

»Brauchst du Zigaretten?« will die Alte wissen.

»Nein, wir rauchen nicht.«

»Kaffee?«

»Nein, haben wir noch.«

»Drogen?«

Wie bitte? Entgeistert starre ich sie an, aber sie hat die Frage ganz offensichtlich ernst gemeint.

»Nein, nehmen wir nicht.«

»Munition?« Ich schüttle verneinend den Kopf und komme

mir vor wie in einem völlig abgedrehten Film. Die Oma seufzt, als hätte sie einen begriffsstutzigen Bengel vor sich, dann meint sie: »Da hinten sind Konserven, falls du welche brauchst. Nimm dir, bezahlt wird hier vorn! Aber ich sag dir gleich: Die Konserven sind schwer, die müssen eingeflogen werden, deshalb kostet die Dose 4,50 Dollar.«

Wieso eingeflogen? denke ich, wenn ein Stückchen weiter Straßenanbindung ist.

»Die kriege ich in Fairbanks im Wal-Mart für einen Dollar!« halte ich ihr daher entgegen.

»Mag sein, aber wir sind hier nicht in Fairbanks, sondern in Stevens Village.«

Die ganze Zeit über guckt Oma mehr in den Fernseher, als daß sie mich anschaut. Opa sitzt daneben, glotzt ebenfalls in die Röhre und sagt keinen Ton. Was für ein schräger Laden!

Es bleibt uns nichts anderes übrig, als die hohen Preise zu bezahlen, denn für einen Abstecher nach Fairbanks – vorausgesetzt, wir fänden eine Mitfahrgelegenheit – haben wir schlichtweg keine Zeit. Also suchen wir uns aus den Regalen einen Berg an Vorräten zusammen, denn wer weiß, was die Läden in Rampart, der nächsten Siedlung, zu bieten haben.

Das schwarze Gold Alaskas

Am nächsten Morgen taucht schon bald die fast 700 Meter lange Yukon Bridge vor uns auf. Sie hat quer über den Fluß, von Süden nach Norden, ein Gefälle, weil sich der Yukon an dieser Stelle in das Gebirge hineinschiebt, und bietet einen im wahrsten Sinne des Wortes schrägen Anblick. Obwohl der Fluß hier einen Kilometer breit ist, gewinnt er unheimlich an Geschwindigkeit, da er wie kanalisiert durch den riesigen Canyon fließt.

Wir legen den *Tardis* an der Anlegestelle der Bewohner von Stevens Village an und klettern zum »Parkplatz« hoch. Ein

Wahnsinnsbild! Wie ein gigantischer Lindwurm zieht sich die Trans-Alaska-Pipeline zu beiden Seiten der Brücke bis zum Horizont. Sprachlos bestaunen wir dieses Wunderwerk der Ingenieurstechnik: Etwa die Hälfte der fast 1300 Kilometer langen Leitung ist wegen des Permafrosts über dem Boden verlegt. Der unterirdisch verlegte Teil war eine Umweltauflage, um den großen Karibuherden, den Elchen und den Braunbären die Möglichkeit zu geben, sozusagen über die Pipeline drüberzuwandern. Zum Schutz gegen Erdbeben ruht die Leitung auf 78 000 flexiblen, im Zickzack verlaufenden Stelzen mit integrierten Stoßdämpfern. So kann sich das Ungetüm bei starken Erdstößen wie ein Wurm winden und die Erschütterungen ausbalancieren. Die Pfähle wiederum haben obenauf Kühllamellen, damit sie sich bei hoher Sonneneinstrahlung nicht so sehr erwärmen, daß sie den Permafrost antauen und tiefer in die Erde einsinken.

»O Mann, das muß ja ewig gedauert haben, die zu bauen«, staunt Erik.

»Gar nicht mal«, erkläre ich. »Am 16. November 1973 hat die Alyeska Pipeline Service Company, ein Konsortium von sieben Ölgesellschaften, die Erlaubnis für den Bau erhalten und im Jahr darauf die knapp 600 Kilometer lange Teilstrecke vom Yukon zur Prudhoe Bay und das Terminal in Valdez in Angriff genommen, ebenso die Arbeiten an den Pumpstationen. Und schon im Mai '77 waren sämtliche Leitungen verlegt und getestet, die Pumpstationen, das Terminal und die wichtigsten Kommunikationssysteme beinahe fertig. Das erste Öl lief am 20. Juni in der Prudhoe Bay in die Leitung und erreichte Valdez am 28. Juli. Am 1. August '77 verließ der erste Tanker mit Öl aus dem North Slope, so heißt die Gegend bei Prudhoe, den Hafen von Valdez.«

»Die haben für diese Monsterleitung nur drei Jahre gebraucht?« fragt Birgit verblüfft.

»Ja, irre, nicht wahr? Und dabei mußten sie über 500 Wildwechsel, 34 größere sowie 800 kleinere Flüsse und drei Gebirgszüge, nämlich die Brooks Range, die Alaska Range und die Chugach Range, überbrücken.«

Da wird Birgit stutzig und mustert mich argwöhnisch.

»Sag mal, mein lieber Mann, woher weißt du das alles? Erdöl und im besonderen diese Pipeline sind meines Wissens nicht dein Spezialgebiet, und du bist normalerweise alles andere als ein Zahlenfetischist.«

Grinsend ziehe ich die Postkarte hervor, die ich gestern in Omas Laden entdeckte und heimlich unter unsere Einkäufe schmuggelte. Sie listet jede Menge Daten und Fakten zur Pipeline auf.

»Du alter Prahlhans«, schimpft mich meine Frau lachend und droht mir mit erhobenem Zeigefinger.

»Was steht da noch alles drauf?« wollen die Jungs wissen.

»Durchmesser der Leitung: knapp 122 Zentimeter«, lese ich vor, »Isolation: gut zehn Zentimeter starkes Fiberglas; Kapazität der vollen Pipeline: knapp elf Milliarden Liter ...«

»... aber wieso ist der Terminal in Valdez?« unterbricht mich Birgit. »Das ist doch ganz im Süden von Alaska. Steht dazu was auf deiner schlauen Karte?«

»Nein, aber Valdez ist meines Wissens der nächste ganzjährig eisfreie Hafen.«

»Hm, klingt einleuchtend.«

Ich lege meine Hand an das dicke Rohr der Pipeline und spüre ein hauchfeines Vibrieren, dann halte ich mein Ohr daran.

»Wow, kommt mal her!«

Ganz leise hört man das schwarze Gold rauschen. In der Prudhoe Bay, dem größten Fördergebiet auf dem amerikanischen Festland, wird praktisch das Geld für ganz Alaska verdient. Die Ölmultis zahlen in diesem Bundesstaat dermaßen hohe Abgaben, daß schon vor Jahrzehnten die Einkommensteuer abgeschafft wurde und jeder Bürger Alaskas darüber hinaus an den Einnahmen des Staates aus dem Erdölgeschäft beteiligt wird, und zwar in Form des *dividend cheque*, von dem die Frau in Circle erzählt hat. Dabei wird in Alaska nur acht Prozent des Öls gefördert, das die USA verbrauchen. Der große Rest kommt von den Förderstellen im Golf von Mexiko, in Texas, oder wird zugekauft. Irgendwie habe ich das Gefühl, daß sich die Amerikaner ihre Ölvorräte für schlechte Zeiten aufheben wollen.

Kein Rohstoff der Erde beeinflußt die Ökonomie und unser Leben so stark wie Erdöl, und das gilt im speziellen für Alaska. Zwar tragen hier die Holz- und Papierindustrie sowie die Fischerei und in zunehmendem Maß der Tourismus ihr Scherflein zum Staatshaushalt bei, doch das Öl steht ungeschlagen an erster Stelle. Öl, Öl, Öl, Öl. Alaskanisches Öl hatte lange Zeit eine sehr gute Qualität. Doch jetzt scheint in Prudhoe Bay das *easy oil*, das reine Öl, allmählich zur Neige zu gehen, und man muß mit Öl vorliebnehmen, das sehr stark mit Sand vermischt ist. Auch deshalb wird wohl momentan in Nordalaska ein neues Ölfeld exploriert, genauer im Arctic National Wild Life Refuge. Das ist zwar ein Schutzgebiet, aber die Bush-Administration sagte sich, das bringt Geld, das bringt Arbeitsplätze, kickt die Umweltschützer raus, wir machen das Ding. Und da Alaska am Öltropf hängt, wählte dieser Bundesstaat bei der letzten Wahl fast komplett Bush. Da war nichts mit Demokraten und John Kerry. Ich kann es irgendwie verstehen. Die Umweltschützer sind natürlich ganz anderer Meinung. So eine Sauerei, schimpfen sie, jetzt bauen die da eine zweite Pipeline! Durch so ein tolles Naturschutzgebiet! Als Tierfilmer, als Ökologe, als jemand, der die Welt erhalten will, müßte ich ebenfalls dagegen wettern. Aber ich sehe die vielen Familien, die vom Öl leben – direkt und indirekt. Ich sehe, daß das Öl das Land ernährt, ein bißchen Wohlstand bringt, Menschen Arbeit gibt. Und ich sehe andererseits, daß in Deutschland, wo es sehr viele Umweltschützer gibt, wo aber auch fast jede Familie zwei oder mehr Autos hat und jede Menge Energie verbraucht, *jeden Tag* Natur zubetoniert wird. Ich sehe, daß die Tiere in gewisser Weise von der Pipeline profitieren: In der Tundra wächst unter der Pipeline grünes Gras, statt wie sonst nur Flechten und Moose, weil es da immer ein bißchen wärmer ist. Das Gras ernährt Karibus und Moschusochsen und bietet Kolkraben einen Nistplatz.

Andererseits ist eine Pipeline natürlich ein Störfaktor für ein sensibles Ökosystem, und die Tundra ist eines der sensibelsten Ökosysteme der Erde. Und da fängt das Problem an. Im März 2006, ein halbes Jahr nach unserem Aufenthalt hier, werden durch ein Leck der Trans-Alaska-Pipeline schätzungsweise eine Million Liter Rohöl auslaufen, im August durch ein weiteres Leck einige hundert Liter. Als man außerdem noch Risse entdeckt, wird die Pipeline stillgelegt, da man vermutet, daß der Rost, der für die Risse verantwortlich ist, nicht nur an diesem einen Pipelinestrang frißt.

Wir lassen die Pipeline und die Brücke noch eine Weile auf uns wirken. Mittlerweile darf die Yukon Bridge weder fotografiert noch gefilmt werden, weil die US-Regierung sie als einen der wundesten Punkte der USA eingestuft hat: Wer die Brücke sprengt, legt automatisch die Pipeline mit lahm und schneidet die Ölbohrfelder im Norden ab. Deshalb steht auch auf jeder Seite eine Patrouille – einer der langweiligsten Jobs der Welt. An unserem Ende ist es eine Indianerin in Uniform und mit einer Knarre. Sie hockt acht Stunden in ihrem Auto mit Klimaanlage und beobachtet die Brücke, und es passiert einfach nichts. Außer, daß ständig große Trucks rüberfahren, die neue Bohrgestänge, Nahrungsmittel oder was auch immer nach Prudhoe Bay bringen und das Auto samt Frau in eine dicke Staubwolke hüllen.

Von verfressenen Bären und Bärenfilmern

»Ich habe jetzt Durst. Und Lust auf Pommes«, sage ich wie nebenbei und schaue demonstrativ zu dem Truckstop mit Motel am anderen Ende der Brücke.

»Pommes?« ruft Erik, und seine Stimme überschlägt sich fast.

Thore kriegt nur riesige Augen, ihm hat es offensichtlich die Sprache verschlagen. Während wir über die Brücke laufen, hoffe ich, daß die auch wirklich Pommes haben, denn die Enttäuschung für die Jungs wäre furchtbar, aber einen Truckstop ohne Pommes kann ich mir eigentlich nicht vorstellen. Das Restaurant ist für die Trucker eine von nur zwei oder drei Möglichkeiten auf der über 500 Kilometer langen Strecke von Fairbanks nach Deadhorst an der Prudhoe Bay, mal was Anständiges zwischen die Zähne zu bekommen und sich die Thermoskanne mit Kaffee nachzufüllen.

Während wir auf unser Holzfällersteak mit Pilzen, Pommes Frites und Zwiebeln warten, weist uns der Manager mit einem Grinsen darauf hin, daß sie ganz spezielle T-Shirts hätten, die wären sozusagen *bear proofed*.

»*Bear proofed*?« lache ich. »Was bitte ist ein bärengeprüftes T-Shirt?«

»Och, das ist eine längere Geschichte.«

»Erzähl«, fordere ich ihn auf.

»Also, im Winter haben wir geschlossen, weil da einfach nicht genug Verkehr über den Dalton Highway rollt. Kaum Lkws, und die Touri-Busse hoch zum Polarkreis ein Stück weiter nördlich fahren ohnehin nur im Sommer. Dann wirft eine Patrouille ab und zu ein Auge auf die Gebäude hier und kontrolliert, ob alles vernagelt ist. Vor ein paar Jahren sehen die eines Tages, daß eine Fensterabdeckung abgerissen ist. Wahrscheinlich Einbrecher, sagen sie sich und schauen sich den

Schaden genauer an. Da entdecken sie die Abdrücke von einem ziemlich großen Grizzly. Das war irgendwann im Februar.«

»Im Februar?« werfe ich verblüfft ein. »Das ist ungewöhnlich.«

»Wieso, Papa?« fragt Thore neugierig, der gespannt der Schilderung lauscht, die Birgit für die beiden Jungs übersetzt.

»Weil da ein Bär normalerweise im Winterschlaf ist«, erklärt ihm Erik.

»Und warum dann der nicht?«

Erik zuckt mit den Schultern.

»Warum dann der nicht, Papa?« bohrt Thore nach.

»In milden Wintern wachen sie manchmal aus der Winterruhe auf. Keiner weiß, warum. Dann ziehen sie umher und suchen nach Nahrung. In erster Linie natürlich nach Fallwild ...«

»Was ist Fallwild?« führt Thore seinen Fragemarathon weiter.

»Pflanzenfresser, Elche, Karibus, manchmal Dallschafe, die halt die harte Zeit nicht überstehen und zusammenklappen. So etwas spricht sich im Busch sehr schnell herum. Als erstes sind meist die Kolkraben dran. Wenn sie satt sind, legen sie Futterdepots an, picken gefrorenes Fleisch aus den Tieren und deponieren das irgendwo. Auch Füchse, Marder und Wölfe kommen dazu und fressen. Und wenn da ein Bär in der Gegend herumstromert, der eigentlich Winterruhe halten soll, dann findet er unter Garantie diese Stelle. Und frißt dann auch noch davon und bleibt so lange wach, bis alles weggeputzt ist.«

»Du scheinst dich mit Bären gut auszukennen«, sagt der Manager zu mir, als Birgit ihm kurz erklärt, was ich Thore gerade alles erzählt habe.

»Mhm, aber das ist auch eine längere Geschichte«, grinse ich, »erzähl weiter.«

»Ja, also. Das Problem war nur, die Spur ging ins Haus rein, aber nicht mehr raus. Da haben sie erst mal den Chef angerufen. Chef, wir haben ein Problem, da ist ein Grizzly im Hotel. Was sollen wir machen? – Erschießt den Bastard! – Wir haben aber nur eine Pumpgun dabei! – Dann besorgt euch was Vernünftiges! Mit einer richtig dicken .300 Winchester-Magnum-Repetierbüchse sind sie kurz darauf zurückgekommen und mit schlotternden Knien ins Haus geschlichen. Es war natürlich dunkel und kalt hier drin, der Strom abgeschaltet. Die hatten nur das bißchen Licht von ihren zwei Taschenlampen. Schon nach den ersten Metern sehen sie die Verwüstung. Der Bär hatte die Abteilung mit den Geschenkartikeln geplündert und T-Shirts, Baseballkappen, Ansichtskarten und was er sonst noch fand auf einen Haufen gepackt und versucht, da drin seine Winterruhe zu halten. Dann hat er wohl Hunger gekriegt, hat eine der Gefrierzellen aufgebrochen und sich an rohen, gefrorenen Pommes und jeder Menge Frittenöl satt gefressen. Davon hat er tierischen Durchfall bekommen.«

»Ein Grizzly mit Durchfall«, gluckst Erik. »Der hat sein Geschäft bestimmt nicht immer am selben Fleck gemacht, sondern alles vollgesch ...« Schnell hebt er sich eine Hand vor den Mund.

»Alles hier drin mußte weggeschmissen werden«, nickt der Manager, nachdem ich Eriks Kommentar übersetzt habe. »Offenbar waren ihm die T-Shirts nicht warm genug, also ging er erneut auf die Suche. Er brach die Türen aller Motelzimmer auf, schnappte sich die Kissen und die Bettdecken und türmte sie im Flur auf. In diesen Berg ist er dann reingekrochen. Das ließ sich alles wunderbar rekonstruieren. Das mit dem Durchfall scheint ihn nicht sonderlich gestört zu haben, denn irgendwann hat er die nächste Kühlzelle aufgebrochen – und nebenbei die ganze Küche verwüstet, Schränke und Schubladen aufgerissen, den ganzen Zucker verstreut, an Gewürzen rumgekaut.«

»Dann muß es ihm aber richtig dreckig gegangen sein, weil ein Bär so etwas sonst nie im Leben frißt«, werfe ich ein.

»Mag schon sein. Aber das Mitleid der Besitzer von diesem Laden hielt sich in Grenzen. Die mußten einen Riesenbatzen Geld investieren, um hier wieder alles auf Vordermann zu bringen. Na, jedenfalls ist der Bär wieder zu seinem riesigen Wäschehaufen gegangen und hat weitergepennt. Und dann kommt die Patrouille. Leuchtet ihn mit ihren Taschenlampen an. Der Bär wird munter, glotzt die beiden an – und schon hat er einen Schuß zwischen den Augen. Das war's, er war auf der Stelle tot.«

In Alaska darf man einen Bär in Notwehr erschießen, muß es allerdings der Wildaufsichtsbehörde melden und die Trophäen, also Fell, Krallen und Schädel, abgeben. Fell und Fleisch gehen meistens für Forschungszwecke an irgendwelche Institute, die dann herausfinden, wie der Stoffwechsel eines Bären ist, der zum Beispiel gerade zehn Kilo Frittenfett und zwei große Säcke gefrorene Pommes Frites gefressen hat.

Unser Stoffwechsel würde mich jetzt auch interessieren, denn während des Gesprächs haben wir unser Essen bekommen: riesige Holzfällersteaks mit einem gewaltigen Berg Pommes – typische Fernfahrerportionen, eigentlich unbezwingbar. Aber wenn man mal wieder so ein richtig saftiges Fleisch auf dem Teller hat, das auch noch ausgesprochen lecker schmeckt, kann man sich halt nicht zurückhalten, zumindest ich nicht. Wie ein Wolf, der sich überfressen hat, stapfe ich o-beinig ins Freie.

»Sag mal, Papa, meinst du, der hat uns einen Bären aufgebunden?« fragt Erik skeptisch, und ich muß über sein Wortspiel lachen.

»Nein, das glaube ich nicht. Es ist zwar eine ziemlich verrückte Geschichte, aber durchaus möglich.«

Ich kam vor Jahren mal zu einem Privathaus, in das kurz vorher ein Eisbär eingebrochen war. Die Frau hatte Plätzchen gebacken, und der Duft war dem Eisbären über zweieinhalb Kilometer Entfernung in seine feine Nase gestiegen. Und so trottete er von der Hudson Bay bis zu dem Haus. Die Frau sah ihn sogar kommen und alarmierte über Funk ihren Mann, hey, hier ist ein riesiger Eisbär, der reißt gerade die Vergitterung vom Fenster. Sie klapperte mit den Töpfen, machte richtig

Lärm, aber das beeindruckte den Bären kein bißchen. Da flüchtete sie aus dem Haus. Der Bär ging rein, fraß die frischen Plätzchen und fing an, alles zu verwüsten. Inzwischen war der Mann eingetroffen und pirschte sich nun ins Haus – obwohl er nur eine relativ kleine Büchse mit gerade noch zwei Schuß dabeihatte und kein Jäger war. Er entdeckte den Bären in dem völlig demolierten Wohnzimmer und schoß ihm in den Kopf. Doch das Kaliber war offenbar zu klein, denn der Bär war nicht sofort tot, sondern torkelte mit seinen 13, 14 Zentnern Gewicht noch wie ein Wilder kreuz und quer durch das Wohnzimmer und richtete weiteren Schaden an, bevor er schließlich reglos zu Boden stürzte. Der Teppichboden, die Polstermöbel, alles voller Blut, das halbe Haus demoliert. Schöne Bescherung!

Sepp, der Pilzesammler

Bis wir uns von der Yukon-Brücke losreißen können, ist es früher Nachmittag. Allzuviel herumbummeln dürfen wir nicht mehr, da Eriks Schulferien langsam dem Ende zugehen. Bei Thore hat es noch ein bißchen Zeit, da er in einem anderen Bundesland zur Schule geht und erst drei Wochen nach Erik antreten muß. Da der Fluß hier sehr schnell fließt, schaffen wir noch ein gutes Stück, bevor wir *Tardis* am späten Abend wieder an einem schönen Sandstrand beachen.

»Irgend jemand hungrig?« fragt Birgit, doch wir schütteln alle den Kopf.

»Ich glaub', ich kann nie wieder was essen«, stöhne ich.

»Ein Stückchen Schokolade paßt bei mir rein«, meldet sich da Thore zu Wort, und natürlich bekommt er sein Betthupferl.

Am nächsten Morgen gießt es wie aus Kübeln, und die ganze Umgebung verschwindet hinter einem Wasserschleier. Der Yukon fließt glücklicherweise wieder etwas gemächlicher, denn die Orientierung fällt bei diesem Wetter extrem schwer. Und dann passiert es fast doch. Im letzten Moment macht Birgit durch den nicht nachlassenden Regen hindurch Rampart aus.

Hier verbrachten Birgit und ich 1991 einige Tage und wollen nun nachschauen, was sich so alles verändert hat. Auf den ersten Blick wirkt die Siedlung wie ausgestorben. Die Schule ist geschlossen, der General Store verbarrikadiert, ein Post Office gibt es auch nicht mehr. Wie so viele Orte leidet Rampart offenbar am Niedergang des kommerziellen Fischfangs am Yukon. Auch in Alaska werden mittlerweile Fische in großem Stil auf Farmen gezüchtet, vor allem für Korea, Japan und mittlerweile sogar China. Diese Hauptabnehmer wollen das ganze Jahr über frischen Fisch haben, nicht nur zur Saison, wenn die Lachse die Flüsse hochkommen. Die Zuchtfarmen treiben viele Berufsfischer in den Ruin. In Rampart hält ein einziger mit seinem Fischrad die Stellung. Es leben vielleicht noch zehn Menschen hier.

Als wir durch den trostlosen Ort spazieren, fällt mir ein großer dürrer, fast schon ausgemergelt wirkender Typ mit beinahe hüftlangen blonden Haaren und einem Vollbart auf, der einen großen Bärenzahn an einer Kette um den Hals trägt und kleine Fangzähne an seinen langen Ohrringen. Das macht mich natürlich neugierig und ich rede ihn an.

»Ihr seid Deutsche, stimmt's?« antwortet er in unverkennbar badischem Akzent und schüttelt amüsiert den Kopf. »Sag noch mal einer, daß die Deutschen nicht unternehmungslustig und keine Abenteurer sind. Selbst noch ein Stück hinter der hintersten Ecke der Welt trifft man sie.«

Sepp, so heißt er, lebt schon seit Ewigkeiten in Alaska. Er bietet – speziell für Süddeutsche – Wildnistouren am Yukon und in die Berge zu den Dallschafen an. Im Sommer sucht er nebenbei nach seltenen Morcheln, die nur nach Waldbränden für zwei Jahre wachsen. Die trocknet er und verkauft sie für viel Geld an Zwischenhändler, die sie für noch mehr Geld nach

Asien verscherbeln, wo sie als Delikatesse gelten. Im Winter ist er außerdem Trapper, stellt in erster Linie Wölfen und Luchsen nach. Sepp ist sehr intelligent, und es macht richtig Spaß, sich mit ihm zu unterhalten. Er hat in all den Jahren in der Wildnis Alaskas viel erlebt und jede Menge interessante Geschichten auf Lager, vor allem gute Bärengeschichten. Und er kann sie richtig spannend erzählen. Die beiden Jungs sind völlig fasziniert und lauschen ihm mit staunenden Augen. So muß es gewesen sein, stelle ich mir vor, wenn Jack London vor 100 Jahren von einer seiner vielen Reisen zurückkam und seiner Frau und seinen Freunden am Abend vor dem Kamin von seinen Abenteuern berichtete. Mittlerweile sitzen auch wir zwar nicht vor einem Kamin, aber vor einem Lagerfeuer, das Sepp vor seiner Veranda entzündet hat, nachdem der Regen am frühen Nachmittag endlich nachgelassen hatte.

»Oh, Besuch«, hören wir plötzlich eine überraschte Stimme hinter uns. Sepps Frau macht nicht viel Federlesens. Nachdem sie uns begrüßt und ein paar Minuten mit uns geratscht hat, zieht sie Birgit mit ins Haus: »Los, komm, mal sehen, was die Küche hergibt.«

»Ihr werdet es nicht glauben!« ruft Birgit, als die beiden Frauen kurz darauf schon wieder herauskommen, und stellt ein großes Holzbrett mit geräuchertem Bärenschinken vor uns ab. Hm, wie der duftet! Aber noch mehr verblüfft das, was auf dem zweiten Brett ruht. Ein riesiger Laib frisches Schwarzbrot!

»Wo habt ihr das denn her?« frage ich völlig verblüfft, und mir läuft das Wasser im Mund zusammen. Seit Monaten habe ich so etwas nicht mehr gegessen. Die Amerikaner sind ja nicht gerade für eine Vielfalt an Brotsorten berühmt, und Weißbrot und selbst das abgepackte Vollkornbrot, das man hier ab und zu bekommt, hängen mir schon längst zum Hals heraus.

»Das mache ich selbst«, sagt Sepp, »Sauerteig kann man ja ganz einfach herstellen und vermehren. Und Roggenmehl krieg ich in Fairbanks. Da kaufe ich immer gleich einen großen Sack.«

»Ich habe auch schon mal versucht, Schwarzbrot selbst zu backen, es aber nie so kross hinbekommen«, wirft Birgit ein, als Sepps Frau beginnt, dicke Scheiben von dem röschen Brot abzuschneiden. Es knuspert und kracht – und riecht einfach himmlisch. »Das schafft man normalerweise doch nur in einem richtigen Brotbackofen, wie macht ihr das?«

»Wir haben einen Ofen hinter dem Haus«, deutet Sepp über die Schulter.«

»Ihr habt einen Brotbackofen? Hier? Am A..., am Ende der Welt?« entfährt es mir.

»Ja, hab' ich selbst gebaut. Hat zwar gedauert, bis ich alles beisammenhatte, aber es war die Mühe wert.«

Verrückte Welt.

Beim ersten Bissen in eine dick mit Schinken belegte Scheibe Brot denke ich, dazu würde jetzt gut ein Schlückchen Rotwein passen. Im nächsten Moment bin ich auf den Beinen und spurte zum *Tardis*.

Noch lange sitzen wir beisammen und unterhalten uns.

»Wie kommst du zu den Bärenzähnen?« frage ich Sepp schließlich.

»Das ist eine kuriose Geschichte. Meine Frau war mit einem Schlittenhundteam unterwegs, als während einer Rast plötzlich ein Grizzly auftauchte. Stell dir vor, mitten im Winter! Der war irgendwie richtig durchgeknallt, total aggressiv, hat mehrere Hunde getötet und meine Frau schwer verletzt, bevor sie ihn dann endlich geschossen haben.«

»Mhm, wir haben gerade erst an der Yukon Bridge von einem Bären erfahren, der dort ebenfalls mitten im Winter den Truckstop verwüstet hat. In dieser Gegend haben sie offenbar keinen so tiefen Schlaf und sind unberechenbar, wenn sie vorzeitig aus der Winterruhe erwachen.«

»Dem wird halt der Magen geknurrt haben«, meint Sepp achselzuckend.

Der »Bärenflüsterer«

Eigentlich ist es so, daß der Stoffwechsel der Bären nach der langen Winterruhe nur langsam wieder in Gang kommt, sie daher nicht sonderlich hungrig sind. Das erste, was sie im Frühjahr fressen, sind grünes Gras, ein paar alte Moosbeeren und übriggebliebene Blaubeeren, also vegetarische Kost, um ihr Verdauungssystem zu reinigen. Wenn sie irgendwo einen Kadaver finden oder angespülte Sachen, fressen sie die natürlich, aber ihre Gier nach Futter ist nicht so groß, wie man meint. Bären sind im Frühjahr eigentlich super entspannt und gehen einem eher aus dem Weg. Einige wirken zum Teil noch richtig dösig.

Bären sind keine echten Winterschläfer, das heißt, die Körpertemperatur senkt sich nur minimal ab und der Herzschlag bleibt einigermaßen konstant. Bei echten Winterschläfern, wie Murmeltieren oder dem arktischen Ziesel, sinkt die Körpertemperatur rapide, zum Teil auf nur zwei oder drei Grad, und schlägt das Herz lediglich alle zwei Minuten. Diese Tiere haben nach der Winterruhe eine längere Aufwachphase und brauchen vor allem länger, bis sie wieder voll da sind, manche bis zu zehn Tagen. Einen Bären hingegen kann man mit einem Fingerschnippen aufwecken. Er ist dann zwar auch noch nicht ganz da, aber zumindest wach. Das muß auch so sein, da Bärinnen ihre Jungen im Winter zur Welt bringen. Bären haben von allen Säugetieren – im Verhältnis gesehen – die kleinsten Jungen. Die Bärchen werden nackt und blind geboren, liegen dann im Fell der Mutter und müssen regelmäßig gesäugt und saubergeleckt werden – und das erledigt sich ja nicht im Tiefschlaf. Man weiß übrigens bis heute nicht genau, wie Bärinnen den Harnstoff und die Exkremente der Jungen, die sie auflekken, in verwertbare Aminosäuren, also in Eiweiß, umwandeln. Wir Menschen würden uns innerhalb kürzester Zeit vergiften.

Gefährlich sind Bären eher im Spätherbst. Dann sind sie manchmal sehr aggressiv und kämpfen um gute Futterplätze oder einen Kadaver, vor allem in den zwei, drei Wochen vor der Winterruhe, wenn ihnen vielleicht noch 20 Kilogramm an Speck fehlen, um gut durch den Winter zu kommen. Dann fressen sie alles, was sie zwischen die Zähne bekommen: Fett, Fleisch, aber auch jede Menge Blaubeeren, also viel Zucker, den sie wiederum in Fett umwandeln können, vor allem Inland-Grizzlys, die ganze sechs Monate Winterruhe halten. Bei Bärinnen kommt hinzu, daß sie eine Eiruhe haben. Die Paarungszeit ist im Juli, mit dem Höhepunkt um die Sonnwende herum, dann nistet sich die Eizelle in der Gebärmutter ein und wartet quasi ab. Im Herbst, kurz vor der Winterruhe, entscheidet der Ernährungszustand der Bärin, ob die Eizelle heranwächst oder vom Körper abgestoßen wird. Befruchtete Bärinnen sind daher im Herbst besonders angriffslustig, weil sie instinktiv spüren, daß sie viel Körpermasse brauchen.

Das wurde meinen Freunden Tim Treadwell und Amie Huguenard zum Verhängnis. Tim war Tierschützer und hatte sich dem Schutz der Grizzlys in Alaska verschrieben. Gänzlich unbewaffnet verbrachte er Sommer um Sommer im Kamtai Nationalpark in Alaska in unmittelbarer Nähe der Bären – als, wie er es sah, eine Art menschliches Schutzschild gegen Wilderer – und baute seinen eigenen Aussagen nach eine persönliche Beziehung zu den Tieren auf. Viele Experten warnten ihn, daß es nicht möglich sei, Wildtiere als Freunde zu gewinnen und er sich mit seinem Verhalten einer ungeheuren Gefahr aussetze. Nichtsdestotrotz wurde er von anderen als eine Art »Bärenflüsterer« gesehen, da es hieß, er könne Grizzlys allein durch seine Stimme beruhigen.

Am 5. Oktober 2003 passierte schließlich, was ihm einige Kritiker seit längerem prophezeit hatten: Tim und mit ihm seine Freundin Amie wurden von einem Grizzly getötet. Die beiden hatten einen elementaren Fehler begangen und im Zentrum des Territoriums eines Bären gezeltet, eine totale Provokation für das Tier. Aus einem Dialog zwischen Amy und Tim während der letzten Minuten ihres Lebens konnte man später ungefähr rekonstruieren, was passiert war. Sie hatten die Annäherung des Bären mit einer Videokamera filmen wollen – die Kamera lief bereits und nahm den Ton auf, das Objektiv war allerdings noch mit der Verschlußkappe abgedeckt –, als die Situation eskalierte.

Als der Pilot kam, der die beiden abholen sollte, wunderte er sich, daß das Camp noch nicht abgebaut war. Als er mit seiner Maschine runterging, machte ein Bär einen Scheinangriff, und der Mann zog sein Flugzeug wieder hoch. Dann sah er, daß der Bär auf zwei Körpern saß, wovon einer halb in die Erde eingegraben war, das war, wie sich später herausstellte, Amie. Insofern war der Scheinangriff verständlich, da Menschen eine reichhaltige, wertvolle Beute sind, besser als jeder Lachs und jeder Elch, zumindest für einen Allesfresser. Der Pilot alarmierte über Funk einen Ranger und die State Troopers. Als die State Troopers eintrafen, sahen sie einen älteren Bären an dem Kill fressen. Damit war für sie der Fall klar. Sie schossen ihn. In der Nähe trieb sich noch ein ganz junger Bär herum. Da die State Troopers nicht wußten, ob auch er an den Leichen gefressen hatte, schossen sie ihn gleich mit.

Ich habe dazu meine eigene Theorie: Der ältere Bär war sehr dominant, konnte sich gegenüber den anderen starken Männchen in diesem Gebiet behaupten. Er war schon alt, um die 30, manchmal ein bißchen mürrisch, wenn ihm seine Arthrose zu schaffen machte, ansonsten ein ganz lieber alter Opa. Ich neige eigentlich nicht dazu, Bären zu vermenschlichen – das ist der größte Fehler, den man machen kann – und gebe ihnen deshalb nur selten Namen. Bubba ist eine der wenigen Ausnahmen. Ihn nannte ich so, weil er wie der Freund von Forrest Gump eine hängende Unterlippe hatte. Außerdem hatte er eine große Warze mitten auf der Nase, durch die er ebenfalls gut zu erkennen war. Ich glaube, daß ein anderer Bär Tim und Amie tötete und an ihnen fraß. Bubba kam hinzu, vertrieb ihn und tat sich ebenfalls an den beiden Leichen gütlich.

Da Tim und Amie seit 85 Jahren die ersten Opfer eines Grizzlys im Kamtai Nationalpark waren, habe Tim, so seine Kritiker, dem Ruf der Grizzlys nachhaltig geschadet und ihnen einen wahrhaftigen Bärendienst erwiesen.

Werner Herzog verarbeitete Tims Leben in dem Dokumentarfilm »Grizzly Man«, der als eine der besten Dokumentationen der letzten Jahre gilt. Er verwendete großteils Ausschnitte von Videoaufnahmen, die Treadwell während seiner Aufenthalte in Alaska gedreht hatte. Für einen Spielfilm über Tims Leben hat sich übrigens Leonardo DiCaprios Produktionsfirma die Rechte an einem Drehbuch gesichert, und ich bin gespannt, was dabei herauskommt.

Gegen den Strom

Zwei recht ereignislose Tage später nähern wir uns dem Örtchen Tanana, wo von links der Tanana River in den Yukon strömt. Der Tanana entspringt in den Bergen südlich von hier und fließt auf dem Weg zum Yukon direkt an der Indianersiedlung Nenana vorbei. Für den *Tardis* soll dort Endstation sein, und meine Familie wird von Nenana aus die Heimreise antreten, während ich mit Cita bis zur Mündung des Yukon ziehen werde. Von Nenana ist es nur ein Katzensprung, knapp 100 Kilometer, nach Fairbanks, und es hat eine Straßenanbindung nach Anchorage – jeweils voll asphaltiert.

Ich habe den Tanana mit etwa zwei Knoten Fließgeschwindigkeit in Erinnerung. Wir machen mit dem *Tardis* fünf Knoten, das heißt, wir können mit drei Knoten den Fluß hochfahren – so hatte ich mir das zumindest zurechtgelegt. Auf einmal ist es ein ganz anderes Fahren. Yukonabwärts suchten wir immer die Stellen mit der meisten Strömung, weil da meistens tiefes Fahrwasser ist, kanalisierte Rinnen, von der Strömung geschaffen, wo man am besten durchkommt und die Gefahr, auf Grund zu laufen, am geringsten ist. Auf dem Tanana hingegen müssen wir die Stellen nutzen, wo die wenigste Strömung ist, weil wir da logischerweise den geringsten Widerstand haben.

Ich muß zwar recht häufig kreuzen, um die Stellen anzufahren, wo der Tanana sehr ruhig fließt, aber die Motoren laufen volle Kraft, und wir haben eine richtig schöne Bugwelle. Geht doch wunderbar, denke ich.

»Mensch, Papa«, sagt da Erik plötzlich, »jetzt geben wir schon seit einer halben Stunde Vollgas und haben unterm Strich keine zehn Meter geschafft.«

Vor lauter Konzentration auf das Wasser habe ich nicht auf die Umgebung geachtet, aber Erik hat recht: Wir kommen kaum voran. Bis zum Abend schaffen wir nur zehn Kilometer. Das zehrt an den Nerven – und am Treibstoffvorrat. Als wir uns schließlich ein Plätzchen für die Nacht suchen, bin ich ziemlich frustriert und fertig und will erst einmal ein Stündchen schlafen. Erik wirft wie immer gleich seine Angel aus, während Thore mit seinen kleinen Spielzeugtraktoren und viel *Brrrrrrum, brrrrrum* direkt vor der Koje durch imaginäre Erde pflügt. Mann, wie ich mich auf das Alleinsein und die Ruhe freue! Im nächsten Moment schäme ich mich des Gedankens, ziehe meinen kleinen Sohn zu mir hoch und drücke ihn fest an mich.

»Hey, Papa, was is'n los?« nuschelt er an meiner Schulter.

»Ich hab dich lieb, Thore«, murmle ich, stelle ihn wieder auf den Boden und grinse ihn an. »Aber noch lieber hätte ich dich, wenn du draußen spielen und mich ein bißchen schlafen lassen würdest.«

»Ay ay, Sir!« schnarrt er mit seinem Kinderstimmchen und hüpft zur Treppe. Oben dreht er sich noch einmal um. »Hab dich auch lieb, Papa.«

Mit der Welt wieder in Frieden, nicke ich ein – und schlafe die ganze Nacht durch.

Am nächsten Tag kämpfen wir uns schon zeitig wieder gegen die Strömung den Tanana hoch, als uns ein Mann in einem großen Motorboot entgegenkommt. Wir winken uns zu, er fährt an uns vorbei und lacht. Plötzlich liegt sein Boot, ebenfalls stromaufwärts, neben uns.

»Glaubt ihr wirklich, ihr habt eine Chance, da hochzukommen?« fragt er grinsend.

»Ja, es wird zwar dauern, aber wir werden es schon schaffen.«

Der Typ mustert den *Tardis* von vorn bis hinten, kratzt sich am Kinn, wiegt den Kopf hin und her, läßt dabei ständig seine Augen über unser Boot schweifen.

Was wird das denn? denke ich mir. Prüft der, ob wir eine lohnende Beute für einen Raubzug wären, oder was?

»Wie weit wollt ihr denn?« will er als nächstes wissen.

»Bis Nenana, dort liegt unser Trailer«, antworte ich ihm.

»Seid ihr etwa in Nenana gestartet?«

»Nein, im Tagish Lake, aber Freunde haben den Trailer anschließend nach Nenana gebracht.«

»Ich könnte euch ein Stück schleppen«, meint der Mann schließlich, und ich leiste ihm still Abbitte. »Allerdings müßtet ihr mir was zahlen, Benzingeld und ein bißchen extra.«

»Das Angebot nehmen wir gern an, vielen Dank«, sage ich nach kurzer Überlegung. Wir würden mit der ewigen Kreuzerei jede Menge mehr Sprit verfahren, als wenn wir an einem Abschleppseil mittuckern. Was spielt es für eine Rolle, ob ich das Geld an der nächsten Tankstelle oder bei diesem Mann loswerde? Und wir sparen uns ein, vielleicht sogar zwei Tage Quälerei – das ist das »bißchen extra« auf alle Fälle wert.

»Okay, paßt auf. Ich bringe euch bis zu einer kleinen Straße nach Nenana. Wir reden jetzt aber nicht vom Parks Highway, sondern von einer Waldpiste, die an der Farm vorbeigeht.«

»Welcher Farm? Hier oben farmt noch einer?« frage ich verdattert.

»Yeah!« grinst er. »Ist wahrscheinlich die nördlichste Farm in ganz Nordamerika. Zwei alte Brüder leben da und die junge Frau von einem der beiden.«

»Wow!«

»Tja, also, da würde ich euch absetzen. Dann bringt ihr euren Trailer da hin und holt das Boot aus dem Wasser. Von der Farm nach Nenana sind es nur noch etwa 60 Kilometer.«

»Das ist eine super Idee, aber meinst du, daß ein Auto mit Trailer und Boot hintendran nicht zu breit und zu lang für einen Waldweg ist?«

»Nein, kein Problem. Wenn da Traktoren mit Anhänger durchpassen, dann kommt ihr auch durch.«

Wenige Minuten später tuckern wir im Schlepp des Motorboots den Tanana hoch. Jeff hat Erfahrung im Abschleppen von Booten, das merke ich sofort, und wir kommen richtig gut voran.

»Unsere kleine Farm«

Die beiden alten Farmer stehen am Ufer und begutachten einen frisch gefangenen Königslachs, als wir eintreffen. Und ich denke mir, wow, sind die fotogen, sehen die toll aus! Beide sehr hochgewachsen, sehr hager, mit wettergegerbten Gesichtern. Wahrscheinlich sind sie jünger, als sie aussehen, überlege ich, wirken nur durch ihre zahlreichen Falten so alt. Sie sind vermutlich ihr Leben lang draußen gewesen, wurden im Sommer von der Sonne verbrannt, und im Winter verbiß sich die Kälte in ihrem Gesicht. Das hinterläßt seine Spuren und Narben.

Die beiden, Luke und Dick, und auch Dicks Frau Annie sind unheimlich nett, und wir finden sofort einen Draht zueinander. Auf ihrer Farm sieht es aus wie bei Pettersson und Findus von Sven Nordqvist. Erik und Thore haben ganz viele Bücher über den alten Mann, der mit seiner Katze allein auf einem Bauernhof im Wald lebt und irre Geschichten erlebt. Bei Luke und Dick rennen um die 50 Hühner, ein paar Enten und Gänse frei herum, und auf der Weide grast das Schlachtvieh, etwa 30 Rinder. Drei alte Traktoren, einer davon ein Deutz, lassen mein Herz höher schlagen. Die muß ich mir später unbedingt genauer ansehen! Neben einem bauerngehöftähnlichen Gebilde brummt ein lautstarker Generator vor sich hin und versorgt das Ganze mit Strom. Das Wohnhaus ist relativ klein, dafür ist der Gemüsegarten riesig. Sie haben auch eine Wetterstation, eine der nordwestlichsten Alaskas, wenn nicht der ganzen Welt, und betreiben dort akribische Wetteraufzeichnungen: Luftdruck, Niederschlag, Sonnenaufgang und -untergang, Windrichtung und -geschwindigkeit, Druckabfall und -anstieg und so weiter. Und das alles mit Präzisionsinstrumenten.

»Die sind aus Deutschland, von Glashütte«, erklärt uns Luke mit sichtlichem Stolz.

»Dann habt ihr ja allerbeste Qualität«, staune ich.

Während uns die drei weiter herumführen, erfahren wir mehr über ihr Leben in dieser Abgeschiedenheit. Die Hühnereier verkaufen sie in Nenana. Das Rindvieh geht nach Anchorage und Fairbanks, in erster Linie direkt an gute Restaurants. Den Gemüsegarten hatten sie ursprünglich nur für den Eigenbedarf angelegt, er wirft aber so viel ab, daß sie den Überschuß ebenfalls verkaufen. Auf den Feldern kann man natürlich nicht viel anbauen. Das einzige Getreide, das in dem kurzen Sommer gut wächst, ist Hafer. Den brauchen sie als Viehfutter für den Winter. Sie haben es auch schon mal mit Silieren versucht, aber das hat nicht so recht geklappt. Dabei wird das noch wasserhaltige Getreide – oder Gras, Klee und so weiter – meist gehäckselt und in einen luftdichten Behälter gegeben. Die Milchsäurebakterien, die in den Pflanzen enthalten sind, vergären den ebenfalls vorhandenen Zucker und bilden daraus Milchsäure, die das Wachstum von Fäulnisbakterien verhindert. Am Ende ist das Gemisch so sauer, daß selbst die Milchsäurebakterien gehemmt werden, aber lange Zeit haltbar und ein gutes Viehfutter.

»Zu Hause, in der Eifel, hat man früher nur Heu gemacht«, werfe ich ein. »Obwohl wir es gereutert, also auf Gerüsten getrocknet haben, ist es nie richtig trocken geworden. Dann haben wir angefangen, Silos zu bauen, aber das Silieren hat nur bedingt funktioniert, weil dazu das Gras Ende Juni schon wieder *zu* trocken war. Und vorher wollten wir nicht mähen – wegen des vielen Jungwilds auf den Grünflächen.«

»Der Junge kennt sich aus«, sagt Luke zu Dick, und die beiden grinsen mich an.

»Wir haben in Deutschland einen ganz kleinen Bauernhof und betreiben ein bißchen Landwirtschaft, aber nur zum Eigenbedarf«, erzähle ich ihnen, »dafür haben wir ebenfalls ganz alte Traktoren – ich finde die Dinger einfach toll –, darunter einen Landsbulldog und einen Porsche Standard Schlepper.«

»Einen Porsche-Traktor hast du? Alle Achtung! Der muß mindestens 40 Jahre alt sein, die wurden ja nur bis Anfang der 60er Jahre gebaut«, staunt Dick.

Dann wollen sie wissen, wie es in Deutschland um die Landwirtschaft bestellt ist.

»Viele Bauern geben auf«, erläutere ich ihnen die Situation. »Als ich in die Eifel kam, gab es in unserem kleinen Dorf acht Höfe, die Landwirtschaft betrieben, zwar nur im Nebenerwerb, aber immerhin. Mittlerweile gibt es keinen einzigen mehr. Dafür haben wir jetzt ganz viele Pferde, und alles wurde umstrukturiert. Es hat sich einfach nicht mehr gelohnt, wißt ihr. Früher bekam man in guten Zeiten für den Doppelzentner Braugerste umgerechnet ungefähr 25 Dollar und jetzt gerade noch elf bis zwölf.«

Im Stall zeigen uns die beiden Brüder die selbstgebaute

Tränke und die Vorrichtung, mit der im Winter das Trinkwasser für die Rinder angewärmt wird. Dann führen sie uns zu ihrem ebenfalls selbstgebauten Sägewerk, in dem sie auch für andere Einsiedler Bretter sägen.

»Wie seid ihr ausgerechnet hierher gekommen? Oder seid ihr hier geboren?« will Birgit wissen.

»Nein, wir stammen aus der Gegend von Chicago. Als junge Männer wollten wir uns irgendwo im Norden niederlassen und zogen einfach mal los. Dann kamen wir in diese Gegend und hörten, daß es hier billiges Land gebe. Also haben wir es uns angeschaut und gedacht, warum eigentlich nicht hier siedeln? Am Anfang haben wir es mit Fischfang und Fallenstellen versucht, aber wir mögen beide keine Tiere töten, und da ...«

»Bis auf die verdammten *ground squirrels*«, fällt Luke seinem Bruder unsanft ins Wort und schimpft und flucht wie ein Droschkenkutscher, »diese gottverfluchten Mistviecher sind überall und vernichten uns die ganze Ernte. Die fressen sogar den Rindern auf der Weide das Gras weg! Oder schleppen es in ihren Bau.«

»Die machen Vorratshaltung?« frage ich verwundert. »Obwohl sie eine so tiefe Winterruhe halten?«

Das arktische Ziesel – ein reiner Pflanzenfresser und ein wichtiger Bestandteil der Nahrungskette im Norden, besonders für Vielfraße, Wölfe, Kojoten und auch Bären – ist ein richtiger Winterschläfer. Seine Körpertemperatur kann sogar auf unter null Grad abfallen, was selbst für Winterschläfer sehr, sehr wenig ist. Die Tiere sind dann wie tot. Nach der Winterruhe brauchen sie eine Woche, bis sie wieder ganz wach sind.

»Ja, stell dir vor. Manchmal denke ich mir, daß uns diese Satansbrut einfach nur ärgern will!« Dann stutzt er. »Woher weißt du, daß das Ziesel Winterruhe hält?«

»Ich bin Tierfilmer und seit Jahren immer wieder für mehrere Monate in Alaska unterwegs«, erkläre ich ihm.

»Ts ts ts. Sag mal«, dreht er sich zu Birgit um und schlägt sich in gespielter Verwunderung die Hände an die eingefallenen Wangen, »was macht der noch alles? Erzähl mir jetzt bloß nicht, daß das Goldstück auch noch den Haushalt führt?«

»Nein, das nicht«, lacht Birgit.

»Kannst du mit 'ner Knarre umgehen, Junge?« wendet sich Luke dann unvermittelt an Erik.

Erik schaut mich fragend an, dann nickt er.

»Gut, ich gebe dir fünf Cent für jeden Ziesel, den du hier schießt – sofern du Lust hast, ein bißchen rumzuballern. Du brauchst mir nur den Schwanz zu bringen, den Rest kannst du irgendwo liegenlassen oder an die Indianer verscherbeln, denn die essen die Mistviecher recht gern.«

»Ich hab' meine Winchester dabei, mit einem 15-Schuß-Magazin, ich hol sie gleich«, ruft Erik begeistert und will schon davonstieben.

»Erik, nun mal langsam«, bremse ich ihn ein, »wir gucken später nach den Zieseln.«

Erik mault und will natürlich sofort los. Und auch Thore ist ganz aufgeregt. Das Ganze erinnert ein bißchen an die Fernsehserie »Unsere kleine Farm«.

»Also, ihr habt damals festgestellt, Fischen oder Fallenstellen ist nicht euer Ding ...«, fordere ich Dick auf weiterzuerzählen.

»Ja, und da haben wir beschlossen, Landwirtschaft zu betreiben. Der Staat, also der Bundesstaat Alaska, förderte damals landwirtschaftliche Projekte. Und da hieß es, versucht das ruhig mal mit dem Landbau. Was die in den *lower 48* sich immer nicht vorstellen können, ist, daß man in Alaska eigentlich alles anbauen kann – theoretisch sogar Bananen. Hier und im Yukon Territory findest du die größten Gemüsepflanzen, ob Krautköpfe oder Blumenkohle, Möhren oder Kartoffeln. Ihr habt es ja in Nancys Gemüsegarten gesehen.«

»Mhm, die reinsten Monsterpflanzen. Ich habe noch nie zuvor derart riesige Salat- oder Kohlköpfe gesehen«, stimmt Birgit zu, »woher kommt das?«

»Alaska hat sehr fruchtbaren Schwemmlandlößboden. Und im Sommer Licht und – bei wolkenlosem Himmel – Sonnenschein rund um die Uhr, fast 24 Stunden lang. Dann ist es hier wie im Treibhaus. Da explodiert das Leben förmlich.«

Steve, ein Freund von mir, der nördlich von Anchorage in Big Lake lebt, hat im Sommer ein riesiges Marihuanafeld. Das ist in Alaska legal – solange es dem Eigenbedarf dient, aber die meisten machen natürlich ein Geschäft daraus. Der Anbau ist ziemlich kompliziert, zumindest ich habe das mit den weiblichen und männlichen Blüten nie richtig verstanden, wann man sie abknipsen muß, damit der ganze Busch nicht eingeht, und so weiter und so fort. Steve verdient einen Teil seines Lebensunterhalts mit dem Zeug, denn es wächst da fast wie Unkraut.

»Während die Männer mit den Jungs auf Zieseljagd gehen, werden wir zwei Hübschen Monstererbsen puhlen, okay?« fordert Annie Birgit auf.

Annie ist Krankenschwester wie Birgit auch, so haben die beiden gleich noch ein gemeinsames Thema. Annie arbeitet in der Krankenstation von Nenana; ein richtiges Krankenhaus hat die etwa 500 Einwohner zählende Siedlung nicht. Da es so weit zu fahren ist, wechselt sich Annie wochenweise mit einer Kollegin ab und bleibt während ihrer Schicht in Nenana. Wenn sie zum Dienstantritt hinfährt, nimmt sie Eier, Gemüse und auch mal ein geschlachtetes Huhn mit und verkauft es im Ort. Das ist ein gutes Zubrot für die Farm.

Inzwischen hat Erik seine Winchester geholt und wartet gespannt auf seinen Einsatz. Und Thore zappelt ungeduldig herum, obwohl er nicht schießen darf. Dann geht es endlich los. Als erstes lotsen uns Dick und Luke auf die Viehweide. Da wird das Ausmaß des Schadens, den die Gufer – so nennen die Einheimischen die *arctic ground squirrels* – auf dem Grund und Boden der Farmer anrichten, erst so richtig erkennbar. Hunderte sitzen da und mampfen. Die ganze Wiese ist voll von ihnen.

»Wir werden diesen Viechern einfach nicht Herr«, stöhnt Luke. »Schaut euch an, wie die fressen! Wir brauchen das Gras, das Heu und den Hafer für den Winter, verdammt!«

Erik fühlt sich an seiner Ehre als Jäger gepackt und beginnt zu schießen. Die Tiere zu treffen ist gar nicht so einfach, denn sie sind ständig in Bewegung, und nach jedem Schuß oder Warnlaut eines Kameraden verschwindet die ganze Horde in ihren unterirdischen Bauten. Mit Thore versuche ich mich anzuschleichen und die Tiere mit den Händen zu fangen, doch die flitzen hakenschlagend, eine Staubwolke hinter sich herziehend ins nächste Loch. Wir erwischen nicht ein einziges.

Die Schießerei zieht ein paar Indianer an. Vielleicht haben sie geahnt, daß es hier einem Leckerbissen an den Kragen geht.

»Hey, darf ich welche haben, die schmecken so lecker!« fragt einer Erik.

»Ja, klar.«

»Ich geb' dir zehn Cent pro Tier.«

Erik platzt fast vor Stolz, daß er nicht nur den Farmern hilft, sondern auch noch den Indianern eine Freude machen kann. Doch als er dann so ein possierliches Guferchen, das aus der Schläfe blutet, aus der Nähe betrachtet, dreht er sich verschämt zur Seite, und ich sehe, wie ihm Tränen übers Gesicht kullern.

»Erik«, sage ich und ziehe ihn ein bißchen von den anderen weg, »ich finde es gut, daß du Trauer und Mitgefühl empfindest, aber du hast das Tier bewußt getötet, es gab einen Grund dafür, du hast es ja nicht einfach so zum Spaß geschossen. Es ist nicht nutzlos gestorben. Sein Tod hilft die Ernte von Luke und Dick zu retten und ernährt einen Indianer, zumindest für einen halben Tag.«

Manch einer wird jetzt vielleicht sagen, das mit der Zieselplage ist halt Pech für die armen Farmer, haben sie dieses Jahr halt keine Ernte, und mich dafür kritisieren, daß ich es zugelassen habe, daß Erik die Tiere schießt. Dem halte ich entgegen: In der Wildnis Alaskas und Kanadas ist es ganz normal, daß Kinder in Eriks Alter mit einer scharfen Waffe umgehen, sei es, um bei der Jagd mitzuhelfen und die Ernährung zu sichern, sei es, um eine Gefahr abzuwenden. Und ich bin sicher, daß diese Kinder und auch meine Jungs ein wesentlich unverkrampfteres Verhältnis zu Tieren haben als all die Großstadtkinder und gleichzeitig Fleisch sehr viel mehr zu schätzen wissen. Wenn Erik oder Thore einen Fisch fängt, dann wird der genau begutachtet, falls er zu klein ist, zurück ins Wasser gesetzt, ansonsten ausgenommen, zubereitet und gegessen. Ein ganz natürlicher Vorgang. Die meisten Kinder der westlichen Welt würden vor einem frischgefangenen Fisch verhungern, weil sie sich davor ekeln – aber Käpt'n Iglos Fischstäbchen verzehren sie mit Wonne. Wenn ich ein Kind darauf drille, jeder Katze, die vorbeikommt, eins auf den Pelz zu brennen, weil ich keine Katzen mag, dann ist das was anderes. Ich würde Erik nie zum Vergnügen jagen lassen, und soweit ich meinen Sohn kenne, liegt ihm das ohnehin völlig fern.

Während sich Annie und Birgit um das Abendessen kümmern, helfen die Jungs und ich beim Einhüten der Hühner. Das ist vielleicht ein Spaß! Versuch mal einer, 50 Hühner in den Stall zu kriegen, die unbedingt draußen bleiben wollen, weil es ja die ganze Nacht hell ist! Die Mitternachtssonne kann auch Tiere gehörig durcheinanderbringen. Doch es hilft alles nichts, das Federvieh muß rein, damit nicht der Fuchs oder der Kojote es holt.

Leicht außer Atem, marschieren wir anschließend zu den Traktoren, die ich mir nun endlich genauer ansehen kann.

»Hört mal, der alte Deutz hier hat kein bißchen Farbe mehr

drauf, das ist das blanke Metall. Warum rostet der nicht, während einem bei uns die Traktoren unter dem Hintern wegfaulen, wenn man nicht aufpaßt.«

»Oh, das ist ganz einfach«, erklärt Dick, »hier ist keine Säure in der Luft, gibt es keine Schadstoffe, im Unterschied zu Europa oder den *lower 48*. Unsere Luft ist nicht so aggressiv.«

»In Deutschland ist das wirklich extrem. Die ganzen Schweine- und Hähnchenmästereien, die riesigen Putenzuchtanlagen, all die Gülle, die auf die Felder gesprüht wird, da wird sehr viel Stickstoff und Ammoniak in der Luft gelöst. Und erst einmal die Industrie! Wir haben in den letzten Jahren deswegen einen deutlich höheren Zuwachs an Festmetern Holz in den Wäldern. Für die Pflanzen ist das Zeug wie Dünger, aber für so einen schönen alten Traktor ist es leider fatal.«

»Essen ist fertig!« ruft Annie, und drei ausgehungerte Kieling-Männer stürmen ungeniert in die gemütliche Wohnküche. Luke und Dick folgen uns grinsend und gemächlichen Schrittes. Annie und Birgit haben aus dem frischen Gemüse aus dem Garten eine bunte Lasagne gezaubert, die nun in einer enormen Kasserolle dampfend auf den Tisch kommt. Ich sehe, wie Erik leicht das Gesicht verzieht, denn Gemüse ist ja nicht gerade sein Ding.

»Hebt euch ein bißchen Appetit für den Nachtisch auf«, rät Annie den beiden Jungs mit einem Augenzwinkern, was sofort ein Strahlen auf die Gesichter der beiden zaubert. Erik verdrückt nichtsdestotrotz eine erstaunlich große Portion des Nudelauflaufs, der aber auch ausgesprochen lecker schmeckt. Während wir Erwachsenen nach der Hauptspeise kapitulieren, verdrücken Erik und Thore noch rote Grütze mit Vanillesauce.

Nach dem Essen zeigt uns Dick das *radio phone*. Dieses Funkgerät, mit dem man auf einer festgelegten Frequenz den ganzen Tag Gespräche führen kann, ist die einzige Verbindung zur Außenwelt, denn ein Telefon gibt es auf der Farm nicht.

Doch das Ding hat einen Nachteil: Alle können mithören. Der Operator sagt zum Beispiel, hey Luke und Dick, könnt ihr mich hören? – Ja, wir hören dich. – Hier ist ein Gespräch von eurer Mutter aus Chicago. Nehmt ihr es an? – Ja, natürlich. Dann legt die Mutter los: Mensch, stell dir vor, Oma hat schon wieder einen Schlaganfall gehabt, und weißt du noch, damals, als du immer in die Hose gemacht hast, noch als 20jähriger ... Und alle deine Nachbarn, die auf derselben Frequenz senden und empfangen, hören mit. Es gibt alte Leute in Alaska, deren Lieblingssport es ist, vor dem *radio phone* zu sitzen und den Buschnachrichten der Nachbarn zu lauschen. Die hören auch Flugzeuge ab, denn kleine Maschinen haben immer festgelegte Frequenzen. Das finden sie sehr unterhaltsam. Na ja, wenn man sonst keine Abwechslung hat.

Die letzte Etappe

Am nächsten Tag fährt mich Annie in aller Frühe nach Nenana, das wir ursprünglich als Endziel für den *Tardis* gewählt hatten, weil es dort zwei richtige Rampen gibt. Unser Trailer mit Jims Pick-up steht wie verabredet an einer der Rampen bereit. Auf dem Rückweg kommen mir wieder Zweifel. Auf der Farm gibt es eine Art Rampe, über die bislang zwar nur einfache Holzboote herausgeholt wurden, bei denen es nicht so darauf ankommt, daß sie optimal auf dem Trailer sitzen, über die wir aber auch den *Tardis* gut herausbekommen müßten. Darin sehe ich nicht das große Problem. Was mich weit mehr beunruhigt, ist der Waldweg zwischen der Farm und Nenana, den ich gerade entlangholpere. Es ist ein reiner Sandweg, zum Teil sehr kiesig, mit vielen Schlaglöchern, mehreren Brücken, engen Kurven. Und *Tardis* wiegt immerhin eineinhalb Tonnen.

Zurück auf der Farm, behalte ich meine Bedenken wohlweislich für mich. Birgit ist so schön entspannt, seit sie weiß, daß die anstrengende, nervenaufreibende, zermürbende Bootstour vorüber ist, sie nicht mehr zurück aufs Wasser muß, keine Untiefen mehr zu fürchten braucht, sie also das Abenteuer heil überstanden hat, daß ich sie nicht wieder beunruhigen möchte. Falls wir auf dem Weg nach Nenana wirklich in Schwierigkeiten geraten sollten, ist es noch früh genug, sich aufzuregen.

Vorsichtig setze ich den Pick-up mit dem Trailer über die Kiesrampe rückwärts ins Wasser. Ich muß ziemlich weit in den Fluß hinein, bis der Trailer tief genug liegt, um *Tardis* draufziehen zu können.

»Hör mal, mein Mädchen«, sagt Dick zu Birgit, die das Manöver mit bangem Blick verfolgt, und zieht sie an seine Schulter, »wenn sich dein Andreas mit der Karre im Fluß festfährt, ziehen wir ihn mit dem Traktor raus, kein Problem. Wir haben ja genug Traktoren hier. Der säuft uns schon nicht ab.«

Dann ist alles erstaunlich einfach. Die beiden alten Männer sichern das Boot mit Seilen, und während ich den *Tardis* mit der großen Winde des Trailers ganz vorsichtig herankurble, manövrieren die beiden das Boot so, daß es sich optimal auf dem Trailer einpendelt. Anschließend arbeitet sich der Pick-up mit Allrad und Untersetzung – und ein klein bißchen Hilfe von einem Traktor – brav die Rampe hoch. Geschafft!

Beim Abschied von Luke, Dick und Annie fließen beinahe Tränen. Nur selten trifft man Menschen, die derart auf derselben Wellenlänge liegen, mit denen man sich auf Anhieb so gut versteht und vertraut ist.

Die Fahrt nach Nenana verläuft wider Erwarten problemlos. Wir stellen den Trailer samt *Tardis* an derselben Stelle ab, an der ich am Morgen den Pick-up vorgefunden habe und wo ihn Jim in den nächsten Tagen abholen wird, um *Tardis* wieder unter seine Fittiche zu nehmen. Doch bis das Boot ausgeräumt ist, ist es fünf Uhr nachmittags.

»Es ist schon ziemlich spät. Sollen wir nicht besser hier Quartier nehmen?« schlägt Birgit vor.

»Wenn wir jetzt noch eine Kleinigkeit essen, können wir spätestens gegen sechs Uhr losfahren. Der Parks Highway ist komplett asphaltiert, zweispurig ausgebaut, und nach Anchorage sind es nicht einmal 400 Kilometer. Ohne Trailer und *Tardis* schaffen wir das locker in vier Stunden. Wir können aber auch unterwegs übernachten, zum Beispiel in Cantwell. Schau her«, ich zeige ihr den Ort auf der Straßenkarte.

»Gut, einverstanden.«

Die Fahrt nach Anchorage hält noch eine Überraschung für Birgit und die Jungs bereit, denn die Straße führt durch die Alaska Range, am Mount McKinley vorbei – eine grandiose Landschaft, zum Teil schöner als am Yukon. Immer wieder hält Birgit, die den Pick-up steuert, an, um den Anblick zu genießen.

Kurz vor Mitternacht sind wir schließlich in Anchorage, und dann geht es irgendwie rasend schnell. Wir schlafen ein paar Stunden in einem Motel, der nächste Tag vergeht mit einer Stadtbesichtigung und dem Besuch des Museum of History and Art, das einen Einblick in die Lebensweise der First Nation People gewährt, wie im Flug, und am Morgen darauf stehen wir am Flughafen.

Birgit und Thore fällt der Abschied relativ leicht. Birgit ist erleichtert, weil sie die manchmal sehr bedrohliche Wildnis verlassen kann, und Thore ist schon ganz aufgeregt, weil er wie sein großer Bruder endlich zur Schule gehen wird. Beide freuen sich auf zu Hause. Erik hingegen würde am liebsten den *Tardis* wieder in den Tanana setzen und weiterfahren.

»Warum kann ich nicht hier bleiben, Papa?«

»Das haben wir doch alles schon zigmal durchgekaut, Erik, in den letzten Tagen und auch schon im Frühjahr, als du zurück nach Deutschland mußtest. Du mußt wieder zur Schule, da hilft alles nichts.«

»Aber dann bist du jetzt ganz allein.«

»Mach dir um mich keine Sorgen, ich habe doch Cita bei mir.«

»Trotzdem. Kann ich nicht wenigstens noch eine Woche ...«

»Schluß jetzt, Erik«, unterbreche ich meinen Großen und wende mich brüsk ab, damit er nicht merkt, daß mir der Abschied genauso weh tut wie ihm. Wozu alles noch schwerer machen?

Es war natürlich mal im Gespräch, daß ich mit nach Deutschland komme, um bei Thores Einschulung dabeizusein, doch die Zeit rennt, und es sind noch weit über 1000 Kilometer bis zur Beringsee. Mir bleiben maximal vier bis fünf Wochen, bis die Schlechtwetterperiode mit Stürmen und Dauerregen einsetzt. Und gleich danach hält der Winter Einzug. Dann kommt das erste Eis den Yukon herunter, höchstens zwei Wochen später ist der Fluß komplett dicht. Und: Die Brunft der Moschusochsen ist fast schon vorüber. Es ist höchste Zeit, in den Norden zu kommen, wenn ich das noch auf Film bannen will. Bald würden auch die Elche anfangen, ihr Geweih blank zu fegen. Ich warte schon seit Jahren darauf, das filmen und fotografieren zu können. Die große Karibuwanderung steht ebenfalls bevor. Ich habe also ein mehr als straffes Programm.

Ich freue mich auf die nächsten Wochen, finde es nur schade, daß Erik nicht länger bei mir sein kann. Er hätte seine Freude an den Elchen, den Karibuherden und all den anderen Tieren in jenen Gebieten – und Erik ist ein wunderbarer Reisepartner.

Bevor Birgit und die Jungs durch die Paßkontrolle gehen, umarmen wir uns wieder und wieder, und es fließen Tränen. Trotz aller Widrigkeiten und Streitereien haben wir alles in allem eine schöne Zeit gehabt und das ständige Zusammensein über einen so langen Zeitraum, Tag für Tag 24 Stunden, einigermaßen gut überstanden. Ich weiß von Reisenden, die in ähnlich alternativer Weise unterwegs waren – sei es mit Fahrrädern, Kajaks oder einem Segelboot –, die zum Teil nicht mehr miteinander gesprochen, sich nur noch Zettelchen gereicht haben.

Mit einem letzten »Paß auf dich auf!« meines besorgten Bitzels im Ohr, drehe ich mich um und stürze mich wenig später mit dem Pick-up in den Verkehr von Anchorage.

Wieder allein unterwegs

Steve

Nach all den Monaten in der Einsamkeit und hin und wieder einem kurzen Aufenthalt in kleinen Siedlungen ist Anchorage die Hölle, obwohl es umgeben von nicht weniger als sechs Gebirgszügen eine wunderbare Lage hat. Anchorage war vor knapp 100 Jahren nichts weiter als ein Zeltlager für Goldsucher und die Arbeiter der Eisenbahngesellschaft. Heute ist es die größte Stadt und die wichtigste Wirtschaftsmetropole – wenn auch nicht die Hauptstadt – Alaskas mit mehr als 250 000 Einwohnern und einem entsprechend hohen Lärm- und Abgaspegel. Seit gestern dröhnt mir der Kopf von all dem ungewohnten Krach und Gestank.

Ich rufe Randy an und frage ihn, ob er mich in den Norden zu den Moschusochsen fliegen kann. Zum Glück ist er frei und willigt sofort ein. Doch bevor ich mich mit Cita wieder in die Wildnis und die Einsamkeit zurückziehe, will ich meinen alten Freund Steve sehen. Steve ist typisch für so viele Menschen, die in Alaska leben. Gebürtig in New York und dort sehr erfolgreich, war er irgendwann dem Leistungsdruck nicht mehr gewachsen und versuchte sich neu zu orientieren. Zuerst ging er nach Colorado, das war ihm nicht wild genug, dann nach Hawaii, da war es ihm zu warm, weiter nach Kalifornien, dort herrschten ihm zu strenge Gesetze, und schließlich nach Alaska. Alaska erschien ihm wie für ihn geschaffen. Mit der Hilfe von ein paar Leuten baute er sich ein Haus am Big Lake, fing zu fotografieren an. Heute wohnt er mal bei seiner Freundin in Anchorage, mal in Big Lake. Die beiden geben ein etwas seltsames Paar ab: Steve ist 42, Sandra 63. Und obwohl Sandra keine unattraktive Frau ist, wirkt sie neben dem recht jugendlichen Steve halt noch ein bißchen älter. Steve ist hochintelligent, künstlerisch begabt und ein unheimlich talentierter Fotograf. Trotzdem kommt er auf keinen grünen Zweig, denn wenn es um seine Mutter geht, setzt sein Verstand aus. Sie verwaltet sein Archiv und fungiert als seine Agentin – und nimmt ihren Sohn aus wie eine Weihnachtsgans. Ich werde nie verstehen, warum er sich das bieten läßt.

Im Frühjahr 1996 hatte Steve richtig Pech. Damals wüteten ziemlich viele Waldbrände in Alaska. Steve war gerade auf Fototour, als es sein Heim erwischte. Das Haus war voller Hühner, Enten und Gänse, die während seiner Abwesenheit in ihren Käfigen über eine spezielle Futter- und Trinkanlage versorgt wurden. Die Tiere, sein ganzes Filmarchiv, Teile seiner Fotoausrüstung, seine Jagdgewehre, die Belegexemplare großer Fotostrecken in Magazinen und vieles mehr wurden ein Raub der Flammen. Als Steve nach Hause kam, war nichts mehr da. Das Blockhaus und sein Archiv waren zu Asche verglüht, von den Fotolinsen war nur noch geschmolzenes Glas übrig. Der alaskanische Staat zeigte sich sehr großzügig, gewährte den Brandopfern zinslose Baudarlehen über einen sehr langen Zeitraum und ließ die betroffenen Grundstücke von verbrannten Autowracks, verkohlten Holzbalken und sonstigen Überresten des Feuers reinigen. Doch konnte das Steve nicht über den Verlust seines Heims und seiner Lebensgrundlage hinwegtrösten. Nach einigen Jahren der Trockenheit begann er damals wieder zu trinken.

Ich verabrede mich mit Steve fürs Kino, weil ich gesehen habe, daß Werner Herzogs Dokumentarfilm über Tim Treadwell und Amie Huguenard anläuft, die Steve ebenfalls kannte.

Nach dem Kino sitzen wir bis spät in der Nacht in einer Kneipe, reden über den Film und dies und das. Danach kann ich lange nicht einschlafen, weil mich der Film sehr mitgenommen hat. Ich habe oft engen Kontakt zu Bären, glaube sie gut zu kennen. Doch nun frage ich mich, ob das auch wirklich stimmt, ob ich nicht manchmal zu viel riskiere.

Die letzten Zeugen der Eiszeit

Zwei Tage später fliegt mich Randy mit seiner kleinen Maschine in das Gebiet, in dem ich im Frühjahr die Moschusochsen sah. Um die Tiere nicht zu verschrecken, lasse ich mich in reichlich Entfernung absetzen. Sie sind in den Monaten nicht sehr weit gezogen.

Ich tauche in eine traumhafte Landschaft ein. Gerade hat der Indian Summer Einzug gehalten, und es hängt ein schwacher Duft von absterbender Pflanzenmasse in der Luft. Die ersten starken Nachtfröste haben die Blätter an Büschen und Zwergbirken bunt gefärbt, die Weiden und die Espen sind schon ganz gelb. Ich campe an schönen Stellen, entzünde abends ein Lagerfeuer, Cita liegt bei mir – und ich denke, das ist jetzt genau das, was ich will und nach den stressigen Wochen auf dem *Tardis* brauche.

Die Moschusochsen nehmen von meiner erneuten Anwesenheit kaum Notiz. Diese eher gemütlichen, gemächlichen Tiere, die das ganze Jahr über sehr entspannt sind, weil sie durch ihre Größe und Masse keine natürlichen Feinde haben, werden während der Brunft unglaublich aggressiv. Die Paarungszeit ist das Highlight des Jahres, wie bei vielen Tieren, während die Geburt eher im stillen und verborgenen abläuft. Auf einmal sind die Tiere präsent, mobil, die Männchen kämpfen untereinander um die Dominanz in der Herde, um ihren Harem.

Eine Woche lang beobachte ich die Herde nun schon. Ein starker Bulle dominiert sie und beschlägt die Kühe – und das sicher nicht erst, seit ich hier bin. Moschusochsenbullen reiten nur sehr kurz auf, so nach dem Motto, rein, raus, fertig ist der kleine Klaus. So kurz die Kopulation ist, so ausgeprägt ist das vorangehende »Ausleseverfahren«. Der dominante Bulle ist sehr groß, strotzt vor Kraft und Energie und hat ein massives Gehörn. Sobald ein Widersacher an der Peripherie der Gruppe auftaucht, schlägt er ihn sofort in die Flucht – ohne daß es zu einem richtigen Kampf käme. Ein kurzes Zusammenkrachen, und schon merken die meisten Herausforderer, wow, gegen den komme ich nicht an. Doch plötzlich taucht ein unerschrokkener Nomade auf, ein kräftiges Tier. Er hat eine verdammt gute Chance, weil der dominierende Bulle bei den Paarungen und den kleinen Rangeleien mit anderen Männchen in den letzten Wochen unheimlich viel Energie verschwendet hat. Der Herausforderer ist ausgeruht, hat nur ein bißchen Energie auf seiner Wanderschaft verbraucht und fängt sofort an, das rituelle Verhalten zu zeigen. Er schlägt mit seinen Hufen, kratzt die Tundra auf, reibt sich an einem Weidenbusch die Hörner. Dem folgt der Brunftruf, ein tiefes, dunkles Grollen. Nun weiß der Pascha, daß die Stunde geschlagen hat, daß er sich zum Kampf rüsten muß.

Als ich sehe, wie die zwei Bullen Aufstellung nehmen, kann ich mein Glück kaum fassen. Erst einmal, vor vielen Jahren, habe ich den eindrücklichen Kampf von Moschusochsen live miterlebt. Moschusochsen wirken ja grundsätzlich nicht elegant, aber bei Kämpfen erfährt das Ganze noch eine Steigerung. Man fühlt sich um Millionen von Jahren zurückversetzt. Es ist eine unglaublich archaische Form des Kampfes, dessen Urgewalt einen unweigerlich in den Bann zieht. Wie zwei alte gepanzerte Recken beim Lanzenstechen nehmen sie Aufstellung und rasen wie auf Kommando aufeinander zu. Im allerletzten Moment senken sie den Schädel und donnern gegeneinander. Der Knall hallt in meinen Ohren. Die Energie, die bei einem solchen Stoß freigesetzt wird, entspricht ungefähr der eines Autos mit einer Tonne Gewicht, das mit 40 Stundenkilometer ungebremst gegen eine Betonwand fährt. Ein paar Sekunden stehen sie sich leicht benommen gegenüber, schnauben. Dann kehren sie in die Ausgangsposition zurück, nehmen erneut Anlauf, krachen wieder gegeneinander und stehen ein Weilchen benebelt da. Und dann das Ganze noch einmal – und noch einmal ... Das kann bis zu zwanzigmal so gehen, doch diese beiden belassen es bei achtmal. Der eine Bulle dreht ab, das Zeichen, daß er sich geschlagen gibt. Der andere, dem mit Sicherheit auch der Schädel brummt und der ebenfalls ein bißchen taumelt, erkennt es und schlägt den bisherigen Platzbullen in die Flucht. Der galoppiert etwa einen halben Kilometer weit in die Tundra hinein und muß von dort aus zusehen, wie der Neue die Kühe zusammentreibt, an deren Hintern schnuppert und prüft, welche noch brunftig ist.

Fast habe ich Mitleid mit ihm. Er hat mich zwar ein paarmal ziemlich aggressiv durch die Tundra gescheucht, aber schnell gemerkt, der gehört nicht dazu, das ist nur so ein lästiger Fremdkörper, der da mit rumläuft. Beim eigentlichen Brunftgeschäft habe ich seine Nerven und seine Geduld allerdings ganz schön provoziert. Irgendwann wußte ich genau, was passiert, wenn ich mit dem Richtmikrofon zu nah an ihn herangehe oder mich mit der Kamera falsch postiere. Einmal stand ich zum Beispiel mit dem Stativ etwas breitbeinig und provokant vor ihm, obwohl ich genau wußte, daß hinter mir seine Lieblingskuh graste, die gerade in die Hitze kam. Er hat mich nur angegrummelt und ist an mir vorbeigetrottet, ohne mich in die Flucht schlagen zu wollen.

Jetzt lasse ich die Kamera laufen, gehe auf ihn zu, will ihm ein paar tröstende Worte sagen. Mache also wieder einmal den Fehler, menschliches Denken und Fühlen auf ein Tier zu projizieren. Ein Fehler, den Tim, Amie und viele andere mit dem Leben bezahlten. Der Bulle – noch völlig benommen und außer Atem – schnaubt erst mal kräftig, macht seltsame Brumm- und Grunzlaute. Ihn schmerzt mit Sicherheit der Schädel, denke ich. Doch dann passiert etwas, womit ich überhaupt nicht gerechnet habe. Plötzlich galoppiert er wie ein Wahnsinniger auf mich zu. Ich renne ebenfalls los wie ein Verrückter, natürlich in die entgegengesetzte Richtung, das heißt direkt an der Kamera vorbei – wodurch ich ungewollt eine unglaubliche Szene in den Kasten bekomme. Das Tolle an Tieren ist, daß sie im Gegensatz zu Menschen »fair« sind. Als der Bulle merkt, hoppla, den muß ich nicht in die Tundra rammen, der gibt auf, bremst er ab. Er hat mich in die Flucht geschlagen, und das genügt ihm.

Auf der Suche nach dem *spirit grizzly*

Es ist höchste Zeit, mich auf den Weg zurück über die Brooks Range zu machen, um nach dem Geisterbär, dem seltenen weißen Grizzly, zu suchen. Bald glaube ich mich in den Film »Herr der Ringe« versetzt: große, schneebedeckte, vergletscherte Berge, gewaltige Bergzinnen, grüne Hänge, Gletscherabflüsse mit sehr klarem Wasser. Ich mache mich an den Aufstieg. Mit jedem Höhenmeter wird es kälter, und schließlich stapfe ich durch Eis und Schnee. Ab und zu sehe ich Dallschafe. Sie gehören zu den wenigen Tierarten, die sich in dieser feindlichen Umgebung wohlfühlen. Im Hochsommer kann das Thermometer hier in den niedrigeren Regionen auf 40 Grad Celsius klettern, im Winter auf minus 60 Grad sinken.

In einer kleinen Senke schlage ich das Nachtlager auf und krieche nach einer Riesenportion Eintopf erschöpft in meinen Schlafsack. Ich bin zu müde, um gleich einschlafen zu können, und fange an zu grübeln, wie lange ich das Leben eines Tierfilmers, der vorwiegend im hohen Norden unterwegs ist, wohl noch aushalte: die Wochen in eisiger Kälte in der Wildnis, die Nächte auf hartem Boden in einem Zelt, das Schleppen von Filmequipment, Verpflegung, Kanu und allem anderen ... Ich liebe meinen Beruf, aber man wird ja nicht jünger, und wenn man merkt, daß man in der Früh nicht mehr *hoppladihopp* aus dem Schlafsack hüpft, sondern oft ganz steif ist, macht man sich halt so seine Gedanken.

Gegen vier Uhr morgens, es ist noch dunkel, denn der Polartag ist seit einiger Zeit auf dem Rückzug, fängt Cita an zu knurren. Ich bin sofort hellwach, gucke aus dem Zelt. Es herrscht starker Frost, alles ist voller Raureif, und am Himmel tanzen Nordlichter. Eine gespenstische Stimmung, fast ein wenig unheimlich. Zunächst kann ich nicht erkennen, was Cita aufgeschreckt hat, doch dann höre ich das gefrorene Gras leise rascheln. Und da sehe ich ihn: Nur vier, fünf Meter vor dem Zelt steht ein Wolf. Cita zittert am ganzen Körper, dann stürzt sie aus dem Zelt – und der Wolf flüchtet in die Büsche. Ein lautes Knacken und Krachen, dann ist er weg. Der Hund läuft ein kleines Stück hinterher, dreht wieder ab und kommt zurück. Mit schief gelegtem Kopf schaut sie mich an. Sie scheint genauso verwundert wie ich, daß der Wolf sofort die Flucht ergriffen hat. Ich krieche aus dem Zelt und lausche, ob ich noch weitere Wölfe hören kann. Und tatsächlich, nach einer Weile vernehme ich das typische Heulen, aber es kommt von weit, weit weg.

Als ich das Gebirge hinter mir habe und an den Kobuk komme, steige ich aufs Kanu um und gönne mir hin und wieder für ein paar Kilometer den Luxus, mich durch diese atemberaubende Landschaft treiben zu lassen. In einem der vielen Nebenflüsse laichen Lachse, und mehrere Grizzlys versuchen die Leckerbissen zu ergattern. Ausgerechnet in dieser gigantischen Kulisse taucht plötzlich eine sehr helle, fast weiße Bärin auf – ein *spirit grizzly*. Sie ist nicht sehr groß, aber äußerst gewandt, eine exzellente Fischjägerin, beeindruckend präzise. In kürzester Zeit fängt sie sich mehrere Lachse, während andere Bären immer nur danebengreifen. Ein paarmal kommt sie sehr nah an mich heran, manchmal bis auf zehn Meter. Verdammt, denke ich, noch einige Schritte näher, und ich kriege die Kamera nicht mehr scharf! Zwar bin ich froh, endlich einen weißen Bären auf Film bannen zu können – zumal meine Auftraggeber beim Fernsehen unbedingt Aufnahmen von dieser Seltenheit haben wollen –, andererseits empfinde ich die Begegnung eher unspektakulär.

Während ich noch überlege, ob ich zusammenpacken und weiterziehen soll, erscheint ein großes Männchen. Es jagt direkt um mich herum, nimmt von mir aber überhaupt keine Notiz. Erst als der Bär einem Lachs hinterherschießt, der durch einen dummen Zufall genau auf mich zuschwimmt, nimmt er mich wahr. Drei Meter vor mir bremst er ab und schaut mich irritiert an. Vermutlich ist er überrascht, daß ich nicht zurückweiche.

Meistens verhalten sich Bären mir gegenüber mit einer Mischung aus Schüchternheit und Toleranz. Einige sind allerdings sehr scheu. Sobald sie meine Witterung bekommen oder mich sehen, geben sie Fersengeld. Die haben anscheinend schon schlechte Erfahrungen mit Menschen gemacht, und Bären sind in der Lage, Erfahrungen auf immer abzuspeichern und zu verwerten. Nur das läßt sie überhaupt alt werden. Alte Bären führen zudem ein völlig unspektakuläres Leben, im Gegensatz zu dem, was Jäger ihnen andichten. Sie sind keine »blutrünstigen Bestien«, die jede Nacht einen Camper aus dem Zelt schleifen und den Jägern »die Gewehre verbiegen«. Viele kommen erst abends an die Lachsflüsse, wenn die jüngeren Bären gegangen sind. Nichtsdestotrotz verhalten sie sich in Momenten, in denen es darauf ankommt, dominant. Wenn zum Beispiel zwei jüngere Bären an einem toten Elch fressen, brummt der alte zweimal, teilt drei Prankenschläge aus, und der Rest des Mahls gehört ihm.

Das Geschäft mit der Jagd

Mehr als der Mensch den Bären, muß der Bär den Menschen fürchten. Auf Kodiak zum Beispiel, wo ein ziemlicher Jagddruck herrscht, gibt es zwar extrem viele Braunbären – oder Kodiakbraunbären, wie sie hier genannt werden – und auffallend viele mittelgroße, aber kaum alte große Exemplare. Erstens wird nicht jeder Brauni ein *giant bear* – das ist wie bei uns Menschen auch, wo es große und kleine gibt. Zweitens braucht ein Bär, bis er wirklich groß und massig ist, gut 15 Jahre. Und die muß er erst einmal überleben. Auf Kodiak fast ein Ding der Unmöglichkeit. Und selbst in für alaskanische Verhältnisse entlegenen Gebieten sind die Bären – und generell alle Tiere, die sich als Jagdtrophäe »eignen« – nicht mehr sicher.

Schuld daran ist das Wasserflugzeug. Wenn ein Elch im Busch steht, am See oder Fluß seine Wasserpflanzen oder seine Weidenbüsche mampft, würde man mit einem Kanu unter Umständen nur wenige Meter an ihm vorbeifahren, ohne ihn zu bemerken. Aus der Luft sieht man jedoch sein riesiges Geweih, landet in der Nähe – mit einem Wasserflugzeug kann man ja praktisch überall runtergehen –, wartet, bis er sich zeigt und schießt. Es gibt zwar ein Gesetz, daß die Tiere nicht an dem Tag geschossen werden dürfen, an dem sie aus der Luft ausgemacht werden, doch so mancher Pilot bekommt Gedächtnisstörungen, wenn ein Klient mit einem Bündel Dollarnoten winkt – und setzt seine Lizenz *und* sein Flugzeug aufs Spiel. Mein Freund Randy fliegt mit einer Maschine, die aus so einer Beschlagnahmung stammt. Der vorherige Besitzer, Pilot und Jagdführer, ließ sich dazu überreden, noch am selben Tag, an dem er und sein Klient einen kapitalen Elch ausgemacht hatten, auf einer Kiesbank zu landen. Die beiden schlichen sich an, der Jäger nahm das Tier ins Visier, drückte ab – und *klack*. Dann zog er seinen Ausweis hervor, hallo, ich bin Agent XY von der Fischerei- und Jagdbehörde, Sie sind vorläufig festgenommen, wegen dieses und jenes Vergehens, Ihr gesamtes Equipment ist hiermit beschlagnahmt. Da ist Amerika gnadenlos.

Die Großwildjagd ist in Alaska ein lukratives Geschäft. Ich stehe diesbezüglich zwischen Baum und Borke. Ich habe mehrere Freunde, die mit zahlenden Gästen auf Jagd gehen – und immer dieselbe Geschichte erzählen: Die Sekretärin eines superreichen Typen ruft an und sagt, Prof. Sowieso kommt dann und dann für acht Tage, er bezahlt natürlich seine 14 Tage, die er buchen muß, wenn er auf Jagd gehen will, aber er möchte gern in acht Tagen seinen Bären schießen. – Ja, selbstverständlich, das kriegen wir hin. Scouts schwärmen aus, lokalisieren und blockieren – das geht in manchen Jahreszeiten ganz gut – einen großen Bären oder was immer der Kunde wünscht. Dann ruft die Sekretärin wieder an und sagt, Prof. Sowieso würde das Doppelte bezahlen, wenn er ihn in vier Tagen schießen könnte. Er hat nämlich kaum Zeit, aber er würde ja so gern! – Tja, ich kann es nicht garantieren, wir können es nur versuchen. Das Ende vom Lied ist: Der Typ kommt, schießt am dritten Tag seine Supertrophäe, zahlt seine 14 Tage und noch eine fette Prämie obendrauf, und dann ist er wieder weg. Ein Grizzly-Abschuß kostet alles in allem immerhin um die 10 000 Dollar.

Die Jagd hat dadurch in Alaska und im Yukon Territory, wo die dicksten Elche der Welt stehen, höchst bizarre Formen angenommen und zu seltsamen Taktiken geführt, die oft an der Grenze zur Illegalität liegen oder definitiv illegal sind. Die alaskanische Fischerei- und Jagdbehörde *Fish and Game* ist zwar sehr strikt, kann aber nicht alles sehen oder kontrollieren. Kanada ist ein bißchen anders organisiert. Da gibt es sogenannte *outfits*, große Gebiete, für die sich eine Person das Recht erkauft hat, ausländische Gäste zur Jagd zu führen. Außer ihren Kunden dürfen in diesem Gebiet nur die Einheimischen jagen. Dazu gibt es – das nebenbei – eine ganz nette Geschichte: Einer der stärksten Elchbullen der Welt wurde vom Koch eines Jagdcamps geschossen. Ein Gast hatte für diese Tour sehr viel Geld bezahlt, da es geheißen hatte, er werde einen richtig starken Elch jagen. Wenn er den schieße, könne es sein, daß er einen neuen Weltrekord aufstelle. Der Koch marschiert eines Abends los, um ein paar Moorschneehühner zu schießen, als er diesen Elch entdeckt und denkt, Mensch, der sieht ja nicht schlecht aus – der Koch war vermutlich ein bißchen unterbelichtet. Er schießt den Elch, kehrt freudestrahlend ins Camp zurück und sagt, Chef, ich habe gerade einen riesigen Elch geschossen, jetzt haben wir für die nächsten Tage genug Fleisch. Doch der schreit ihn an und fragt, bist du wahnsinnig? Dieses Tier hätte mir 50 000 Dollar oder mehr eingebracht, wenn mein Klient es geschossen hätte, und du Vollidiot legst es um?! Aber es war das Recht des Kochs, denn er war Kanadier und hatte eine Jagdlizenz – für 20 Dollar.

Die Inuit-Lady Minigray

Mein Freund Nick Jans, der ein Buch über den Tod von Timothy Treadwell und Amie Huguenard schrieb, lebte einige Zeit in dem 300-Seelen-Nest Ambler, das nur wenige Kilometer von hier entfernt ist, und arbeitete dort als Lehrer. Vor Beginn meiner Reise nannte er mir ein paar Leute, bei denen ich mich unbedingt melden sollte, falls ich nach Ambler käme. Da ich eh schon weiter im Westen bin, als ich ursprünglich geplant hatte, kommt es auf die paar Kilometer auch nicht mehr an, denke ich mir und paddle los.

Inmitten einer Menge Motorboote lege ich wenig später an einem flachen Kieselstrand an, und Cita springt ans Ufer. Ein großgewachsener Eskimo meint, woher, wohin und seltsamer Hund, den du da mithast. Sein Name ist Billy. Er wolle, so erzählt er mir, unbedingt zur Jagd rausfahren, habe aber seine Uhr vergessen, und nun warte er auf seine Frau, die sie ihm bringe. Denn ohne Uhr wisse er ja nicht, wann er zurück sein müsse oder wann es Abend werde.

Leicht verwundert schüttle ich den Kopf. Ich hätte darauf geschworen, daß die Menschen hier – in einer der am dünnsten besiedelten und abgelegensten Gegenden Alaskas – noch so naturverbunden sind, daß sie zur Not auch ohne Uhr wissen, wie spät es ist.

»Da, nimm meine«, fordere ich Billy auf, »gib sie mir einfach heute abend wieder, ich werde irgendwo hier mein Camp aufschlagen.«

»Oh, bloß nicht direkt hier unten am Strand, da kommen nach der Schule die Kinder und klauen dir die Sachen. Geh lieber ans andere Ufer.«

Während ich auf der anderen Seite des Yukon das Kanu entlade, kommt ein kleines Motorboot an mit einer ziemlich stämmigen, kompakten, älteren Inuit-Frau darin. Und einer etwa 80jährigen Großmutter mit langem grauem, zu einem Pferdeschwanz gebundenem Haar. Auf ihrer Nase sitzt eine große Brille, und sie trägt einen Eskimoparka, der mit Vielfraßfell verbrämt ist, an dem zwei große Pfoten herunterhängen. Sie ist eher dünn, untypisch für eine Inuit-Frau. Ich denke, wow, sieht die toll aus, die würde ich gern filmen und fotografieren. Aber ich traue mich nicht, sage statt dessen nur Hallo. Sie will wissen, wo ich herkomme. Dann ist sie auch schon wieder weg.

Später frage ich im Ort einen Mann, wo Minigray wohne. Die solle ich unbedingt besuchen, so Nick Jans, und ihr schöne Grüße von ihm ausrichten.

»Sie wohnt da drüben«, deutet er mit einer Hand auf eines der Häuschen. Dann meint er mit einem Schmunzeln: »Die alte Frau, die du vorhin in dem Motorboot gesehen hast, das war Minigray.«

Hätte ich das mal eher gewußt!

Zu Hause ist sie nicht, also gehe ich erst einmal in den General Store. Ein total verrückter Laden. Man kommt rein und sieht als erstes einen ausgestopften Rothirsch – eine Schultermontage – an der Wand hängen. Ein ganz junges Tier, drei Jahre alt. Man rechnet mit einem Elch, einem Karibu, einem Dallschaf oder so was, aber doch nicht mit einem Rothirsch!

Der Besitzer, groß, mit Zwirbelbart, ist, wie sich schnell herausstellt, extrem schwerhörig.

»Wo hast du denn diesen Rothirsch her?« brülle ich.

»Mein Bruder war in Deutschland stationiert. Da haben sie ihm eine Jagdlizenz besorgt, damit er diesen Hirsch schießen konnte. Hast du denn mit der Jagd etwas zu tun?«

Ich erzähle ihm, daß ich Jäger bin und sogar einen Jagdhund dabeihabe. Das nächste, worüber ich in dem Laden stolpere, sind ungefähr 25 gebrauchte Gewehre: Remington, Savage, Weatherby, Winchester und Ruger. Die Preise scheinen mir allerdings ziemlich gesalzen, ab 300 Dollar aufwärts, bis 900! Der Typ ist, glaube ich, ein richtig guter Händler.

Ich brauche ein paar Sachen für Cita, vor allem Hundefutter. Es geht ihr nicht sonderlich gut, sie ist scheinträchtig und hat viel Milch in ihren Gesäugeleisten. Sie leidet richtig, frißt viel, ist unheimlich anhänglich, will immer nur liegen. Glücklicherweise bekomme ich auch *white gas* für meinen Campingkocher. Überhaupt scheint es hier alles zu geben, sogar Kartoffeln und Zwiebeln – Kartoffeln werden hier übrigens einzeln gekauft und pro Stück bezahlt –, bis auf eines: Alkohol. Es ist verboten, Alkohol in den Ort zu bringen, geschweige denn zu verkaufen oder auch nur herzustellen. Doch der Schwarzmarkt blüht, wie ich bald feststellen werde. Nach meinem Einkauf bestelle ich mir einen Kaffee – und warte schier endlos. Er kostet zwei Dollar. Das geht ja, denke ich, da nehme ich mir gleich noch ein Sandwich dazu. Zwirbelbart macht mir einen kleinen Hamburger und verlangt für den Happen sage und schreibe neun Dollar!

»Das ist ganz schön heftig«, sage ich zu ihm.

»Unser größtes Problem ist, daß das Benzin momentan

ziemlich knapp ist, wir haben keines mehr für die Boote. Sie beliefern uns einfach nicht mehr. Der letzte Lastkahn war im Frühjahr da – bei Hochwasser kommt einer von Kotzebue hoch –, aber jetzt schaffen sie es nicht und muß das Benzin eingeflogen werden«, erklärt er mir.

Die Gallone kostet acht Dollar, ein Wahnsinnspreis, ungefähr das Dreieinhalbfache von dem, was man in Anchorage zahlt. Um so verwunderlicher, daß ein jedes Boot mit richtig fetten Motoren bestückt ist, die es achtern fast runterziehen und den Bug ziemlich weit herauskommen lassen. In der Inupiaq-Sprache gibt es 25, wenn nicht mehr verschiedene Begriffe für Schnee beziehungsweise Schneearten, aber keinen einzigen für Geld, denn Geld gab es in dieser Gesellschaft früher schlichtweg nicht. Was man zum Leben brauchte, trotzte man der Natur ab, und für den Winter legte man einen Vorrat an Fisch und Fleisch für sich und gegebenenfalls die Schlittenhunde an. Unser typisch europäisches Denken, ein Vermögen, in welcher Form auch immer, anzusparen, um sich später einmal ein größeres Haus oder Grundstück leisten zu können, war ihnen fremd. Bei einer Lebenserwartung von gerade mal 25 bis 28 Jahren brauchte man sich ja auch wirklich keine großen Gedanken darüber zu machen, was man in seinem Leben erreichen wollte. Da hieß es: Familie gründen, Kinder zeugen, jagen, angeln und hoffen, daß der Rest der Sippe nach dem eigenen Tod weiterlebte.

Irgendwie steckt dieses Denken immer noch in den Köpfen der Menschen. Und wenn einmal pro Jahr der *dividend cheque* ins Haus flattert, wird das Geld ruckzuck ausgegeben. Da wird ein Skidoo gekauft, also ein Motorschlitten, ein Farbfernseher oder eben ein Boot. Dabei gibt es fast keine Arbeit in Ambler, und die Menschen sind eigentlich extrem arm. Sie können von Glück reden, wenn sie einen Job bekommen, egal was, etwa in der Schule als eine Art Hausmeister oder als Regalputzer im Store. Andere versuchen zeitweise die Straßen instand zu setzen. Die einzige Möglichkeit in der »Nähe«, eine gutbezahlte Arbeit zu finden, ist die große Mine Red Dog im Norden, wo Zink und Blei abgebaut wird. Einige der jungen Leute aus Ambler arbeiten da. Sie werden sogar mit dem Flugzeug abgeholt und zurückgeflogen. Sie arbeiten zwei Wochen, haben dann eine Woche frei. Die meisten leben aber vom *dividend cheque* und der Wohlfahrt. Die reicht gerade mal fürs Nötigste, obwohl man das Leben hier draußen eigentlich preiswert gestalten kann, da man nicht viel Kleidung braucht, nicht ständig verlockende Werbung im Briefkasten hat ... Andererseits hat man auch hier Bedürfnisse, will einen Fernseher haben, eine Satellitenschüssel, braucht Benzin, um im Winter seinen Motorschlitten zu betreiben, braucht einen Quad. Und das alles kostet eine Menge Geld, von den Kosten für den Transport hierher ganz abgesehen. Es muß also eisern gespart werden, und wenn ich dann sehe, wie teuer die Sachen im General Store sind – acht Dollar für ein Kilo Zucker, elf Dollar für ein kleines Glas billigen Instantkaffee –, denke ich mir, wie machen die das bloß?

Von den teuren, modernen Booten abgesehen, macht die Siedlung daher einen unglaublich trostlosen Eindruck. Dafür sind die Menschen relativ freundlich. Jeder, den ich grüße, grüßt zurück. Nicht wie in Point Hope oder in Fort Yukon, wo man eher »Fuck you, white man« zu hören kriegt.

Dann treffe ich sie endlich, die gute alte Minigray. Sie läuft gerade vom Nachbarn zu ihrem Häuschen, und da spreche ich sie einfach an und bestelle ihr schöne Grüße von Nick Jans. Sie ist ganz gerührt und bittet mich in ihr Haus. Bei Minigray ist es erstaunlich ordentlich und extrem sauber, was man bei Inupiaqs nicht immer sagen kann. Sie fragt mich, ob ich schon gegessen hätte und ob ich einen Kaffee wolle, und stellt mir selbstgebackenes Brot auf den Tisch und selbstgemachte Heidelbeermarmelade. Dann will sie wissen, wie es Nick geht und wo ich hinwill. Und schließlich erzählt sie von ihrem Leben und daß sie schlecht sehe, trotz ihrer Brille, und eine Augenoperation brauche. Daß sie ihr vor Jahren die Gallenblase rausgenommen hätten und sie seitdem leider nicht mehr so fett essen könne. Aber wenn von ihren Verwandten aus Barrow ab und zu ein Paket mit Blubber – das ist die dicke Speckschicht der Wale – vom Grönland- oder Belugawal komme, könne sie sich nicht beherrschen, denn sie sei ganz verrückt danach. Das ist für sie so, als ob wir von russischen Verwandten aus dem Dondelta Kaviar geschickt bekämen. Daß 1996 ihr Mann gestorben sei und sie am 16. Oktober 81 Jahre alt werde. Der 16. Oktober ist ja auch der Tag meiner »zweiten Geburt«, an dem ich 1976 aus der DDR floh.

Leider spricht Minigray sehr schlecht Englisch, und so muß ich in sehr einfachen Sätzen und ganz deutlich reden, was die Unterhaltung recht schwierig macht. Als ich erfahre, daß die alte Inuit-Frau noch jeden Tag mit ihrer Nichte Lalo – der stämmigen Frau, mit der ich sie gesehen habe – zum Fischen fährt, frage ich, ob ich denn mal mitkommen dürfe.

»Da mußt du Lalo fragen, denn ihr gehört das Boot. Wenn sie einverstanden ist, klar, komm mit.«

Eine tolle Frau, diese Minigray, eine Inuit-Lady wie aus dem Bilderbuch. Sie hat etwas Gütiges und Weiches, beim Fischen aber, so werde ich bald feststellen, ist sie flink und kraftvoll, da merkt man, wieviel Leben und Energie noch in ihr stecken.

Am nächsten Abend fahre ich mit Minigray und Lalo zu ihren Stellnetzen. Das sind Netze, die man vom Ufer aus mit einer Leine zur Flußmitte hin spannt, indem man oben Schwimmer und am Ende der Leine eine Boje befestigt und unten Gewichte zur Beschwerung. Wenn die Fische flußaufwärts schwimmen, verfangen sie sich mit ihren Kiemen in den Maschen. Lalo hat ihre beiden Töchter dabei. Minigray hat außer diesen dreien noch jede Menge weitere Verwandtschaft im Ort. Ihre einzige Tochter wohnt allerdings in Fairbanks. Das mit der

Verwandtschaft ist in so abgelegenen und kleinen Orten ein richtiges Problem. Im General Store arbeitet ein junges Mädchen, höchstens 22, etwas hibbelig, aber sehr aufgeschlossen. Vielleicht weil sie längere Zeit in Sitka verbrachte, auf einer Highschool für Natives. Als ich am Vormittag in dem Laden einen Kaffee trank, flirtete ich ein bißchen mit ihr, und sie fragte mir ein Loch in den Bauch. Und erklärte mir, daß es schwierig sei, im Ort jemanden zu finden, den man heiraten könne, da man mit jedem verwandt sei – und schaute mir dabei tief in die Augen. Ich dachte nur, uff, äh, ich will dich nicht heiraten. In dem Moment kamen zwei Dorfschönlinge herein, einer davon ist ihr Freund – allerdings auch mit ihr verschwägert –, der andere ein ernsthafter Bewerber. Sie musterten mich etwas feindselig und irritiert, so nach dem Motto: Was macht der Fremde hier, wieso flirtet der mit unserer Braut? Um mir keine Probleme aufzuhalsen und ein intaktes Camp zu behalten, trank ich meinen Kaffee aus und verzog mich.

Auch Lalo leidet offenbar an der knappen Auswahl an Männern in Ambler, denn sie wirft mir immer wieder provozierende Blicke zu und macht keinen Hehl daraus, daß sie mich gut leiden kann. Sie ist so um die 50, sie »korpulent« zu nennen wäre geschmeichelt, hat krauses Haar, ein rundes, flaches Gesicht und entspricht halt so gar nicht meinem Schönheitsideal von einer Frau.

Obwohl die beiden Frauen das Netz schon am Morgen kontrollierten, sind wieder mehrere sehr große Hundslachse und Sheefische darin, ein großer Hecht, etliche kleine Gründlinge und jede Menge Whitefish, ein Fisch, der unserer Plötze ähnelt, vielleicht ein klein bißchen länglicher ist und hier im Norden seltsamerweise als Delikatesse gilt. Lalo und Minigray haben über eine Stunde damit zu tun, ihre zwei Netze auszuleeren. Ich bin erstaunt, wie schnell Minigray in ihrem Alter noch arbeitet, wie sie sich fast katzenartig bewegt, geschmeidig von der einen Bootsseite zur anderen klettert. Wenn man das Gesicht nicht sähe, könnte man sie für einen jungen Menschen halten. Kein Unterschied zu einer 30jährigen Frau. Unglaublich.

Die beiden kleinen Mädchen, etwa zwölf und 14, sind sehr schlank und richtig hübsch, haben schmale Gesichter, ganz untypisch für Inuits, lange braune Haare, große braune Augen; die eine könnte genausogut Italienerin oder Spanierin sein. Sie geben sich alle Mühe, irgend etwas zu tun, denn ich bin ständig am Filmen und Fotografieren, stellen sich jedoch sehr ungeschickt an. Ich habe den Eindruck, daß sie das erste Mal beim Fischen dabeisind. Aber immerhin sind sie überhaupt mitgekommen. Das ist wahrscheinlich schon viel wert, denn von den anderen Kindern im Ort sehe ich nie eines arbeiten. An der Schule ist ein Basketballkorb montiert, da spielen sie, oder sie hängen im General Store herum. Was aus denen mal werden soll, ist eine andere Geschichte.

Als wir zurückkommen, wuchte ich die Zinkwannen mit den Fischen auf den Strand, ziehe das Boot an Land, mache es am Anker fest und schleppe den Fang zum Quad. Alle in Ambler fahren Quads. Selbst acht-, neunjährige Kinder kurven damit schon wie die Wilden durch die Gegend. Quads brauchen wenig Benzin, sind geländetauglich, man kann einen Hänger dranmachen, ist damit sehr flexibel und unabhängig. Aber das Wichtigste ist wahrscheinlich, daß sie einfach hierherzubringen sind.

Minigray und Lalo werden ihre Fische erst morgen verarbeiten, weil es schon spät ist. So lassen sie den Fang einfach in den Wannen, und ich bringe ihn rüber zum Haus. Hinter dem Haus steht eine Art riesiges Zelt, mit Planen abgespannt, in dem schon jede Menge Fische hängen. Hier wird der Fisch geschuppt, der Länge nach aufgeschnitten, ausgenommen, auf Gestelle gehängt, später geräuchert oder zu Trockenfisch verarbeitet. Keine Ahnung, ob die Männer, die vorbeikommen, eifersüchtig sind, jedenfalls habe ich den Eindruck, sie mögen es nicht, daß ich den Frauen helfe, während diese es sehr wohl zu schätzen wissen, obwohl sie es nicht offen zeigen. Als Ge-

genleistung darf ich filmen und fotografieren, was das Zeug hält – und damit bin ich mehr als zufrieden. Der einzige Mann, der mir wohlgesinnt ist, ist Billy, der Typ, dem ich bei meiner Ankunft meine Uhr lieh.

Am nächsten Morgen gießt es wie aus Kübeln. Als ich zu Minigray komme, sitzen sie, ihre gut ein Jahr ältere Schwester und Lalo schon bei der Arbeit. Es fasziniert mich, wie geschickt die drei Frauen mit ihren Ulus hantieren, runden, sichelförmigen Messern, ähnlich einem Wiegemesser, wie wir es zum Kleinhacken von Kräutern verwenden. Auch Minigrays Schwester ist überaus freundlich zu mir und läßt mich mit der Kamera dicht heran. Dann kommt eine andere Frau dazu, die attraktivste im ganzen Ort. Sie ist schätzungsweise 30 bis 35 Jahre alt, ziemlich schlank, hat langes welliges Haar und spricht gut Englisch. Als sie hört, daß ich Fotograf und Tierfilmer bin, erzählt sie, daß sie einen Fotografen kannte, der ähnlich verrückte Geschichten wie ich machte. Aber der sei von einem Bären gefressen worden.

»Hey, das war vielleicht sogar mein Freund Michio, Michio Hoshino?«

»Ja, so hieß er. Michio hat sehr respektlos über Bären gesprochen. Mit respektlos meine ich, daß er mehrmals erzählt hat, wie nah er an Bären dran war, wie er sie fotografiert und tolle Bilder gekriegt hat. Und jeder, der sich gegenüber Grizzlys respektlos verhält, ist dem Tod geweiht. Bei Tim Treadwell und seiner Freundin war es genauso.«

Ich zucke zusammen und denke, autsch, denn ich bin ja auch immer wieder mal ganz nah an Bären dran. Ich erzähle ihr, daß ich die Bären entscheiden lasse, wie nah sie an mich herankommen möchten, daß sich also die Bären auf mich zu bewegen – wenn sie denn wollen – und nicht umgekehrt.

In der Kultur und im Glauben der Inuits ist der Bär ein extrem starkes, ein gottähnliches Tier. Und so warnt mich die Frau denn auch, mich niemals mit einem Bären anzulegen.

»Was Tim gemacht hat, als er sagte, er würde gern einmal als Exkrement in einem Bärenhaufen enden, das war die größte Herausforderung. Herausforderung in dem Sinn, daß wenn man so etwas im Kreis anderer Menschen behauptet, man schon des Todes ist. Weil man den Bären provoziert und das nur dazu führen kann, daß der einen früher oder später tötet.«

Ich halte mich daraufhin mit meinen Bärengeschichten wohlweislich zurück und erzähle nur von meinen anderen Abenteuern in Alaska. Die Frauen verarbeiten derweil ihren Fisch, machen ein kleines Feuer aus Birkenrinde, das mächtig viel Rauch erzeugt, um den Fisch etwas anzutrocknen. Nur das weiche Fleisch wird herausgeschnitten, das Übrige aber sorgfältig aufgehoben, selbst die Köpfe, um Fischsuppe daraus zu kochen.

Die Inuits verwerten Dinge sehr viel sorgfältiger als die Indianer. Das liegt wohl daran, daß die Ressourcen hier, zumindest was Fisch angeht, lange nicht so üppig sind wie am Yukon, wo man sogar Königslachse zurück in den Fluß wirft. Es ist wie immer und überall auf der Welt: Wenn etwas im Überfluß vorhanden ist, pickt man sich nur die besten Stücke heraus; muß man aber haushalten, läßt man nicht einmal den kleinsten Rest verkommen. Schon gar nicht, wenn man im General Store neun Dollar für einen Hamburger auf den Tisch legen muß.

Andererseits: Wenn etwas kaputtgeht und nicht reparierbar ist – oder man es für nicht reparabel hält –, läßt man es einfach liegen, genau an dem Ort, an dem es den Geist aufgegeben hat. Einen riesigen Caterpillar zum Beispiel. Ich guckte mir die Maschine heute morgen an, supertoller Motor, ein richtig geiler, großer John-Deere-Motor. Mensch, den würde ich wieder herrichten! Steht einfach herum und verfällt, da blutet mir das Herz. Am Ufer fand ich gestern eine Angelrolle mit Schnur, die mindestens ihre 50, 60 Dollar gekostet hat. Sie funktionierte sogar noch. Man stelle sich vor, in Deutschland würde so eine Angelrolle herumliegen oder ein Motor. Ich weiß, man soll nicht immer alles vergleichen, trotzdem: Bei uns im Dorf spielen die Kinder auf alten Traktoren oder Raupenschleppern, bauen Sachen auseinander und schrauben daran herum. Wenn da eine Angelrolle läge, wäre sie in fünf Minuten weg. Die würde sich gleich einer schnappen und wäre happy.

Generell hat man hier, wie mir scheint, keinen Sinn dafür, Sachen auf- oder wegzuräumen. An den Häusern hängt zum Teil noch die Weihnachtsbeleuchtung vom letzten Jahr.

Ich habe mein Camp mittlerweile auf eine große Sandbank ungefähr eine halbe Meile flußaufwärts verlegt. Das hat zwei entscheidende Vorteile: Mein Zelt ist vom Ort aus nicht zu sehen, denn ich sitze zwischen dicken Weidenbüschen, und die Netze von Minigray und Lalo sind nur 300 Meter entfernt. Ich kann die beiden morgens kommen hören und mit meinem Kanu runterfahren, sie beobachten, filmen und fotografieren. Wenn es nur nicht ununterbrochen regnen würde! Alles wirkt in dem flauen Licht flach. Das werden keine schönen Fotos, überlege ich, Matsch mit Soße, wie der Fotograf sagt. Hoffentlich werden die Videos besser, die Videokamera ist nicht so sensibel, was derart maues Licht angeht.

Früh am Morgen, irgendwann zwischen vier und fünf Uhr, brummt Cita, und ich werde wie immer schlagartig wach. Ich linse nach draußen. Nur wenige Meter vor uns steht ein Bär, so wie vor einiger Zeit der Wolf. Er hat sich gegen den Wind angepirscht. Zunächst traut sich Cita irgendwie nicht so richtig aus dem Zelt, doch dann schießt sie auf den Bären los, und ich denke, ach du Schande. Der Bär dreht sich sofort auf den Hinterpranken herum und spurtet in die Büsche, Cita hinterher. Ich höre sie für einen Moment Hetzlaut geben, dann kommt sie aber auch schon wieder zurück. Sie legt sich auf ihre Decke und zittert weiter. Sie ist immer noch scheinträchtig. Ich wünschte, ich hätte einen kleinen Hund für sie, den ich ihr anlegen und den sie betüddeln könnte. Sie schleppt immer meine großen schweren Meindl-Schuhe – ihre Kinder – auf ihre Decke und versucht sie zu säugen. Obwohl es mir weh tut, sie so leiden zu sehen, bin ich auch verärgert, denn ein Hund, der hormonell völlig aus dem Lot ist, ist das letzte auf meiner Wunschliste.

Der Bär hat sich mit Sicherheit nicht für meinen Whiskey interessiert, die einzige »Nahrung« im Zelt, sondern war wohl nur neugierig, wie es Bären halt mal sind. Obwohl ich in all den Jahren, die ich nun schon als Tierfilmer durch die Wildnis streife, immer wieder engen Kontakt zu Bären hatte, hat mich der Besuch aufgeschreckt. Ich finde keinen Schlaf mehr und fange an zu grübeln. Gern hätte ich jetzt Erik bei mir. Zwar vermisse ich auch Birgit und Thore, aber Erik und ich sind viel mehr auf einer Wellenlänge. Wir können stundenlang einträchtig nebeneinander angeln, Tiere beobachten, filmen oder fotografieren, ohne daß uns langweilig würde und ohne ein Wort wechseln zu müssen. Dennoch sind wir uns bei solchen Gelegenheiten der Anwesenheit des anderen immer bewußt und genießen sie. Mit Erik ist es auch kein Problem, über längere Zeit in einem winzigen Zelt zusammenzuleben.

Mit Birgit schon eher. So ist es halt mal. Andererseits habe ich mit meiner Frau wirklich einen Glücksgriff getan. Es ist für sie nicht leicht, in den Monaten, in denen ich auf Dreh bin, zu Hause alles allein zu managen, quasi als alleinerziehende Mutter zu leben und sich dann von heute auf morgen wieder auf ein Zusammenleben mit mir einzustellen und die Verantwortung zu teilen. Und es ist ja nicht so, daß ich hier in Alaska in einem Büro sitze. Trotz aller Vorsicht ist Tierfilmer kein ungefährlicher Beruf – wenn man sich nicht gerade auf heimische Regenwürmer, Schnecken oder ähnlich harmloses Getier spezialisiert hat. Birgit zeigt da seit vielen Jahren eine unglaubliche Toleranz und meistert die Schwierigkeiten, die sich aus meinem Beruf für die Familie und eine Ehe ergeben, mit Bravour. Und ich weiß das sehr zu schätzen. Sage ich ihr das oft genug?

Unwillig schüttle ich die Gedanken aus meinem Kopf, ziehe mich an und paddle über den Kobuk, setze mich an den Strand, kaue an einem Müsliriegel und warte, bis es spät genug ist, um zu Minigray gehen zu können. Ein paar Kinder kommen neugierig näher und schauen mich ganz komisch an, denn Müsli ist so ziemlich das letzte, was ein Inuit essen würde. Ich biete ihnen einen Riegel an, aber sie schütteln nur den Kopf. Als ich jedoch eine Tüte Gummibärchen hervorhole, zerreißen sie sie beinahe in der Luft.

Minigray hat einen großen Haufen Holz vor ihrer Tür, Fichtenholz. Es ist bereits in 50 Zentimeter lange Abschnitte gesägt, muß nur noch gespalten werden. Leichtsinnig biete ich meine Hilfe an. Was ich nicht ahne: Diese Fichtenstämme winden sich auf eineinhalb Meter Länge einmal um die eigene Achse, und das Holz ist extrem hart, mit einer Axt fast nicht zu spalten. Da habe ich mir was Schönes eingebrockt, denke ich, während mir trotz der Kälte bald der Schweiß runterrinnt und ich auf den kleinen Haufen starre, den ich bislang geschafft habe. Und eigentlich bin ich gut im Holzhacken. Ich frage mich, wer das sonst erledigt. Der zarte Enkel ihrer Schwester, etwa in meinem Alter, ziemlich bleich im Gesicht, mit einem kleinen Bärtchen – Inuits haben ja kaum Bartwuchs – und einer großen Brille? Nee, der kriegt das Holz doch nie im Leben gespalten!

Ich schaffe dann doch einen erstaunlichen Stapel, und Minigray lädt mich daraufhin zum Hechtessen ein. Ich erzähle der Inuit-Lady, daß ich mit Hecht groß wurde und in wie vielen Variationen ihn Großmutter auf den Tisch brachte: Hechtklößchen mit Majoran, Dill und Zwiebeln, Hecht in Aspik, gekochten Hecht, gebratenen Hecht, Hechtsuppe ... Aber irgendwann sagte Großmutter, Andreas, jetzt bringst du keine Hechte mehr nach Hause. Ich weiß gar nicht mehr wohin damit, wir haben noch fünf in der Badewanne. Und jetzt sitze ich mitten in Alaska vor einem Hecht. Minigray hat ihn im Backofen gebakken, und er schmeckt ausgesprochen gut, fast so gut wie bei Großmutter. Ich habe den Eindruck, daß Minigray mich einerseits etwas betüddeln will und es andererseits genießt, daß jemand ihr hilft, sich um sie sorgt.

Tagelang hoffe ich nun schon darauf, daß es richtig kalt wird, damit Minigray wieder ihren Eskimoparka anzieht, in dem ich sie am ersten Tag gesehen habe. Dieser Mantel ist für mich der Inbegriff der Eskimokleidung, und Minigray sieht darin einfach umwerfend aus. Pelz steht diesen Menschen generell gut. Ohne Pelz wäre ein Überleben hier oben im Norden früher – vor der Erfindung kältetauglicher Stoffe wie etwa Fleece – gar nicht möglich gewesen, und selbst heute spielt er noch eine wichtige Rolle. Das gilt nicht nur für den Pelz, sondern generell für das Karibu, aus dem die Inuits in der Regel ihre Kleidung machten und noch machen. Das Karibu war und ist das wichtigste Tier für die Menschen im Norden.

Heute morgen ist relativ schönes Wetter, die Sonne scheint, aber es bläst ein starker Wind. Und Minigray trägt endlich ihren dicken, schweren Eskimoparka: dunkelgrün mit einer kunstvoll mit Blumen bestückten Bordüre an den Ärmeln, um die Taille sowie auf der Brust und mit einer Verbrämung aus Vielfraßfell! Unter der Kapuze hat sich Minigray wie bislang an jedem Tag, den ich sie gesehen habe, ihr lila Wolltuch um den Kopf geschlungen. Beim Hochholen der Netze erzählt sie mir, daß sie am nächsten Tag nach Fairbanks fliegen wird, weil sich der Arzt ihr Knie ansehen will und die Augen, die ihr so zu schaffen machen. Bei der Gelegenheit erfahre ich, daß die kleine Sky und ihre Schwester nicht die Kinder von Lalo sind, obwohl sie sie Mamu nennen, sondern ihre Enkel. Ich hatte mich schon gewundert, denn Lalo ist um die 50 und seit fast 20 Jahren Witwe. Ihr Mann war eines Tages völlig unterkühlt von einem Jagdausflug zurückgekehrt und an dieser Unterkühlung gestorben.

Die Inupiaqs hier frieren offensichtlich sehr schnell und sind immer ganz verwundert, daß ich recht dünn bekleidet herumlaufe – habe halt eine Hose und eine Jacke aus Polarfleece an. Fast jeden Tag fragt mich einer, ob ich nicht fröre, ich hätte ja nicht einmal Handschuhe an. Nachts im Zelt, das müsse doch furchtbar kalt sein. Ganz anders in Point Hope, nur 400 Kilometer nördlich von hier, da traf ich im letzten Jahr Inupiaqs bei Minus 30 Grad auf dem Packeis. Die frieren kein bißchen, sind extrem abgehärtet.

Wie dem auch sei. Die beiden Töchter von Lalo – die »richtigen«, nicht ihre Enkelkinder – sind schwere Alkoholiker und leben in der Nähe von Fairbanks, sind da irgendwo außerhalb gelandet und gestrandet. Als ihnen der Staat die Kinder wegnehmen wollte, adoptierte Lalo die beiden Mädchen und nahm sie zu sich. Alkoholismus ist in vielen Gegenden Alaskas ein Problem. Viele Kinder werden mit Gehirnschäden geboren, weil die Frauen selbst in der Schwangerschaft haltlos trinken. Auch mit Billys Tochter stimmt was nicht. Sie hat ein seltsam plattes Gesicht, ist extrem schüchtern und kann kaum sprechen. Allerdings kann sie Quad fahren.

Auf Karibujagd

Am Nachmittag, während ich bei Minigray und Lalo sitze, kommt Billy vorbei, und ich bitte ihn, mit mir auf Karibujagd zu gehen. Schließlich bin ich hier mitten in einem Gebiet, in dem jedes Jahr eine große Karibuwanderung stattfindet und die Inupiaqs – offensichtlich seit Jahrtausenden schon – Jagd auf diese Tiere machen. Die Jäger warten am Fluß, den die Tiere seit Menschengedenken an immer denselben Stellen überqueren. An einer davon, der Onion Portage ganz in der Nähe, wurden vor einigen Jahren bei Ausgrabungen Werkzeuge aus Feuerstein gefunden, die man auf 12 000 bis 14 000

Jahre zurückdatieren konnte, außerdem Feuerkohlereste und so weiter. Onion Portage dürfte damit einer der ältesten bekannten Siedlungsplätze in ganz Amerika sein. Billy zögert, fragt sich wohl, was er bei der Jagd mit einem Greenhorn wie mir anfangen soll, doch als ich anbiete, den Sprit zu bezahlen, gehen seine Ohren sofort hoch, denn zur Onion Portage sind es 30 Kilometer Luftlinie und Billy hat an seinem Boot einen großen, 70 PS starken Zweitaktmotor, der ordentlich Benzin schluckt. Wir verabreden uns für den nächsten Tag, und ich gebe Billy 100 Dollar, damit er den Tank vollmachen kann.

Am nächsten Morgen treffen wir uns bei Billys Boot und fahren Richtung Onion Portage. Ein kurzes Stück vor dem Ziel versperren uns zwei Ranger mit ihrem Wasserflugzeug den Weg und fordern uns auf, nach Ambler zurückzufahren. Sie denken, ich sei auf Trophäenjagd.

»Nein, nein«, erkläre ich und zeige ihnen meine Kameras und all das andere Equipment, »ich bin Tierfilmer und will Karibus sowie die Karibujagd von Einheimischen filmen und fotografieren. Ich will nicht selbst schießen.«

»Ja, wenn das so ist. Die Karibus sind aber noch nicht da«, sagt der eine nach einem Blick auf meine Ausrüstung.

»Geht doch mal auf den Berg«, rät der andere und deutet dabei über meine linke Schulter, »vielleicht seht ihr sie von dort oben. Wir haben bisher jedenfalls keine ausgemacht.«

Na ja, mal sehen, ob wir mehr Glück haben. Billy und ich klettern den Hang hoch. Der Inuit hat seine alte .30-30 Winchester und ein Fernglas dabei und ist recht zünftig angezogen. Ich denke, hey, ist ja ein ganz taffer Typ. Dann kommen wir oben an, und Billy sagt, wow, das war ein toller Marsch! Ich gucke wohl ziemlich dumm aus der Wäsche, denn wir waren gerade mal 20 Minuten unterwegs!

Wir grasen die Tundra ab. Zwergbirken, Heidekraut und Heidelbeeren tragen ihr rotgefärbtes Herbstkleid, die Weiden hingegen sind gelb, dazwischen als grüne Tupfer verschiedene

Moose. Was für ein herrliches Farbenspiel. Aber es pfeift ein eisiger Wind über die Planes. In der Ferne sehen wir den Jade Mountain auf der Halbinsel Seward, ein Berg ganz aus dunkelgrüner Jade – eine unglaubliche Laune der Natur. Ich würde ihn mir gern mal aus der Nähe anschauen, aber er ist zu weit weg. Früher wurde dort sogar eine Zeitlang Jade abgebaut und nach Asien verschifft, da sie wohl recht gut gewachsen ist.

Plötzlich machen wir eine kleine Karibuherde aus, und Billy gerät ganz aus dem Häuschen.

»Die kommen da am Fluß an. Dort können wir ihnen den Weg abschneiden.« Dabei fuchtelt er so wild mit dem Arm, daß nur zu erahnen ist, welche Stelle er meint.

»Laß uns doch von hier anpirschen«, schlage ich vor, denn ich will ja filmen und fotografieren.

»Ach ne, es ist zuviel Arbeit, das Tier dann durch die Tundra zu schleifen, wir jagen besser unten am Fluß.«

Also laufen wir zum Fluß zurück. Dort haben inzwischen zwei weitere Boote festgemacht, und die Jäger liegen am Strand in Lauerposition. Billy verrät ihnen bereitwillig, daß wir eine Herde mit 25 Tieren und ein Stück dahinter eine weitere mit 15, darunter starke Bullen, ausgemacht haben, die direkt auf den Fluß zuziehen. Es dauert nicht lange, da erscheinen die ersten Karibus am gegenüberliegenden Ufer.

Sofort springt eine alte Frau in eines der Boote und ruft zu ihrem Enkelchen: »Welches Gewehr haben wir dabei? Haben wir die .22 Magnum mit?«

»Ja ja, Großmutter, haben wir.«

Sie machen sich bereit. Der blasse Sohn, der fast wie ein Weißer aussieht und eine riesige Brille auf der Nase sitzen hat, sitzt nervös am Steuer, während der Kleine Ausschau hält und Großmutter die Halbautomat durchlädt. Auf einmal setzen sich vier Karibus ab und staksen ins Wasser. Der Sohn wartet, bis sie keinen Boden mehr unter den Füßen haben, dann gibt er Gas und brettert mit einem Affenzahn den Fluß hinunter. Die Karibus kehren um, mitten im Fluß, wollen zurück zur Herde, aber es ist zu spät, sie kommen nicht schnell genug voran. Das Boot steuert genau auf sie zu, Großmutter geht im Bug in Stellung und schießt ihr ganzes Magazin – zehn Patronen – leer. Ich höre nur *piu piu piu*. Und eins nach dem anderen der vier Karibus streckt sich im Wasser und treibt an der Oberfläche (ihr dichtes Fell wirkt wie ein Auftriebskörper). Großmutter bleibt, soweit ich das von meinem Standort aus beurteilen kann, völlig cool. Vorsichtig läßt der Sohn das Boot neben die Tiere gleiten, die an Seilen befestigt und zum Ufer geschleppt werden.

Dann fährt die andere Familie los, steuert, ohne es zu wissen, direkt auf eine Herde mit sechs Bullen zu, die von einer Insel verdeckt den Fluß durchqueren. Auf einmal rücken die Karibus ins Sichtfeld. Die Tiere schwimmen, was das Zeug hält. Und haben Glück, denn das Wasser ist an der Stelle sehr flach: Nach wenigen Metern haben sie Boden unter ihren Hufen und können durch das seichte Wasser galoppieren. Doch einer der Männer ballert ihnen mit einer großkalibrigen Waffe ein paarmal hinterher und trifft eins der Tiere mitten auf den Körper. Großmutter hat alle mit Kopfschuß gestreckt.

Ein Europäer, der so etwas sieht oder hört, ist meist geschockt und denkt, wie kann man nur? Aber Natives haben, wie schon erwähnt, nicht unsere ethische Vorstellung von der Jagd und sind nicht die »edlen Wilden«, die fair und rituell zu Werke gehen. Die Rituale halten sie davor und danach ab, während der Jagd sind sie total cool. Den »edlen Wilden« haben wir Weißen, haben Femimor Cooper, Karl May und andere den Natives angedichtet. Doch die First Nation People sind Pragmatiker. Sie sagen sich, hier kommen 50 Karibus über den Fluß, ich habe eine riesige Familie mit acht Kindern und Enkelkindern und Cousins und Cousinen und … Ich schieße jetzt das ganze Magazin leer, und wenn ich zehn Karibus erwische, dann ist das prima, dann schlachten wir einen Tag lang und haben Fleisch für den ganzen Winter. Da geht es nicht darum, eine faire Jagd zu betreiben. Das ist unwaidmännisch, klar, und es ist unfair, und wer das nicht mag, der muß es sich ja nicht angucken. Selbst ich als ausgebildeter Jäger sehe es mit gemischten Gefühlen, wenn die Tiere mit aufgerissenen Augen und blutendem Kopf im Wasser treiben, denn es ist ein grausiger Anblick, aber ich sehe auch die andere Seite: Diese Art des Jagens dient nicht dem Vergnügen, dem Sammeln von Trophäen, sondern ist eine effektive Methode der Nahrungsbeschaffung.

Natürlich sind die letzten Minuten eines Tieres, das auf diese Art gejagt wird, nicht schön: Da fährt ein Motorboot auf dich zu, das ist laut, da hocken Menschen drin, es riecht nach Tod, da wird geschossen, dein Nachbar fällt im Wasser, neben dir der Kollege kippt aus den Latschen, dann noch ein Schuß, eine ultraschnelle Kugel trifft dich in den Kopf, und das war's. Aber du hast tolle Jahre gehabt, bist mit deiner Mutter durch die Tundra gezogen, konntest dich paaren, hast dir die schönsten Pflanzen zum Fressen aussuchen können, hast Sommer und Winter erlebt, warst in eine Herde integriert. Was will ein Karibu mehr? Wenn ich das mit den Tieren vergleiche, die wir bei uns auf den Farmen und in Zuchtanlagen halten, die nie Tageslicht sehen oder an die frische Luft kommen, die sich nie paaren oder richtig bewegen können, dann sind *die* für mich im wahrsten Sinn des Wortes »arme Schweine«. Mehr oder weniger auf den Tag genau nach der Mästung kriegen sie einen Stromstoß und werden die letzten zehn Minuten, zum Teil noch länger, streßvoll gequält. Und die Leute, die glauben, sie müßten sich darüber aufspielen, wie Natives in aller Welt Tiere jagen, diese Leute sitzen mittags in den Kantinen von Hochhäusern, wo sie ihre Öko-Zeitung oder sonst etwas machen, und stopfen gedankenlos irgendwelches Fleisch in sich hinein – vielleicht Puten- oder Hühnergeschnetzeltes? Wer einmal gesehen hat, wie Geflügel industriell aufgezogen und gehalten wird, der kriegt das große Heulen. Ich kann das Fleisch solcher Tiere jedenfalls nicht essen.

Auf einmal kommt noch ein Boot, wohl Verwandte von Großmutter. Die kennt keinen Futterneid, ist glücklich, daß sie vier Karibus erwischt hat.

»Wenn ihr eins wollt, sucht euch eins aus«, ruft sie den Neuankömmlingen zu. »Schlachten müßt ihr es aber schon selbst.«

Und dann kommt noch ein Boot. Ich denke, hier geht's zu wie auf dem Jahrmarkt.

»Ach, du bist es, Maggie. Willst auch eins haben? Nimm nur, ich kann sowieso nur zwei brauchen.«

Der blasse Inuit weidet geschickt die zwei übrigen Karibus aus. Einer seiner Verwandten, ein schwerbewaffneter alter Mann, der das ganze Boot voller Gewehre hat, am Holster eine gewaltige .45 Government Automatikpistole, am Gürtel ein Riesenmesser und über der Brust einen Patronengurt, macht sich ebenfalls ans Werk, allerdings etwas unbeholfen.

Billy und ich stoßen dazu, und ich frage, ob ich Fotos machen und ein Video drehen dürfe.

»Ja ja, kein Problem.«

Auf einmal sagt Billy: »Du, ich muß bald nach Hause, ich schieß jetzt keins mehr, ist zuviel Arbeit, das noch ganz fertig zu machen.«

»Och, ist doch keine Arbeit«, entgegne ich.

Da meint der mit der .45 am Holster: »Hast du überhaupt schon mal ein Karibu aus der Decke geschlagen?«

»Ein Karibu nicht, aber andere Tiere.«

»Dann komm, mach mal«, fordert er mich auf und drückt mir ein superscharfes Messer in die Hand.

Im Nu bin ich von Inupiaqs umringt, denen die Skepsis ins Gesicht geschrieben steht. Ich lege los, und mein Publikum staunt. Selbst Großmutter ist so beeindruckt von meinen Metzgerkünsten, daß sie spontan nach meinem Fotoapparat greift.

»Mensch, ich muß ein Foto von dir machen. So schnell habe

ich noch nie jemanden ein Karibu häuten sehen. Du machst das ganz anders als wir, wieder was dazugelernt.«

Die Tiere sind ja noch ganz warm, daher läßt sich die Haut unheimlich gut vom Fleisch ziehen. Ich arbeite viel mit der Faust: fahre mit der Hand zwischen Fleisch und Decke und setze die Knöchel ein, brauche kaum mit dem Messer nachzuhelfen, nur an den Läufen und den Gelenken. Das geht ruckzuck, und so nehme ich mir gleich ein zweites Tier vor. Ich bin erstaunt, wie klein die Karibus hier sind, sehr viel kleiner als die *Barren Ground Caribous*, nur knapp so groß wie ein junger Rothirsch, wiegen also gerade mal um die 100 Kilo, haben aber gewaltige Geweihe und eine schöne Mähne.

Eine der Frauen schneidet einem Karibu die Läufe ab.

»Hmm, lecker, das gibt heute abend eine Delikatesse: Die frischen Beine über dem Lagerfeuer gegrillt, dann die Knochen zertrümmert und das Mark ausgelutscht. Da freu ich mich schon drauf.«

Ihr läuft regelrecht das Wasser im Mund zusammen, und wer einmal Knochenmark gegessen hat, der weiß, wie gut es schmecken kann. Außerdem ist es nahrhaft und macht unheimlich satt. In Deutschland essen wir das Knochenmark nicht mehr, wenn wir Rothirsche schlachten; vielleicht sollte ich es wieder mal probieren.

»Jetzt wird es aber Zeit, wir müssen los«, drängelt Billy.

Das Blut der Karibus zieht Wirbel durch das ansonsten glasklare blaue Flußwasser, die frischgefegten Geweihstangen – nur ein Bulle war noch im Bast – schimmern golden im Licht der Abendsonne. Ein phantastisches Farbenspiel.

»Ich muß jetzt wirklich zurück. Meine Frau hat heute noch was mit mir vor«, bringt sich Billy wieder in Erinnerung, und ich muß grinsen. »Nein, nicht was du denkst.«

Auf dem Rückweg ist er richtig gesprächig. Er kennt den Fluß sehr gut und weist mich auf jede Menge flacher Stellen hin.

»Guck mal hier«, ruft er plötzlich, »an der Bank, der *cat bank*, da finde ich immer mal wieder fossile Knochen, manchmal von Mammuts. Halt mal Ausschau nach einem Stoßzahn.«

Doch er fährt so schnell, daß ich keine Chance habe, überhaupt irgend etwas zu sehen.

Schattenseiten

Zurück in der Siedlung, gehe ich zu Minigray. Sie sitzt in ihrer Schürze, mit ihrem Kopftuch und ihrer großen Brille vor ihrem Häuschen, hat ein Stöckchen in der Hand und vertreibt sich die Zeit damit, Vögel vom aufgespaltenen Fisch zu verscheuchen.

»Es kommen so viele Elstern und Grauhäher, picken an dem Fisch herum und holen sich das Fleisch«, schimpft meine Inuit-Lady.

Wir gehen ins Haus, und sie macht mir wieder etwas zu essen, Toast mit Butterschmalz. Ich schaue mir unterdessen die Bilder an den Wänden an. Auf einem Foto ist Minigray als junges Mädchen mit einem ganzen Netz voller Lachse im Fluß zu sehen, das Wasser vor ihr kocht geradezu, die Lachse sind in den Maschen in die Enge getrieben. Da steht sie also in ihren Wattstiefeln. Ich glaube, sie war ihr Leben lang eine große Fischerin.

Sie hat heute wieder einen großen Saibling im Netz gehabt.

»Was ist das denn jetzt, eine *dolly varden* oder ein *arctic char*?«

»Ich weiß es nicht, André« – sie nennt mich immer André – »ich weiß nur, daß es eine Forelle ist. Wir haben nur diese eine Art Forelle hier im Fluß, also muß es eine Forelle sein.«

Arctic chars sind Forellen, die im Meer leben, zum Laichen ins Süßwasser kommen und danach wieder ins Meer verschwinden, und das wohl zigmal im Leben – im Gegensatz zu den pazifischen Lachsen, die nach dem Ablaichen sterben. Auch Stilett-Forellen – die wie große Regenbogenforellen aussehen – kommen aus dem Meer zum Laichen, allerdings im zeitigen April. Sie sind zum Teil unheimlich schön gefärbt, vor allem die Männchen mit ihren orangen Bäuchen.

Wir kommen vom Hölzchen aufs Stöckchen zu sprechen, und ja, es sei so kalt in ihrem Haus – dabei ist es mollig warm –, sie hätte den Ofen schon an, aber das Feuerholz ... Ich verstehe den Wink und hacke ihr noch ein paar Klötze klein. Sie ist eine tolle Frau, und ich wünschte, die jungen Leute würden sie nicht nur als Großmutter respektieren, sondern von ihrer Lebensweisheit, von ihrer Lebenseinstellung und -erfahrung lernen. Oder von dem alten Mann Allen Woods. Allen ist ein richtiger Trapper, Jäger und Fallensteller, einer von altem Schrot und Korn, der es ablehnt, die Karibus vom Boot aus zu schießen. Er jagt sie noch richtig in der Tundra. Sein Sohn, total verwahrlost, Alkoholiker, nimmt Drogen, hängt nur herum. Er hält einen halbverhungerten Schlittenhund an der Kette, der in einem alten Ölfaß wohnen muß. Es ist gar nicht daran zu denken, daß dieser Sohn einmal in seines Vaters Fußstapfen tritt, die Tradition und die alten Riten der Inuits übernimmt und bewahrt.

Wie wird es wohl mit dieser Kultur weitergehen? Werden die Inuits aussterben – oder sich so verändern, daß sie zu ganz anderen Menschen werden? Es gibt ein Foto von mir, das vor vielen Jahren in Point Hope aufgenommen wurde. Damals lebte ich einige Zeit hoch oben im Norden von Alaska mit Walfängern draußen auf dem Packeis. Auf diesem Foto stehen wir alle in einer Reihe, und der einzige, der aussieht wie ein Eskimo, bin ich mit meinem dicken Eskimoparka, weiß camoufliert fürs Packeis. Die anderen tragen Baseballkappen, haben »Chicago Bulls« auf ihren wattierten Jacken stehen und sehen aus wie frisch aus dem C & A.

Der Aufenthalt in Ambler ist für mich eine wertvolle Erfahrung und eine große Bereicherung. Ich bin mit ein paar Menschen gut in Kontakt gekommen. Die meisten sind hier sehr freundlich zu mir, viel freundlicher als alle anderen First Nation People, die ich bisher kennengelernt habe, und die Tage hier haben mich filmisch und fotografisch weitergebracht. All das hat mir gutgetan. Aber nun will und muß ich weiter, denn mein Zeitplan ist völlig aus dem Ruder.

Ein letztes Mal gehe ich in den General Store. Die Frau des Besitzers, etwa Mitte 60, erzählt mir, daß sie 1959 nach Alaska gekommen sei und schon viel erlebt habe. Sie ist nicht gerade gut auf die Eingeborenen zu sprechen, flucht und schimpft auf sie, was das Zeug hält. Ich frage mich, warum sie in diesem kleinen Ort lebt, wenn ihr die Menschen so zuwider sind. Soll sie doch nach Fairbanks ziehen oder nach Anchorage. Aber da können sie und ihr Mann die Leute nicht so melken, denn: Der General Store ist eine wahre Goldgrube. Für Hundefutter, Tee und braunen Zucker werde ich heute ruckzuck 48 Dollar los! Puh! Im Vergleich dazu waren der Zucker und der Instantkaffee, den ich vor ein paar Tagen hier kaufte, ja ein richtiggehendes Schnäppchen. Na, denke ich mir, dann kommt es auf eine Tasse Kaffee auch nicht mehr an.

»Der geht aufs Haus«, meint die Besitzerin großzügig, als sie mir den dampfenden Becher vor die Nase stellt.

»Ne, ist schon okay«, sage ich und lege ihr einen Dollar hin. Wieso mache ich das, ich Idiot? schießt es mir durch den Kopf, als ob die hier nicht genug verdienen würden! Tja, und Madame läßt sich nicht zweimal bitten und schiebt den Dollar sofort ein.

Da fällt mir ein, daß ich noch eine Angelschnur brauche, da meine alte über den Sommer durch die UV-Strahlung extrem stark in Mitleidenschaft gezogen wurde und die, die ich hier am Strand fand, nicht stark genug ist.

»Tut mir leid, Angelschnur habe ich keine mehr.«

»Hm, ich bräuchte eine Zwölf-Pfund-Leine«, denn ich hoffe, daß ich noch große Sheefische oder vielleicht einen dicken Lachs drankriege.

»Na gut, ich guck mal, vielleicht finde ich doch irgendwo eine.« Nach endlosen Minuten kommt sie mit einer uralten Schnur angewackelt. »Die kannst du haben.«

Damit meint sie aber nicht, daß sie sie mir schenken würde.

»Hey, mit so einer Schnur fängt man auf Kodiak Heilbutt, mit der kann man nicht werfen, die ist was zum Schleppen.«

»Ja, aber genau das Richtige für Sheefische«, will sie mir weismachen.

Die versucht wirklich aus allem Geld herauszuschlagen, grolle ich in mich hinein. Aber auf dieser Schnur bleibt sie, zumindest was mich anbetrifft, sitzen.

Ich bin nicht besonders gut drauf, etwas erkältet – letzte Nacht war es so tierisch kalt, daß ich sogar Cita mit einer Decke wärmen mußte – und sehne mich nach einer heißen Dusche. Als die Schulrektorin in den Laden kommt, frage ich sie, ob ich in der Schule mal duschen könne, denn gerade heute habe ich wirklich keinen Bock, in den Fluß zu springen. Die Schule ist das größte Gebäude im Ort, hochmodern, mit jeder Menge engagierter Lehrer, die alle versuchen, mit den Natives was zu machen.

»Nein, das geht nicht.«

»*Oh, come on.*«

»Nein, tut mir leid, ich habe genaue Vorschriften.«

Das ist heute definitiv nicht mein Tag. Es ist das erste Mal, daß mir ein Lehrer oder Rektor die Bitte, in der Schule duschen zu dürfen, abschlägt. Normalerweise heißt es, ja klar, komm, geh ruhig rein und dusch mal schnell, brauchst es ja nicht jedem zu erzählen. Offensichtlich gibt es auch in Alaska so richtig typisch deutsches Beamtendenken. Immer schön nach Vorschrift, nur ja keinen Millimeter abweichen. Trotzdem unterhalte ich mich noch ganz gut mit der Frau. Sie bestätigt mir meinen Eindruck, daß die jungen Leute hier gar nichts machen, einfach nur rumhängen.

»Die Mädchen werden sehr schnell schwanger, leider auch die etwas gewiefteren, schmeißen dann die Highschool und widmen sich einem verkorksten Familienleben. Die anderen werden sowieso schnell schwanger. Es ist viel Alkohol im Umlauf, und es gibt ständig Partys. Das Ende vom Lied ist, daß alle mehr oder weniger entwurzelt leben.«

Was soll ich dazu sagen? Wenn man hier geboren wird, in so einer Siedlung, nie rauskommt oder vielleicht gerade mal nach Kotzebue, wo Kriminalität und Gewalt noch stärker verbreitet sind, was soll dann schon aus einem werden? Die Eltern trinken, rauchen und nehmen Drogen. Man sieht das jeden Tag, lebt ja mit der ganzen Familie in einer kleinen Hütte auf engstem Raum ... Als Außenstehender läßt man sich leicht zu einem vorschnellen Urteil verleiten: Guck dir die nur an, wie die sind, wie die leben, total asozial. Aber je mehr man die Hintergründe kennt, desto stärker wächst das Verständnis, und man wundert sich, daß sich nicht noch mehr Leute das Leben nehmen, als es ohnehin der Fall ist.

Die Rektorin erzählt mir von einem Mädchen, das von vier oder fünf Jungs und unter der Mithilfe eines anderen Mädchens vergewaltigt worden war. Die Jugendlichen wurden aufgrund ihres Alters lediglich verwarnt, das Opfer nahm sich zwei Monate später das Leben. Solche Vorfälle sind leider keine Seltenheit in diesem 300-Seelen-Ort. Die kleine Kirche ist wahrscheinlich auch nur eine falsche Zufluchtstätte. Die Natives sollten besser zu ihren Traditionen und ihren Wurzeln zurückkehren und versuchen, darin ihre Zukunft zu finden; damit kämen sie sicherlich weiter. Doch die jungen Inuits interessieren sich nicht für ihre Kultur oder das überkommene Handwerk – weder fürs Fischen noch für die Jagd, noch für die Herstellung von Körben aus Birkenrinde, Schneeschuhen aus Weidengeflecht, alte Waffen wie Pfeil und Bogen oder Speere. Die First

Nation People sind nicht mehr das, was sie mal waren, vielleicht auch gezwungenermaßen, weil das Leben ihnen gar keine andere Chance läßt.

Es ist höchste Zeit, mich auf die Socken zu machen. Cita hält nun schon einige Stunden am Camp die Stellung.
»Hau hau hau.«
Schon von weitem höre ich Cita bösen, aggressiven Standlaut geben. Als ich das Camp einigermaßen einsehen kann, sehe ich ein großes braunes Etwas hin- und herspringen. Das ist definitiv nicht Cita! Ich lege noch einen Zahn zu, paddle, was das Zeug hält. Dann erkenne ich in dem Etwas einen Grizzly. Nicht schon wieder!, schimpfe ich laut vor mich hin. Er ist relativ groß. Und die Siedlung nur eine dreiviertel Meile entfernt! Der kann noch nicht lange dasein, denke ich, der wirkt richtig irritiert. Ich pfeife und schreie, damit Cita durchhält. Und hoffe, daß der Bär sie nicht angreift, denn gerade jetzt, wo ihre großen Gesäugeleisten sie behindern, hätte sie kaum eine Chance, schnell genug auszuweichen. Doch auch der Bär hört meine Rufe und trollt sich in den Busch.

»Das hast du gut gemacht, mein Mädchen.« Behutsam, um nicht an ihre empfindlichen Zitzen zu stoßen, schlinge ich die Arme um sie. Dieser Hund fasziniert mich immer wieder. Der Mut, einem so riesigen Tier wie dem Grizzly die Stirn zu bieten!

Kotzebue

Um etwas Zeit aufzuholen, habe ich mich entschieden, den Weg nach Kotzebue einzuschlagen und von dort zurück an den Yukon zu fliegen. Kotzebue liegt zwar in der entgegengesetzten Richtung und nicht wahnsinnig viel näher am Yukon, ist aber wesentlich leichter zu erreichen, so daß ich mir unter dem Strich doch Zeit spare.

Die ersten beiden Motels, an denen ich in Kotzebue vorbeikomme, sind geschlossen, im dritten, das sich als *bed and breakfast* bezeichnet, heißt es, ja, sie hätten ein Zimmer frei. Als mir die Besitzer, Koreaner, den Preis nennen – 95 Dollar die Nacht, »ohne Frühstück natürlich« –, denke ich, klasse, und das nennt sich B & B? Ganz schön geschäftstüchtig, richtige Abzocker. Dann sehen sie Cita und sagen, der Hund könne nicht mit rein, auf keinen Fall. Im Haus höre ich einen Pinscher, Chihuahua oder etwas ähnliches kläffen.

Wir einigen uns schließlich darauf, daß Cita die Nacht in der Hundebox draußen vor meinem Fenster verbringt. Um sie so gut wie möglich gegen die Kälte zu schützen, baue ich ihr aus dicken Decken ein kuscheliges Nest. Doch als es immer kälter wird, fängt sie zu winseln und zu bellen an. Die glauben doch wohl nicht wirklich, daß ich für 95 Dollar die Nacht ohne Frühstück meinen Hund da draußen frieren lasse? denke ich mir und hole Cita ins Zimmer.

Es dauert nicht lange, da klopft es an der Tür.

»Wo ist dein Hund?« will der Besitzer des B & B wissen, »er ist nicht mehr in der Kiste.«

»Ich habe ihn woanders hingebracht.«

Tja, er müsse mal in mein Zimmer kommen und gucken. Cita liegt mucksmäuschenstill unter der Überdecke des Bettes. Der Typ läuft im Zimmer herum, schaut in jedes Eck, in den Schrank, unter das Bett. Nichts! Ich denke schon, die Inspektion ist überstanden, da rührt sich Cita.

Wütend baut sich der kleine Koreaner vor mir auf: »Was fällt dir ein, den Hund reinzunehmen? Du darfst das nicht!«

»Paß auf. Das ist der beste Freund, den ich habe. Mein allerbester Freund. Und er friert da draußen. Er hat gejammert und gewinselt. Also hab' ich ihn reingeholt. Er macht keinen Ärger. Er ist gut erzogen und hört aufs Wort; er bellt nicht mal.«

Der Kerl macht einen Riesenaufstand. Ich solle auf der Stelle mitsamt meinem Hund verschwinden. Der will uns tatsächlich mitten in der Nacht auf die Straße setzen!, schießt es mir durch den Kopf. Es geht hin und her, großes Palaver, von oben das Gekläffe seines Köters. Und dann ruft der Typ die Polizei.

Die Polizei hat in dieser kleinen Siedlung pro Jahr so um die 5000 Einsätze – bei 3600 Bewohnern! Und sie ist sofort zur Stelle. Der Koreaner erzählt seine Version, ich die meine.

»Sorry, der Hotelbesitzer hat recht, du hast die Regeln gebrochen, also kann er dich rausschmeißen. Aber wir haben noch ein anderes Hotel in der Stadt, das kostet so 150 Dollar, da bringen wir dich hin. Und den Hund nehmen wir mit auf die Wache – da hat er es warm.«

Dann fällt ihm als weitere Möglichkeit die Feuerwehrwache ein, und er ruft gleich dort an. Ja, ja, heißt es, wir könnten vorbeikommen, kein Problem. Der Hund könne dort schlafen, ich auch, sie hätten da ein Bett und eine Dusche. Sofort packe ich meinen Kram zusammen, der Motelbesitzer knirscht noch mal mit den Zähnen, und dann sind wir auch schon weg.

Ich unterhalte mich lange mit den Polizisten und dem Feuerwehrhäuptling. Die Cops erzählen ein wenig über die Siedlung und die schlimmen Verhältnisse: ständig Selbstmorde, viele Vergewaltigungen, Alkohol- und Drogenexzesse. 70 Prozent der Einwohner sind First Nation People, dann gibt es ein paar Asiaten (in erster Linie Koreaner) und einige Weiße, US-Amerikaner, meistens in Regierungsdiensten oder Polizisten.

»Die Leute leben zum großen Teil von der Wohlfahrt oder dem Einschmuggeln von Drogen und Alkohol. Offiziell kann man in Kotzebue keinen Alkohol kaufen, darf ihn jedoch für den Eigenbedarf mitbringen. Aber kaum einer hält sich daran, der Schwarzmarkt blüht und ist ein einträgliches Geschäft: Man kauft in Anchorage eine Flasche Whiskey für zehn Dollar und verscherbelt sie hier für 50 oder 60. Groteskerweise kann man den Alkohol sogar einschiffen oder einfliegen lassen. Die Stadt hat eine der höchsten Kriminalitäts- und Gewaltraten von ganz Alaska, und das will was heißen! Wir tun hier unseren

Dienst und wohnen nur ab und zu in der Stadt. Unsere Familien leben in Fairbanks. Es wäre für sie viel zu riskant hier, denn fast jeden Tag verhaften wir jemanden und wenden zum Teil auch Gewalt an. Und die Leute schwören Rache. Da kannst du dir denken, wie die unsere Familien terrorisieren würden.«

Der Feuerwehrhäuptling, so eine Art Hilfssheriff, ein ganz junger Bursche, 25 Jahre, der mit seiner 15 Jahre älteren Freundin und deren sechs Kindern glücklich und zufrieden hier lebt, sieht das alles naturgemäß etwas anders.

Wir lachen viel und trinken literweise Kaffee. Die beiden Cops sind richtige Redmax, sprich extrem konservativ, lieben ihren Job und knüppeln auch gern rum; spielen ständig mit den Springmessern, ziehen schon mal ihre Pistole und machen Zielübungen auf Schatten an der Wand oder dergleichen. Bullen mit Leib und Seele. Aber sie sind nett zu mir. Und zu Cita. Vor allem der eine, der selbst zwei Hunde hat: einen deutschen (!) Schäferhund und einen deutschen (!) Schnauzer. Der andere war früher bei der Army und sagt, er könne sich keinen schöneren Job vorstellen als Polizist. Und gerade hier würde man in einem Jahr mehr Erfahrung sammeln als in anderen Gebieten der USA in zehn Jahren. Wie zur Bestätigung haben sie prompt einen Einsatz wegen einer Messerstecherei.

Es ist mit Sicherheit kein leichtes Leben an der Beringsee: Stürme, Schlechtwetter (wobei die Einheimischen so etwas gewöhnt sind), extrem hohe Arbeitslosigkeit. Das führt unweigerlich zu massiven Problemen.

Die Brunft der Elche

Am nächsten Morgen fahren mich die beiden Cops zum Flugplatz. Cita muß wieder in ihre Hundebox, und ab geht es an den Yukon. Dort angekommen, mache ich mein Kanu startklar und ziehe sofort los. Schon nach einer halben Stunde bereue ich meine Entscheidung, denn der Wind bläst mir kräftig ins Gesicht, und ich muß extrem paddeln, um überhaupt vorwärtszukommen.

Im Lauf des Tages beruhigt sich das Wetter und läßt der Wind nach, doch die Berge verstecken sich nach wie vor im Dunst. Stunde um Stunde schiebt sich mein Kanu durch die diesige Landschaft voran und verschluckt jedes Fotomotiv. Doch das stört mich nicht. Durch den Dunst fühle ich mich wie in Watte gepackt – wenn auch eine sehr feuchte – und genieße nach den Tagen in Ambler die Einsamkeit und die Ruhe.

Am übernächsten Morgen bricht die Sonne durch, und ich steige mit Cita auf den höchsten Berg der Umgebung, von dem man einen tollen Ausblick hat. Unter mir ein Meer aus roten Tundrasträuchern, dazwischen die gelben und grünen Tupfer von Zwergbirken, Weiden und Moosen, durch die sich der Yukon schlängelt. Dahinter erheben sich weitere Berge, im Vordergrund blanker, schroffer Fels, in der Ferne schnee- und eisbedeckte Gipfel. Eifrig stöbert Cita unter jedem Strauch und Busch, läuft hierhin und dorthin, die Nase dicht am Boden. Auch sie genießt es, wieder in der Wildnis zu sein.

In den beeindruckend schönen, ziemlich zerklüfteten Kokrines Hills, die sich zwischen Tanana und Galena rechts des Yukon entlangziehen, gibt es jede Menge Elche. Und kaum Jäger, weil die Anreise selbst für Wasserflugzeuge mit gut zahlenden Klienten ein bißchen weit ist und weil es, wie schon erwähnt, in Alaska das Gesetz gibt, daß man ein Tier nicht an dem Tag schießen darf, an dem man es ausgekundschaftet hat. Ein weiteres Gesetz besagt außerdem, daß man zuallererst das Fleisch – immerhin etliche Zentner – bergen muß, bevor man die Trophäe, das Geweih, mitnehmen darf. Viele Elche leben nur deshalb noch, weil der Pilot entweder gesagt hat, keine Chance, das Tier hier rauszuholen, zu zerklüftet, zu wild, keine Landemöglichkeit, oder ich flieg mich dumm und dusselig, um das ganze Fleisch bis zum nächsten Flughafen zu bringen, und da ich steh ich dann und weiß nicht, wohin mit dem Zeug. Elchfleisch darf in Alaska nur verschenkt, nicht verkauft werden. Der Staat will damit verhindern, daß reihenweise Elche abgeknallt werden, um entweder nur an die Trophäe zu kommen, während das Fleisch verrottet, oder um mit dem Verkauf des Fleischs große Gewinne zu machen. Ein Einheimischer zahlt ja fast nichts für eine Jagdlizenz. Als Ausländer hat man natürlich enorme Kosten – für Guide, Pilot, Flugzeug, Verpflegung und so weiter –, da kommt ein Elch schnell mal auf 10 000 Dollar.

Die wenigen Elchbullen, die ich in den letzten Tagen zu Gesicht bekam, hatten keine Beschädigungen am Geweih. Das bedeutet, daß sie bisher kaum gekämpft haben. Auch ist an den traditionellen Brunftplätzen noch nicht viel los. Doch ich sehe überall Schlagstellen und finde die typischen Kuhlen, die sie mit den Hufen ausschlagen, um sie dann mit Urin zu markieren. Und die Bullen haben das Äsen eingestellt – erst nach der Brunft werden sie wieder fressen – und machen Brunftgeräusche. Ein untrügliches Zeichen, daß es bald losgeht. Einige Bullen interessieren sich offensichtlich bereits schwer für Kühe, aber die sind noch nicht in Paarungslaune. Im Gegenteil. Wenn ihnen ein Bulle zu nahe kommt, laufen sie sofort weg. Einerseits kennen sich die Elche ganz gut, wissen, mit wem sie sich besser nicht messen sollten – so wie wir Männer wissen, von wem wir letztes Jahr auf der Kirmes eins auf die Mütze gekriegt haben –, andererseits wallen die Hormone, da ist man, ob Mensch oder Tier, leichtsinniger. Die Brunft der großen Pflanzenfresser in den nordischen Regionen nimmt eine unglaubliche Dimension an. Elche, Moschusochsen – Karibus bilden die Ausnahme, weil sie permanent auf Wanderschaft sind – stehen das ganze Jahr über mehr oder weniger gelangweilt herum, äsen, käuen wider, suchen sich vielleicht mal einen Weiher, wo sie ein paar Wasserpflanzen fressen können. Und auf einmal kommt Unruhe in die Tiere, vor allem in die Männchen. Bei den Elchen fechten aber sogar die Kühe Rangordnungskämpfe aus, schlagen mit den Hufen aufeinander ein, trommeln wie Pferde auf der Koppel, steigen vorn hoch, versuchen die Dominanz und die Rangordnung in der Gruppe zu klären.

Allmählich verdichten sich all diese Anzeichen, und ich fange an zu filmen. Da Cita jedesmal total ausflippt, wenn sie die brunftigen Elche riecht, und meint, sie müsse unbedingt auf Hirschjagd gehen, will ich sie erst an einen Baum binden, doch dann laß ich es und sage nur: Platz! Runter! Und das ist gut so, denn es dauert gar nicht lange, und der Hund reckt seinen Kopf, äugt zu mir herüber, wo ist Herrchen, wo sind die Elche? Dann bellt sie einmal. Eine Elchkuh hört es, spitzt die Lauscher und läuft im Stechschritt auf Cita zu. Cita bekundet ihr, wau, wau, ich bin ein Schweißhund, läßt das Tier herankommen. Als die Elchkuh ungefähr drei Meter entfernt ist, steigt sie wie ein Zirkuspferd vorn hoch und beginnt mit den Vorderläufen nach Cita zu schlagen. Die weicht aus, doch mit ihren recht kurzen Beinen bleibt sie in dem sumpfähnlichen Gebiet ständig an hohen Zwergbirken, Weidenbüschen oder Heidelbeersträuchern hängen.

»Cita, lauf!« rufe ich.

Und Cita hetzt los. Aber die völlig durchgeknallte Elchkuh rennt ihr hinterher! Da laufe ich auf sie zu und versuche sie von Cita abzubringen. Plötzlich attackiert sie mich. Das will nun Cita wiederum nicht zulassen, startet einen Scheinangriff. So geht das hin und her, bis die Kuh noch einmal wie ein bokkender Gaul mit den Hinterläufen ausschlägt und dann in die Zwergfichten hineingaloppiert. Erleichtert tätschle ich Cita den Kopf, als die Elchkuh wieder rausgeschossen kommt und uns erneut angreift. Die ist wirklich total durchgedreht! Irgendwann gibt die Kuh zum Glück auf.

Die Bullenkämpfe, die ich vor die Kamera bekomme, wirken im Vergleich dazu eher harmlos. Dafür gelingen mir ein paar wunderbare Aufnahmen von Bullen, die gerade ihren Bast abstreifen. Wie schwerer Samt hängt ihnen das Gewebe zwischen den Geweihspitzen. Die Innenseite des Basts, die von feinen Blutäderchen durchzogen ist und tiefrot leuchtet, bildet einen satten Kontrast zur elfenbeinfarbenen Oberfläche der Geweihschaufeln und zum warmen Braun der Unterseite.

Ein weiteres Mal wird es ein bißchen unangenehm. Ich bin gerade auf einen der wenigen großen Bäume geklettert, um mir einen Überblick zu verschaffen, als sich ein Elchbulle direkt unter mir niederläßt und in aller Ruhe beginnt, sein Mittagessen wiederzukäuen. Erst warte ich ein Weilchen, dann versuche ich ihn mit Rufen zu verscheuchen, doch er glotzt nur blöd zu mir hoch. Denkt sich vielleicht, was ist das denn für ein seltsamer Vogel? Cita kann mir nicht helfen, denn die habe ich an diesem Tag am Zelt gelassen. Es bleibt mir nichts anderes übrig als zu warten. Ich mache es mir auf einem dicken Ast einigermaßen bequem und harre der Dinge. Der Elch käut und käut und käut. Nach zwei Stunden hat er ein Einsehen und verschwindet. Endlich!, freue ich mich und springe von meinem Sitzplatz. Zu spät merke ich, daß mir die Beine eingeschlafen sind. Beim Aufkommen knicken sie mir weg, und ich lande unsanft im Gestrüpp.

Im Jagdlager der Inupiaqs

Zurück am Zelt, koche ich mir gerade Wasser für einen Tee, als ein Inupiaq mit seinem Motorboot angebrettert kommt. Hallo, woher, wohin, das übliche, aber sehr freundlich. Conrad, so heißt er, ist aus einem Jagdcamp etwa zwei Meilen flußabwärts auf der linken Seite.

»Hast du vielleicht Zigaretten für mich und meinen Kumpel? Wir haben unsere letzten vor zwei Tagen geraucht.«

Ich muß ihn enttäuschen, da ich das Rauchen schon vor einiger Zeit aufgegeben habe. Wir reden über gemeinsame Bekannte in Ambler und dies und jenes.

»Weißt du, manchmal, wenn man Land betritt, wo man lange nicht mehr war, dann fragt man den Boden, ob man das Land benutzen dürfe, um nach Hause zu kommen oder um dort zu jagen«, sagt er auf einmal, und als wir auf Bären zu sprechen kommen, meint er: »Bären sind die größten und stärksten Tiere überhaupt, und wenn man zu einem Bären spricht oder wenn sich Menschen unterhalten, und sei es noch so leise, spürt der Bär die Vibrationen der Stimme, die sich über den Körper auf den Boden übertragen und da weitertransportiert werden. Er kann hören, wenn man Böses über ihn sagt, sich über ihn lustig macht oder verabredet, auf Bärenjagd zu gehen.«

Etwas Ähnliches sagte die eine Frau bei Minigray, als wir über Michio, Tim und Amie sprachen. Ich höre immer wieder solche Geschichten, und sie beeindrucken mich zunehmend. Sie geben mir das Gefühl, daß sich die Menschen intensiv mit der Natur auseinandersetzen – oder es zumindest früher getan haben, denn wenn man in ein Jagdcamp kommt und sieht, was da alles herumliegt, Müll und kaputte Maschinenteile, oder daß Öl ausläuft und in den Boden sickert, dann kommen einem natürlich Zweifel an der Naturverbundenheit der Inuits. Trotzdem bin ich immer so beeindruckt, daß ich mich für ein paar Stunden nicht mal mehr in den Fluß zu pinkeln traue, weil ich denke, daß ich etwas Schlechtes tue. Dabei gehe ich, glaube ich, recht behutsam mit der Wildnis um, jedenfalls weitaus behutsamer als die meisten, die hier leben.

Ruhe hin, Einsamkeit her, ich will mir die Chance, das Leben in einem Jagdcamp kennenzulernen, nicht entgehen lassen und frage Conrad, ob ich für ein paar Tage ins Camp kommen und dort filmen dürfe.

»Da muß ich erst Woody fragen, ihm gehören das Camp und der Grund, auf dem es steht.«

Als er bis zum nächsten Morgen nicht zurückkommt – weil ihm, wie ich später erfahre, das Benzin ausgegangen ist –, breche ich auf gut Glück mein Zelt ab und paddle flußabwärts zum Camp.

Kaum habe ich angelegt, tritt Woody auf mich zu: »Willkommen, da oben ist frischer Kaffee. Conrad hat mir von dir erzählt. Du kannst bleiben, so lange du willst.« Dann entdeckt er Cita. »Oh, du hast ja einen tollen Hund, was ist das denn für einer und warum zittert der so?«

»Das ist Cita, ein Jagdhund. Sie ist aufgeregt, weil es hier so toll nach Fleisch und Blut riecht. Stört sie euch?«

»Nein, nein, kein Problem. Ihr könnt übrigens beide in unserem Erdiglu schlafen.«

Mit einer derart herzlichen Begrüßung habe ich nicht gerechnet. Woody ist ein unheimlich netter Typ, 62, hat fast keine Zähne mehr. Er lacht viel und er raucht viel – kurz vor mir sind zwei Verwandte von ihm aus Noorvik angekommen und haben ihm Zigaretten mitgebracht.

An dem Tag ist ziemlich viel Halligalli im Jägercamp. Gleich nach meiner Ankunft kommt eine kleine Herde Karibus, nur Kühe und Kälber, ans andere Flußufer, und die Jäger beschließen, erst gar nicht hinzufahren. Wenig später taucht eine weitere kleine Gruppe auf, wieder nur Kühe und Kälber. Dann bleibt es einige Zeit ruhig. Plötzlich erscheinen wie aus dem Nichts vier Bullen, und einer der Jäger will gleich vom Camp aus schießen. Er hat eine 7 mm Remington Magnum, mit der man sehr weit schießen kann. Zwei andere springen ins Boot und nehmen Kurs auf die Karibus. Die Tiere geraten in Panik, versuchen zum Ufer zurückzuschwimmen. Aber sie haben keine Chance. Selbst das 40-PS-Boot – ein Flachbodenboot – ist schnell genug. Und *paff, paff, paff* liegen drei Karibus auf der Strecke.

Als die drei geschossenen Bullen ins Camp gebracht werden, lebt eines der Tiere noch. Diana, ein etwa zwölfjähriges Mädchen, geht zu dem Karibu hin, guckt es sich an und sagt völlig emotionslos: »Oh, das atmet ja noch.«

Ich denke, ich hätte mich verhört, und frage nach.

»Das atmet noch«, wiederholt sie.

Das Karibu lebt tatsächlich noch, trotz Kopfschuß. Diana geht hin und streichelt ihm die Nase. Das Tier guckt, die Augen weit geöffnet, aber es hat wahrscheinlich kein Gefühl mehr.

»Nein, nein, das ist bestimmt tot«, sage ich wider besseres Wissen. Da schlägt das Tier mit den Läufen aus, und Cita bellt wie verrückt.

»Siehst du, es lebt noch«, trumpft Diana auf. Sie ist völlig entspannt. Für dieses Inuit-Mädchen ist das ein Teil des Lebens.

Das Camp ist so, wie ich mir ein Jagdcamp immer gewünscht und vorgestellt habe. Ein Blockhaus unter hohen Bäumen an einem Hochufer inmitten einer wunderschönen Landschaft, weiter Blick über den Fluß, charismatisch aussehende Jäger. Immer brennt ein Feuer, auf dem ständig heißes Wasser parat steht, Kaffee gekocht und nach erfolgreicher Jagd Fleisch gebraten wird. Daneben ist ein Gestell aufgebaut, auf dem das übrige Fleisch getrocknet wird. Wieder einmal bedaure ich, daß Erik nicht bei mir sein kann, denn es würde meinem Großen mit Sicherheit gefallen, aus nächster Nähe zu erleben, wie Inuits jagen.

Abends kommen noch mehr Verwandte von Woody. Auf einem großen Motorboot mit einem Quad hintendrauf! Den haben sie in Kotzebue gekauft, nach Galena fliegen lassen und den Fluß runtergefahren. Eine dubiose Familie, wie sich bald herausstellt. Er hat eine tolle .300 Weatherby Magnum, eine sehr teure Waffe mit einem ebenfalls teuren Zielfernrohr drauf. Auf seiner Hakennase sitzt eine Designerbrille. Auch an seiner Kleidung sieht man, daß er was »Besseres« ist. Er macht einen etwas arroganten und abwesenden Eindruck.

Die Nacht in der Blockhütte ist schlimm. Alle liegen kreuz und quer, Hauptsache, man hat einen Platz. Ich liege direkt an der Tür, und jeder, der raus oder rein will, muß über mich drübersteigen. Es ist unheimlich laut, ein Baby weint, bis es endlich sein Fläschchen bekommt. Woody hustet und räuspert sich ständig. Einer schnarcht und zersägt ein Riesenfuder Holz. Zwei andere schlafen sehr unruhig, werfen sich von einer Seite auf die andere. Cita, die direkt neben mir liegt, hat furchtbare Blähungen, weil sie so viel Pansen und frisches Karibufleisch gefressen hat. Sie furzt mir die ganze Nacht ins Gesicht, und das stinkt ekelhaft. Aber ich bin froh, daß sie in der Hütte sein darf. Schließlich kommen noch zwei Männer von wer weiß woher ins Lager. Die beiden stolpern erst einmal über den Wall aus Wellblech, den die Jäger jede Nacht um die Jagdhütte herum errichten. Sollte sich tatsächlich ein Bär oder ein Vielfraß in der Nähe herumgetrieben haben, dann hat ihn der Mordslärm garantiert verscheucht. Dann klopfen sie an die Tür des Blockhauses, die jede Nacht mit einem dicken Riegel verrammelt ist.

Gegen sechs Uhr halte ich es nicht mehr aus und gehe nach draußen. Ich entfache die Glut zu neuem Feuer und will mir gerade einen Tee kochen, als ich am anderen Flußufer eine Gruppe Karibus sehe. Nur Bullen! Sie kommen aus dem weiten Dickicht heraus und marschieren zielstrebig auf den Fluß zu. Ich schnappe mir die Kamera und das Stativ, überlege, wohin sie, wenn sie da jetzt ins Wasser steigen, von der Strömung abgedriftet werden, und postiere mich an einer Stelle, von der ich denke, daß ich von dort die Tiere am besten vor die Kamera kriege.

Vorneweg stakst ein großer starker Bulle mit einem gewaltigen Geweih, dahinter von der Rangordnung her niedere Männchen, und ganz hinten – es sind insgesamt zwölf Tiere – laufen zwei, die sogar noch Bast an ihrem Geweih haben. Sie steigen etwas oberhalb von mir ins Wasser und schwimmen wie auf einer Perlenschnur aufgereiht. Die Strömung müßte sie ziemlich genau auf mich zu treiben. Als sie die Hälfte der Strecke geschafft haben, geht weit oben am Fluß eine riesige Kanonade los. Die Schüsse sind nur ganz dumpf zu hören, wie Kanonendonner aus 20, 30 Kilometer Entfernung, aber für die Karibus reicht das, um unruhig zu werden. Mitten im Fluß rudeln sie sich wie Moschusochsen zusammen und schwimmen im Pulk weiter. Als die Schießerei vorbei ist, löst sich das Knäuel auf, und die Tiere kommen wie von Geisterhand wieder direkt auf mich zu.

Gebannt schaue ich durch den Sucher der Kamera, das linke Auge habe ich wie meistens beim Filmen zu, um mich mit dem rechten voll konzentrieren zu können. Mensch, das gibt's ja nicht, denke ich, die sind nur noch 20 Meter von mir weg ... 15 ... zehn ... Dann steigt der erste Bulle direkt vor mir aus dem Wasser. Nur fünf Meter entfernt! Der muß mich doch sehen – trotz meiner dunklen Jacke und Hose! Auf alle Fälle wittern! Nichts, keine Reaktion! Zwar pustet der Wind ziemlich stark in meine Richtung, aber auf diese Entfernung ist immer auch Witterung gegen den Wind. Der Leitbulle bewegt sich drei Meter an mir vorbei, äugt kurz zu mir herüber. Jetzt steigen die anderen aus dem Wasser, ziehen ebenfalls direkt an mir vorüber. Ich lasse die Videokamera einfach laufen, traue mich nicht, irgendeinen Knopf zu drücken, nicht einmal, die Schärfe nachzuregulieren, weil das Geräusch die Tiere vertreiben könnte. Es ist zum Verrücktwerden: Karibus direkt vor der Linse, und du hast Angst, die Kamera scharf zu stellen!

Sie schlagen die Richtung flußaufwärts am Ufer entlang ein, schütteln das Wasser aus dem Fell, und ich kann den Originalsound mit dem integrierten Mikrofon der Kamera aufnehmen. Sie sind immer noch so nah, daß ich das Wuschel-Waschel-Geräusch höre. Beim letzten Bullen denke ich, daß die Wassertropfen jeden Moment gegen die Kamera spritzen müssen. Verdammt beeindruckend. Ich bin Karibus noch nie in meinem Leben so nah gewesen, außer frisch geborenen Kälbern, und ich habe schon oft Karibus gefilmt! Eigentlich haben diese Tiere ihre fünf Sinne sehr gut beisammen, können unglaublich gut äugen, auf kurze Entfernung jedenfalls, und vor allem sehr gut wittern und vernehmen.

Ich bin längst wieder zurück im Lager, als allmählich die Blockhütte zu Leben erwacht. Nach einer Weile setzt sich der stellvertretende Häuptling zu mir und erzählt mir von seinen Drogenexzessen und seinen Problemen. Daß sie ihm schon dreimal das Blut ausgetauscht hätten, weil es vom Alkohol und den Drogen so schlecht gewesen sei, und er jetzt immer friere, weil er kein eigenes Blut mehr in sich habe, sondern nur noch das fremder Menschen. Bei der Gelegenheit verrät er mir auch gleich, mit welchem Trick man kleine Vögel fangen könne: Indem man Brot mit Rum oder Whiskey tränke und sie damit besoffen mache. Hier hat seine Methode wohl kaum Aussicht auf Erfolg, denn im Camp wird nicht getrunken.

Als nächstes kommt eine Frau mit dem Baby, das in der Nacht so geschrien hat. Als ich das robuste Kerlchen sehe, wundere ich mich nicht mehr über seine kräftige Lunge. Die Mutter, eine Nichte von Woody, ist erst 36 und das Kleine ihr neuntes Kind. Ihre älteste Tochter ist 17. Die Frau zeigt mir ein Foto von ihrer Familie. Die ganzen neun Orgelpfeifen drauf. Und erzählt mir, daß sie und ihr Mann zehn Kinder haben wollen. Sie ist eine ganz Taffe, packt mit an, kocht für die Leute. Ihr Mann, ein kleiner hagerer, ganz schmächtiger Inupiaq, ist unheimlich nett – und immer beschäftigt. Er schlachtet die Tiere, macht das Feuerholz und vieles mehr. Neun Kinder ist selbst hier nicht Standard, obwohl viele Kinder zu haben üblich ist. Wenn ein Ehepaar nur drei oder vier hat, adoptiert es meist ein oder zwei von Verwandten dazu, die auf die schiefe Bahn geraten sind. So ähnlich wie bei Lalo, die ihre eigenen Enkel adoptiert hat, damit sie nicht in einem Heim landen.

Wir haben viel Zeit heute, denn außer daß die Karibus, die gestern geschossen wurden, ausgeweidet, die Läufe und das Haupt abgeschnitten werden müssen, steht nichts auf dem Programm. Also sitzen wir herum, trinken Kaffee. Ich spiele mit Cita, die Inupiaqs spielen mit Cita. Der Typ mit dem Quad und der teuren Weatherby-Büchse belädt unterdessen sein

Boot bis obenhin mit den Geweihen, die er den Karibus mit einer Motorsäge vom Kopf getrennt hat.

»Damit bezahle ich den Trip hierher, denn wir haben einen Dealer in Fairbanks, der die Geweihe aufkauft, er bezahlt pro Pfund. Aus den schönen Stücken machen sie Schnitzereien. Ein Teil geht nach Asien. Dort wird Hirschhornpulver daraus gemacht, Aphrodisiakum für die Chinesen und die Japaner, die ihn nicht mehr hochkriegen und sich Viagra nicht leisten können.«

Fast im gleichen Atemzug erzählt er mir, daß er früher weit und breit der größte Drogendealer gewesen sei. Fünf Dörfer habe er unter seiner Kontrolle gehabt und eine Menge Geld gemacht. 35 000 Dollar im Monat. Aber so, wie das Geld hereingekommen sei, sei es wieder weggegangen, für Spielereien oder für Bestechung. Denn nicht nur die Polizei habe er bestechen müssen, sondern ebenso alle möglichen Leute, damit sie ihn sozusagen als Chef akzeptierten. Je länger er redet, um so mehr fällt die Überheblichkeit von ihm ab.

»Unser ältester Sohn ist völlig mißraten, das schwarze Schaf der Familie. Wir haben ihn zu locker aufwachsen lassen, er interessiert sich für gar nichts. Er hört auch nicht mehr auf uns. So lassen wir ihn einfach machen und entschuldigen uns für ihn, wenn er Mist baut. Er wohnt oben in Kobuk.«

Kobuk ist eine der kleinsten Siedlungen, die er früher mit Drogen und Alkohol versorgt hat. Irgendwann ist es ihm zuviel geworden: die stete Angst, von einem unbestechlichen Polizisten geschnappt oder von einem Konkurrenten kaltgemacht zu werden, der Streß mit den Drogenabhängigen.

»Wenn du Leute unter Drogen setzt und sie irgendwann kein Geld mehr haben, aber die Droge brauchen, dann rücken sie dir auf die Pelle und betteln und sagen, hey, jahrelang hab' ich bezahlt, jetzt hab' ich kein Geld, rück' was raus.«

Er sei in einem Bibelcamp gewesen und nun geläutert. Er tue nur noch Gutes und sei jetzt in einer Kirche, würde nicht nur zweimal die Woche beten, sondern dreimal am Tag. Sein Leben habe sich total verändert. Es sei so toll, wie Jesus und Gott ihm geholfen hätten. Ihm stehen fast die Tränen in den Augen. Im nächsten Moment muß er mir aber erzählen, daß er drei Motorboote besitzt und der brandneue Quad 4500 Dollar gekostet hat und ein Geschenk für seine Tochter ist. Status ist für ihn bei aller Heiligkeit immer noch sehr wichtig. Bevor wir zur Blockhütte hochgehen, um uns ein paar Karibu-Rippchen zu genehmigen, betet er inbrünstig. Ich beobachte es mit gemischten Gefühlen. Es ist einfach zu sagen, hey, ich habe 20 Jahre lang wie eine Sau gelebt und Menschen viel Unrecht angetan, jetzt habe ich die große Erleuchtung gehabt und bin ein ganz Braver. Aber was ich verdient habe, behalte ich und lebe weiterhin im Luxus. Das hat doch nichts mit Buße zu tun! Wenn er sein Vermögen für einen guten Zweck spenden und fortan als armer Mensch durch die Gegend ziehen würde, wäre das schon was anderes. Bevor er das Camp am nächsten Tag verläßt, betet er mit der ganzen Gruppe, daß Gott viele Karibus mit großen Geweihen schicken möge. Und ich denke, na toll, wo ist euer alter Glauben, wo sind eure Schamanen, eure alten Riten, um die Karibus herbeizurufen? Das Witzige ist, daß sich den ganzen Tag kein einziges Karibu sehen läßt, und die Jäger machen Scherze, daß sein Beten nicht viel genutzt habe oder daß es wohl das falsche Gebet gewesen sei.

Am Abend habe ich mit Conrad, dem größten Jäger im Camp, ein Gespräch über Religion. Conrad ist ein unheimlich charismatischer Mensch. Er sieht wie ein typischer Inupiaq aus, ist 48 Jahre alt und hat fünf Kinder mit einer Freundin, von der er sich aber getrennt hat – oder sie sich von ihm? Egal. Er lebt jetzt mit seinem Bruder zusammen. Der Bruder, 42, ist gerade in einem anderen Jagdcamp.

»Weißt du«, sagt Conrad, »Religion ist gewachsen mit den Lebensumständen und mit der Kultur der Menschen und dem Umfeld, in dem sie leben. Wenn du irgendwo in Ägypten oder so gelebt hast, in einem ausgeglichenen Klima, wo du dreimal im Jahr ernten konntest, wo es immer warm war und alles hochentwickelt, und du hast dich für Astronomie und für den Bau großer Gebäude interessiert, hast den Guß von Metallen verstanden, dann hattest du eine andere Religion oder einen anderen Glauben, als wenn du als Nomade oder Halbnomade durch die Tundren und die Taiga Nordamerikas gestreift bist.«

»Wo ist eure alte Religion, wo sind eure Wurzeln? Glaubt noch einer daran, beschäftigt man sich noch damit?« frage ich.

Für die Inuits ist der Bär zum Beispiel ein mächtiges Tier, und sie sagen, mach keine Witze über den Bären, oder erzähl deinen Nachbarn nicht, daß du auf Bärenjagd gehst, denn der Bär wird es hören und dich töten. Trotzdem fährt Conrad mit dem ehemaligen Drogendealer nachts hinaus, und sie leuchten mit dem Scheinwerfer den Fluß ab in der Hoffnung, auf diese Art und Weise einen Bären aufzustöbern und zu schießen. Sie sagen, Bärenfett sei das Beste überhaupt, das beste Schmalz, das man kriegen könne, noch besser als Robbenöl.

Conrad zuckt auf meine Frage hin nur mit den Schultern.

»Wenn ihr schon vor 1000 Jahren zum Christentum bekehrt worden wäret, gäbe es euch schon gar nicht mehr, denn mit dem Motto: Wenn dich dein Nachbar auf die rechte Wange schlägt, halte ihm die linke hin, wäret ihr hier oben nicht weit gekommen. Da bin ich mir ziemlich sicher.«

In dieser unwirtlichen Gegend konnte man nur überleben, wenn man hart war und sehr pragmatisch mit dem Leben umging. In dem Moment, in dem man anfing, sich Träumen oder Phantastereien hinzugeben, war man dem Tod geweiht. Das Leben hier erforderte die ganze Frau und den ganzen Mann. So zeugen auch die Mythen, die sich die Inuits erzählen, alle von Härte. Da heiratet zum Beispiel eine Frau, deren Mann bei der Waljagd getötet wurde, einen Eisbären und bekommt mit ihm Kinder. Diese Kinder, halb Eisbär, halb Mensch, töten die Wale. Um noch mächtiger zu werden, heiratet die Frau schließlich einen ihrer Söhne und gebiert noch mächtigere Kinder. Man fragt sich, wie kamen Menschen nur auf die Idee, sich solche Geschichten auszudenken? Wie gesagt: Bei den Inuits ging es Tag für Tag ums Überleben. Sie hatten keine Muße für Schöngeistereien oder großartige Kunst. Das einzige Künstlerische in der Tradition der Inuits sind Schnitzereien und Masken. Für sie als Jäger und Nomaden war wichtig, daß sie gute Pfeilspitzen hatten, gute Harpunen, daß die Seile aus Leder, Sehnen oder Weidengeflecht hielten. Daß sie mobil waren, den Tieren folgen konnten. Da wurde schnell alles zusammengepackt, und weiter ging es. Wer nicht mithalten konnte, hatte Pech. Für riesige Götzen oder Heiligenbilder war weder Zeit noch Raum. Das Leben war hart – und ist es bis heute.

Vor vielen Jahren, als ich als Forstberater in China das erste Mal mit einer völlig fremden Kultur konfrontiert war, machte ich den großen Fehler, alles mit meiner mitteleuropäischen Denke zu sehen und zu beurteilen. Ich glaube, unsere Vorstellung sei das Maß der Dinge. Aber das ist natürlich nicht der Fall. Seither versuche ich mich in die Menschen hineinzudenken, versuche dem Leben nachzuspüren, das sie über viele Hunderte oder Tausende von Generationen gelebt haben. Und stelle dann meistens fest, was sie machen und wie sie es machen, ist gar nicht so verkehrt – mit allen Exzessen, allen Ecken und Kanten und allen Problemen, die auftreten.

»Ihr Inuits seid ein unheimlich starkes Volk«, sage ich zu Conrad, als ich aus meinen Gedanken wieder auftauche.

»Wie kommst du denn darauf?«

»Ich kenne kein Jäger- oder Nomadenvolk auf der Erde, das sich unter so extrem schwierigen Bedingungen so lange erfolgreich behauptet hat. Nicht nur, daß ihr in einer derart kargen, fast schon lebensfeindlichen Gegend euer Überleben sichert, ihr lebt ja außerdem unter extremen Bedingungen zusammen. Hier im Blockhaus zum Beispiel sind es vier Generationen, die miteinander auskommen müssen, und um diese Jahreszeit kann man sich wenigstens noch stundenlang im Freien aufhalten und einander aus dem Weg gehen, wenn man will. Aber denk' mal an eure alten Sudhäuser. Da wurde auf engstem Raum gegessen und geschlafen, da hatte man Sex, da wurden Babys gestillt, da wurde geboren, da wurde gestorben. Schon der Gedanke, in einem in die Erde hineingebauten Haus zu sitzen, würde mich auf Dauer fertigmachen. Dann noch die lange Polarnacht, wo man über Monate draußen nicht viel machen kann.«

Conrads Gesicht fängt an zu strahlen, und er drückt stolz seine Brust heraus.

Es ist erst sieben Uhr morgens, aber ich sitze bereits seit einer Stunde mit einem Becher Tee am Feuer und schärfe mein Messer. Die Enge und die stickige Luft in der Hütte treiben mich jeden Morgen zeitig ins Freie.

»Hi Andreas.«

Überrascht sehe ich zu Diana hoch, da ich sie nicht kommen gehört habe. Wie fast immer, wenn ich sie sehe, hat sie ihren kleinen, erst sechs Monate alten Bruder auf dem Arm, um den sie sich rührend kümmert.

»Guten Morgen, auch schon auf?« frage ich.

Sie lacht und wirft einen liebevollen Blick auf George.

»Er hat mich nicht mehr schlafen lassen. Da drüben kommen übrigens Karibus, vielleicht willst du sie filmen?«

Zwar regnet es, aber ich denke, na ja, warum nicht? Ich packe Stativ und Kamera und ziehe flußaufwärts. Die Tiere steigen am anderen Ufer ins Wasser und schwimmen mehr oder weniger direkt auf mich zu. Wenn ich ein kleines Stückchen den Fluß hinauflaufe, überlege ich, müßten sie eigentlich genau bei mir ankommen – zwei schöne Bullen in einer Herde von insgesamt acht Tieren.

In dem Moment springen Teddy und Enu, zwei von Dianas älteren Brüdern, ins Boot. Enu ist 16, sieht aus wie 13, aber ist unheimlich kräftig. Er hat eine M14, ein halbautomatisches Sturmgewehr von Rugers, in der Hand. In das Magazin gehen 25 Schuß. Ich denke, na okay, dreh' ich das mal. Conrad und Enu fahren auf die Karibus zu, die nur 30 Meter von mir entfernt gerade aus dem Wasser steigen wollen, und schneiden einem Teil der Herde den Weg ab, der dadurch zurück ins tiefe Wasser gedrängt wird. Ich filme und Enu schießt. Mehrmals verfehlt er sein Ziel, einen Bullen, als er wieder und wieder versucht, den Kopf beziehungsweise den Hals zu treffen, um kein Fleisch kaputtzuschießen. Die zwei Bullen halten nun genau auf mich zu. Doch Enu schießt weiter.

Eine Kugel schlägt links von mir ein, vielleicht zwei Meter entfernt, eine andere spritzt direkt vor mir Dreck auf. Immerhin Vietnam-Kaliber, extrem schnelle Patrone. Wenn du so ein Ding auf die kurze Entfernung abkriegst, überlege ich, denn das Boot ist gerade mal 20 Meter entfernt, stirbst du womöglich schon an dem Schreck. Die Karibus flüchten direkt an mir vorbei. Ich sehe ihre großen aufgerissenen Augen, konzentriere mich so auf den Sucher, daß ich alles andere vergesse. Als sie an mir vorbei sind und am Ufer entlang flußaufwärts rennen, schießt Enu weiter. Ein Schuß wühlt den Sand auf und alles staubt, der nächste trifft noch einmal in den Kies, und dann – *zack, zack* – sind die Tiere weg.

Oben am Camp haben es alle mitverfolgt, mit großem Gejohle und Hohngelächter, wie man auf so geringe Entfernung vorbeischießen kann. Keiner zerbricht sich den Kopf darüber, daß direkt vor mir eine Kugel einschlug. Das war verdammt gefährlich, aber was ich auf Film gebannt habe, ist einmalig. Spannend war es allemal. Mal wieder Glück gehabt.

Enus und Dianas ältester Bruder Teddy, 25, sieht ziemlich übel aus. Sein Hals und die obere Hälfte des Gesichts, vor allem um die Augen herum, sind voller großer tiefer Narben, die aussehen, als stammten sie von einem gewaltigen Autounfall mit Verbrennungen. Erst scheue ich mich, ihn darauf anzusprechen, weil ich gemerkt habe, daß er vor der Kamera immer sehr scheu und zurückhaltend ist, also offensichtlich unter der Entstellung leidet. Irgendwann traue ich mich doch, und er erzählt, daß er als Siebenjähriger von einem großen Husky angegriffen wurde und an den Verletzungen und dem Blutverlust fast gestorben wäre. Erstaunlicherweise hat er keine Angst vor Hunden, und was mich noch mehr verblüfft: Er mag sie sogar.

Teddy ist ein großer, hagerer Typ, bestimmt 1,85 groß, und durch und durch Jäger. In den letzten Tagen habe ich mich schon ein paarmal gefragt, ob er wenigstens zum Schlafen sein Riesenmesser und seinen Patronengurt ablegt.

»Da unten kommt ein Bär!« ruft Woodys Frau Marlies. Die ganze Familie ist ständig mit Ferngläsern unterwegs, und ich bin erstaunt, wie gut Marlies mit ihren 53 Jahren sieht. Sie hat extrem scharfe Augen.

Der Bär ist ungefähr zwei Meilen vom Ufer entfernt auf unserer Seite. Sofort machen sich Teddy, sein 16jähriger Bruder Luko und der Vater fertig und lassen sich mit dem Boot den Fluß hinuntertreiben. Alle haben ihre Knarren dabei. Es regnet mittlerweile ziemlich stark, die Sicht wird schlecht, doch man kann das Geschehen vom Camp aus gut beobachten. Die drei schleichen sich ans Ufer, auf eine Sandbank, während der Bär immer noch nichts ahnt. Der Wind steht günstig. Ich denke, sie wollen sich an den Bären anpirschen, aber da visiert ihn Teddy mit seinem Scharfschützengewehr auf etwa 200 Meter an – und trifft mit dem ersten Schuß. Woody und der kleine Luko ballern los – *paff, paff, paff* –, aber der erste Treffer war bereits tödlich.

Alle laufen zu den drei Jägern und dem Bären. Es ist ein junger Grizzly, vielleicht drei, höchstens vier Jahre alt, noch nicht lange von der Mutter weg. Inland-Grizzlys sind oft bis zum vierten Lebensjahr bei der Mutter. Das muß der Bär sein, dessen Spur ich schon ein paarmal nicht weit vom Camp entfernt entdeckt habe, denke ich. Ihn selbst hatte ich bis jetzt nicht zu Gesicht bekommen. Er war immer nur nachts gekommen, um sich an den Schlachtabfällen gütlich zu tun, für ihn im wahrsten Sinn des Wortes ein gefundenes Fressen. Und für mich ein Grund, wieder einmal Angst um mein Schlauchkanu zu haben. Jeden Morgen war ich froh, daß es noch heil war.

Woody und seine Söhne brechen den Bären auf und weiden ihn aus. Die Nieren legen sie beiseite, die sind für Inuits eine absolute Delikatesse, die Leber und die Gallenblase werfen sie in den Fluß. Dafür würden sie in Asien auf dem Schwarzmarkt verdammt viel Geld kriegen. Es gibt in Kanada regelrechte Wildererbanden, die nur wegen der Gallenblase Bären abknallen; alles andere lassen sie liegen. Teddy und Enu haben zunächst Probleme, ihre Beute ins Boot zu heben. Irgendwie gelingt es ihnen dann doch, die 80 Kilo hineinzuwuchten.

Zurück im Camp werden sofort die Rippen herausgeschnitten, gewürzt und mit den Nieren auf den Grill gelegt. Es herrscht eine Stimmung wie auf einem Fest, alle lachen und albern herum, sind glücklich und stolz, einen Bären geschossen zu haben. Von den Nieren bekommt jeder nur ein kleines Stück, aber eine Stunde später gibt es knusprige Bärenrippen, die ausgesprochen lecker schmecken. Auch das Fett ist vor dem Winter besonders gut – und sehr gesund, denn es enthält natürliche Kortisone, Kortikoide. Es wird daher außer zum Braten und Kochen zum Anrühren von Heilsalben und Cremes verwendet.

Cita hatte sich gleich für den kleinen Bären interessiert und an ihm herumrupfen wollen.

»Hey, zieh deinen Hund von dem Bären weg«, warnte Woody. »Wenn er Bärenfleisch frißt, dann hast du keine Kontrolle mehr über ihn, dann wird er wild und stark.«

Als wir jetzt das Bärenfleisch essen und sich Cita eine abgenagte Rippe klauen will, wird die Großmutter richtig böse, als hätte sie Angst, daß mit Cita was passieren könnte. Ich staune immer wieder. Auf der einen Seite haben sie hochmoderne Gewehre mit den großen Zielfernrohren, auf der anderen leben sie in ihrer alten Mythen- und Sagenwelt. Und in einer Welt, die von der Jagd bestimmt wird.

»Eigentlich hätte eine meiner Töchter nächsten Montag in Anchorage einen Termin für eine Ohrenoperation gehabt, da sie auf beiden Ohren schlecht hört, die Trommelfelle sind wohl nicht in Ordnung. Aber mir fiel gerade noch rechtzeitig ein, daß ja jetzt Karibu-Jagdzeit ist, also hab' ich den Termin gecancelt«, erzählt mir die Frau mit den neun Kindern.

Tja, wenn Jagdzeit ist, geht man natürlich nicht ins Krankenhaus und läßt seine Tochter operieren, auch wenn es wichtig ist, da geht man Karibus jagen. Neben mir sitzt ein vielleicht zehn Jahre alter Junge.

»Mußt du nicht zur Schule?« frage ich ihn.

»Nö, ich habe mich abgemeldet. Ich hab' gesagt, ich geh' mit meinem großen Bruder und meinem Großvater Karibus jagen. Das ist viel wichtiger als Schule.«

»Aha, und was hat der Lehrer dazu gemeint?«

»Der hat gesagt, ja, ist gut, viel Spaß, komm nicht zu spät wieder.«

Auch Diana sagt: »Schule? Nein, momentan geh ich nicht zur Schule, wieso denn?, ist doch Karibujagd.«

»Fleisch ist mein Gemüse«. Nach dem gleichnamigen Buch von Heinz Strunk alias Mathias Halfpape könnte man auch hier sagen: 95 Prozent, wenn nicht mehr, von allem, was die Inupiaqs essen, ist Fleisch. Und sie mögen kein mageres Fleisch, so wie wir es in Europa bevorzugen, magere Wildgans, Strauß und ähnliches. Nein, Fett ist das A und O. Die Karibus müssen rund sein und die Gänse richtig prall. Anderenfalls läßt man das Fleisch schon mal einfach am Ufer liegen und vergammeln. Der kleine Bär zum Beispiel ist ihnen eigentlich nicht fett genug, und zunächst wollte außer den Rippen und den Nieren, die sie mit Genuß verspeisten, keiner das Fleisch verwerten. Das konnte ich überhaupt nicht verstehen – und sagte ihnen, da sie ihn geschossen hätten, müßten sie ihn auch essen. Da kam wieder mal meine europäische Denke durch – obwohl ich doch weiß, daß das Fleisch hier niemals verloren ist, denn wenn nicht die Inupiaqs, dann interessieren sich Kolkrabe oder Vielfraß, Wolf oder Bär, Marder oder Fuchs dafür. Sie alle profitieren von den Schlachtabfällen oder einem Tier, das angeschossen wurde und dann irgendwo in der Taiga verendet. Na, jedenfalls fingen sie etwas verstohlen und gleichzeitig beleidigt an, den Bären aus der Decke zu schlagen, und am Abend gibt es Bärenbraten, Bärentatze und das Fett aus den Fußballen. Fleisch ist mein Gemüse.

»Wovon lebst du eigentlich«, frage ich Conrad, während wir uns den Bären schmecken lassen, »außer vom Fischen und Jagen?«

»Mein Bruder und ich haben in unserem Haus in Ambler keinen Strom, kein Gas und kein Licht, insofern haben wir geringe Kosten.«

»Aber du brauchst doch Geld, um Patronen zu kaufen, Zigaretten, Benzin für das Boot.«

»Ja klar. Ich krieg 290 Dollar von der Native Corporation.«

»Oh, im Monat?«

Er lacht. »Nein, nein, im Jahr.«

»Davon kannst du doch nicht leben!« wundere ich mich. »Und dein *dividend cheque*?«

»Ich habe keinen beantragt. Ich will dieses Geld nicht. Mein Vater hat mich gelehrt, daß ich, wenn ich dieses Geld annehme, abhängig und faul werde, weil ich mich dann darauf verlasse, von der Regierung oder von irgendwelchem Wohlfahrtsgeld zu leben – obwohl der *dividend cheque* ja kein Wohlfahrtsgeld ist. Aber weißt du, jeder Idiot aus den *lower 48*, der nach Alaska umsiedelt, wartet nur darauf, daß er nach drei Jahren endlich als Bürger gilt und dieses Geld bekommt, immerhin um die 1500 Dollar, das ist 'ne Menge Kohle.«

Ich denke, Respekt, Respekt, aber ein paar Minuten später haut er mich mehr oder weniger, wenn auch nicht direkt, um Geld für Sprit an. Weil er doch noch ein paar Tage hierbleiben und Karibus jagen wolle, und er müsse zwischendurch mal nach Galena, und dann seien wieder ein paar Gallonen durch. Manchmal denke ich, sie machen sich selbst was vor, leben in einer Scheinwelt. Conrad behauptet, daß manche Leute hier von 25 Dollar ein ganzes Jahr leben. Doch das kann ich mir beim besten Willen nicht vorstellen.

Regen, Regen, Regen

Marlies, Woodys Frau, hatte mich dreimal gefragt, wann ich weiterführe. Eine glatte Aufforderung, endlich abzuhauen. Genausogut hätte sie sagen können, hey, jetzt warst du lang genug hier. Ich möchte wetten, daß Woody ihr nicht erzählt hatte, daß ich ihm insgesamt 350 Dollar für Benzin und Zigaretten gegeben und damit mein Essen dort mehr als finanziert hatte. Zwei Tage nach Marlies' drittem, kaum verblümtem Drängen verabschiedete ich mich von den Menschen im Jagdcamp – Marlies wird's gefreut haben.

Gut, daß ich da nicht wußte, was mich erwartete: Denn seither regnet es, was der Himmel hergibt. Es ist zum Heulen. An einem Tag war es so schlimm, daß ich während des Paddelns Wasser schöpfen mußte. Außerdem ist es kalt, gerade mal drei, vier Grad, und oft fegen starke Böen über das Land. Ich bin frustriert, und meine Motivation ist gleich null. Ich komme nur langsam voran, die Wellen sind zum Teil sehr hoch, die Strömung hat extrem nachgelassen. Manchmal binde ich mein Boot an Treibholz fest, um wenigstens ein kleines Stückchen voranzukommen. Am Ende des Tages stelle ich dann erschöpft fest, daß ich gerade mal 16, 18 Kilometer geschafft habe. Nicht lustig.

Die Landschaft hat sich derweil total verändert. Rundherum mehr oder weniger reine Tundra, hie und da eine einsame Fichte. Kaum etwas, das sich zu filmen lohnt. Nur noch vereinzelt sehe ich Karibus durch den Fluß schwimmen. Sobald sie mich bemerken, drehen sie verschreckt ab und geben ordentlich Gas, so daß ich kaum an sie herankomme.

Abends sitze ich in einem feuchten Zelt, der Schlafsack ist naß, die Isomatte durchweicht, meine Klamotten sind klamm, Cita zittert und klappert mit den Zähnen. Das Lagerfeuer will nicht richtig brennen, und der Kocher braucht eine Menge Brennstoff. Eines Nachts wickle ich Cita sogar in eine Decke, weil das arme Mädchen so erbärmlich friert. Glücklicherweise erkälten wir uns nicht. Das würde mir wohl den Rest geben.

Es regnet und regnet. Das Barometer will partout nicht steigen, dazu die hohe Luftfeuchtigkeit: ziemlich sichere Indizien, daß das Wetter in den nächsten Tagen so bleiben wird. Ich hoffe, daß zumindest der Wind dreht, so daß ich Rückenwind bekomme. Man muß sich das vorstellen: Man sitzt im Kanu, alles ist pitschnaß, man selbst ist durchweicht bis auf die Knochen, und dann peitschen einem auch noch Wind und Regen ins Gesicht. Das ist nicht das, was man wirklich will. Bei aller Abenteuerlust und Verehrung für Jack London: Irgendwann hat man die Schnauze voll und keinen Bock mehr. Der Regen ist mittlerweile so stark, daß der Fluß von Stunde zu Stunde steigt. Gestern abend zog ich mein Kanu extra weit aus dem Wasser und band es mit einem Seil an einem Baum am Ufer fest; heute morgen schwimmt es auf, treibt in der Strömung und bietet ziemlich viel Angriffsfläche. Der Fluß ist in der Nacht um mindestens zehn bis zwölf Zentimeter angeschwollen. Das ist enorm viel, denn der Yukon ist hier ziemlich breit.

Es regnet mittlerweile den siebten Tag. Kaum auszuhalten. Ich lege einen Tag Pause ein.

Tag acht des großen Regens. Ich packe meine Sachen zusammen, will weiter. Nur das Zelt steht noch, als der Regen einen Zahn zulegt. Riesige Mengen Wasser prasseln vom Himmel, die Sicht beträgt gerade mal 20 Meter. Ich sage mir, nein, das tu ich mir nicht an. Der Fluß ist mittlerweile so angeschwollen, daß die Sandbänke beziehungsweise die Inseln, die ich bisher von meinem Zelt aus sehen konnte, verschwunden sind. Alle überflutet. Ich schätze, daß der Fluß etwa 30 Zentimeter angestiegen ist, vielleicht auch mehr. Nichts funktioniert mehr. Beide Videokameras streiken, obwohl sie in einem wasserdichten Sack verstaut sind. Die eine hat reichlich Kondenswasser angesetzt, in die andere ist soviel Feuchtigkeit eingedrungen, daß die Linse von innen beschlagen ist. Der Wind bläst immer noch konstant aus Südwest, was bedeutet, daß große Tiefdruckgebiete von der Beringsee herüberkommen, die mich hier festnageln. Mittlerweile habe ich alles gelesen, was ich dabeihabe. Die spannenden Sachen zwei- oder gar dreimal. So hänge ich nur herum und weiß nicht, was ich tun soll. Und habe den ganzen Tag im Kopf, daß ich gewaltig viel Zeit verliere.

In den letzten Wochen hörte ich immer wieder, daß dieser Sommer einer der verregnetsten sei, an den sich die Menschen hier erinnern könnten. Doch mittlerweile sind wir in der zweiten Septemberhälfte, ist tiefer Herbst. Der berühmte Indian Summer sollte das Land in schönste Farben tauchen. Die Sonne sollte die Natur vor dem langen Winter noch einmal mit Wärme verwöhnen. Doch was ist? Es schüttet wie aus Kübeln, alles ist feuchtkalt, und statt mit leuchtendem Zinnober, warmem Sonnengelb und kräftigen Grünschattierungen zu spielen, sind Büsche, Bäume und Gräser braun und schmuddelig. Durch den Regen stehen die jahrhundertealten Trails, auf denen die Karibus durch die Tundra ziehen, knietief unter Wasser. Selbst in diesem weichen Boden läuft das Wasser nicht mehr ab. Und seit sieben Tagen habe ich kein Boot mehr auf dem Fluß gesehen. Ich weiß nicht, was das zu bedeuten hat. Aber mein Gefühl sagt mir: nichts Gutes.

Tag neun des großen Regens. Was tue ich hier eigentlich? Wäre ich doch bloß mit Birgit und den Jungs nach Hause geflogen, dann säße ich jetzt in einem trockenen Zimmer und hätte es warm! Neben mir ein Glas Rotwein – bitte auch trocken! Und könnte abends nach einer heißen Dusche in ein trockenes Bett schlüpfen. Heiße Dusche, trockenes Bett, heiße Dusche, trockenes ... Ich kann an nichts anderes mehr denken. Wie aus dem Off höre ich eine Stimme raunzen: Hey, du Jammerlappen, du bist nicht zum Vergnügen hier. Wir warten auf dein Filmmaterial, reiß dich zusammen! Also reiße ich mich zusammen und sage mir, extreme Witterungsbedingungen auszuhalten ist Teil des Abenteuers. Die meisten Leute glauben, daß hauptsächlich die Kälte und die Dunkelheit den Menschen in Alaska zu schaffen machen. Klar, tun sie. Die Dunkelheit auf alle Fälle, die Kälte bedingt auch. Aber viel schlimmer ist, wenn alles naß ist und klamm, der Sturm tobt und es wie wahnsinnig regnet ... regnet ... regnet ... regnet. Meine Gedanken drehen sich schon wieder im Kreis, das mit dem Zusammenreißen klappt nicht. Klar könnte ich mich jetzt ins Kanu setzen, von Kopf bis Fuß in meine Regenklamotten gehüllt, und bei Sturm, starkem Gegenwind und Wahnsinnsregen lospaddeln, aber mir fehlt die Motivation. Schließlich wartet nicht ein Stück flußabwärts eine Hütte auf mich, in der ich den Ofen anheizen und meine Sachen trocknen kann und alles wieder paletti ist. Ich krieche statt dessen in einem nassen Zelt mit feuchten Klamotten in einen klammen Schlafsack. Jack London hätte darüber eine schöne Story geschrieben, denke ich. Vielleicht aber auch nicht, denn wer will schon hören, wie einer im Regen ersäuft?

Am nächsten Tag nutze ich die Zeit, um die Videokamera zum Laufen zu bringen. Ich hole den kleinen Kocher ins Zelt und halte die Kamera eine kleine Ewigkeit über die Flamme. Mehrmals schalte ich sie probehalber an, doch sie enthält noch immer zuviel Feuchtigkeit und schaltet sich von allein wieder aus. Nach über einer Stunde läuft sie auf einmal, wie von Geisterhand.

Gegen Abend klart es ein wenig auf. Kurzerhand entschließe ich mich zum Aufbruch. Es muß alles ziemlich schnell gehen. Nach drei Tagen lethargischen Rumhängens auf einmal große Hektik. Cita tanzt um mich herum, schießt hierhin und dorthin, läuft mir ständig vor die Füße. Vermutlich ist ihr meine Apathie in der letzten Zeit ganz schön auf die Nerven gegangen. Ich paddle bis in die Dunkelheit hinein, schaffe fast 30 Kilometer, finde eine gute Stelle zum Campen. Und meine Stimmung steigt.

Am nächsten Morgen verschwindet die gute Laune schlagartig wieder, denn mit ungebremster Heftigkeit bricht ein Sturm los. Es ist nichts Außergewöhnliches, im Herbst so nah an der Beringsee schwere Stürme zu haben, aber normalerweise kommen sie erst im Oktober. Die Veränderung des Weltklimas ist auch in Alaska zu spüren. Es wird immer milder, das heißt: instabiler. Denn stabil ist das Wetter nur bei trockener Kälte oder trockener Hitze. Ich erinnere mich daran, wie ich Jahre zuvor mit Citas Vorgängerin Kim von Alakanuk im Yukon-Delta nach Bethel flog. Die kleine zweimotorige Maschine wurde derart durchgeschüttelt, daß ich mich wunderte, wie der Pilot sie überhaupt halten konnte. Diesen Flug werde ich mein Lebtag nicht vergessen. Ich hatte Todesangst, dachte, wir stürzen ab. Ein ähnlich heftiger Sturm – ich schätze die Windgeschwindigkeit auf über 100 Stundenkilometer – tobt und brüllt auch nun. Und es schüttet natürlich wieder aus allen Kübeln.

Ich liege in meinen Schlafsack eingehüllt im Zelt, Cita schläft neben mir. Bis zur nächsten Siedlung sind es ungefähr 130 Kilometer. An eine Weiterfahrt ist nicht zu denken. Der Sturm würde mich flußaufwärts treiben – das ist aber nicht die Richtung, in die ich will! Der Yukon schäumt. Seine Gischt klatscht bis an mein Zelt. Der Sturm zerrt am Zelt, reißt fast alle Blätter von den Bäumen. Weltuntergangsstimmung.

Glücklicherweise hält das Zelt diesem Toben stand. Es ist für extreme Beanspruchung gebaut, sehr flach – daher wenig komfortabel –, und die Verankerung und die Zeltbahnen gehen bis ganz hinunter zum Boden, so daß es wenig Angriffsfläche bietet. Ich habe alles, was ich an schweren Sachen dabeihabe, hereingeholt, damit der Boden nicht abheben kann. Das Schlimmste wäre, jetzt das Zelt zu verlieren.

Ein einsamer, verspäteter Moskito hat im Zelt Zuflucht gefunden. Der Herbst ist eigentlich keine Moskitozeit, dafür kommen dann die Kriebelmücken, die kleine Hautstückchen aus der Haut beißen. Das ist auch nicht viel besser. Alaskanische Moskitos haben zwei Probleme: sie mögen es nicht zu warm – das ist im Moment wahrlich nicht das Problem –, und sie mögen keinen Wind. Bei starkem Wind können sie nicht fliegen. Man muß also nur schnell genug rennen, um diesen Plagegeistern zu entwischen. Sie können hohes Tempo nicht mithalten, drehen ab. Und schon ist man sie los. Man darf halt nur nicht stehenbleiben, denn dann fallen die Heerscharen von Moskitos über einen her, die einem nicht erst hinterherfliegen mußten. In diesem Sommer hatte es so viele Moskitos in Alaska gegeben wie kaum je zuvor. In einem Ort am Yukon war sogar ein Wettbewerb dazu veranstaltet worden: Wie viele Moskitos auf seinem Arm kann man mit einer Hand totschlagen? Der Rekord lag bei 123. Das muß man sich mal vorstellen! Der Sieger hatte allerdings riesige Pranken. Na, jedenfalls: Nicht nur für die Menschen waren die Moskitos eine richtige Plage gewesen. Die Karibus hatten sich in die Berge zurückgezogen. Die Elche ebenfalls. Nur die Kühe waren mit ihren Kälbern am Fluß geblieben, in den feuchten Gebieten. Im Jagdlager der Inupiaqs sah ich, daß die dicke Lederhaut der Karibus trotz des schützenden Fells speziell am Rücken und an den Flanken komplett mit Stichen überzogen war. Die Moskitos hatten selbst die starke Lederhaut der Karibubullen durchstochen. Man konnte innen an der Decke ganz deutlich die Vernarbung sehen. Jedes Jahr sterben unzählige Karibukälber an Schwäche, weil ihnen die Moskitos zuviel Blut entziehen – ein weiteres Regulativ, neben Äsungsbedingungen, Krankheiten oder Feinddruck, das für das zahlenmäßige Schwanken der Herden verantwortlich sein kann –, aber heuer war es extrem.

Meinem kleinen Moskito im Zelt geht es jedenfalls gut. Er heißt George und ist wahrscheinlich ein Männchen, denn er will nicht stechen (das tun nur weibliche Moskitos). Er will nur herumschwirren und es sich gutgehen lassen, sich ein bißchen aufwärmen, und hofft wahrscheinlich genauso wie ich, daß der Sturm endlich vorübergeht.

Zwangsdiät

Ich füttere Cita mittlerweile zweimal am Tag und gebe ihr dabei reichlich zu fressen. Wegen der Kälte und der Feuchtigkeit müssen unsere Körper unheimlich viel Energie zum Erhalt ihrer Temperatur aufwenden. Cita nimmt ein bißchen zu, und ich hoffe, sie bildet eine leichte Speckschicht, um die Kälte besser ertragen zu können. Bei mir ist das genaue Gegenteil der Fall. Nachdem ich mir im Jagdcamp durch zum Teil extrem fettes Essen, etwa in Bärenschmalz getunkte Cracker, einige Pfund angefuttert hatte, verliere ich seit Tagen ständig an Gewicht, obwohl ich außer paddeln nicht viel tue. Das Problem ist, daß meine Nahrung nur noch aus Müsliriegeln, Nudeln und Reis besteht, und das reicht einfach nicht, um den Kalorienverlust auszugleichen. Ich muß den Gürtel wieder ein Loch enger schnallen.

George ist verschwunden. Ob das wohl ein Zeichen ist, daß der Sturm jetzt seinen Höhepunkt erreicht hat? Er hat sich fast zum Orkan ausgewachsen. Oder hat sich George verkrümelt, weil er Angst hat? Das Zelt biegt sich wie verrückt. Es prasselt und rauscht draußen. Ich habe den Standort nicht gut gewählt.

Als ich hier ankam, dachte ich, na ja, es ist nur für eine Nacht, und morgen früh paddelst du zeitig weiter. Ein großer Fehler. Man sollte um diese Jahreszeit immer sorgfältig prüfen, wo man übernachtet, und gucken, daß die Stelle einigermaßen windgeschützt ist. Und das habe ich nicht getan. Nun ist es zu spät, um das Zelt woanders aufzustellen. Ich bin froh, daß ich mich überhaupt darin halten kann. Nur zum Pinkeln und zum Zähneputzen gehe ich nach draußen, so extrem ist es. Kochen fällt aus. Draußen wäre es unmöglich, und im Zelt ist es nicht ratsam, weil alles noch feuchter werden würde.

Der Sturm zehrt nicht nur am Zelt, er zehrt auch an meinen Nerven. Ich habe plötzlich Angst vor dieser Wildnis, vor dieser Einsamkeit, vor dieser Übermacht der Natur. In Deutschland ist im Notfall schwuppdiwupp jemand da, die Polizei, der Krankenwagen, ein Helikopter. Hier draußen ist der nächste, der sich um einen kümmern könnte, unter Umständen 100 Kilometer weit weg. Schon öfter sagten Freunde oder Bekannte, die ich mit nach Alaska in die Wildnis nahm, nach kurzer Zeit: Du, bitte, ruf jemanden, der mich hier rausholt, ich halte das nicht mehr aus. Zum ersten Mal kann ich ihre Ängste nachempfinden. Egal, was es kostet, ich will hier weg! Ich greife zum Satellitentelefon, um Randy anzurufen, doch im letzten Moment überlege ich es mir anders. Plötzlich muß ich intensiv an Erik denken. Jetzt tut es mir nicht mehr leid, daß er nach Deutschland zurückmußte, im Gegenteil: Ich bin froh, daß ihm all das hier erspart blieb. Selbst ich, der ich durch die vielen langen Aufenthalte in der Wildnis hart im Nehmen bin, laufe Gefahr, zu einem Häufchen Elend zu schrumpfen.

Ich breche das Lager ab und paddle los. Der Sturm macht mit dem Kanu, was er will. Nur mit äußerster Not halte ich das Boot einigermaßen auf Kurs, der Bug geht mal nach Steuerbord, mal nach Backbord weg. Der Wind pfeift mir entgegen, der Regen peitscht mir ins Gesicht. Cita sitzt mit nassem Hintern zwischen meinen Beinen und zittert, während ich immer wieder Wasser schöpfe. Ich habe ihr ein Handtuch übergelegt und aus einem Müllsack einen Regenponcho gebastelt, aus dem nur der Kopf herausschaut. Aber da sie immer noch scheinträchtig ist, will sie sich ständig die Milch von den Zitzen lecken und zerbeißt ihren Regenmantel. Vor lauter Anstrengung, das Kanu auf Kurs zu halten, platzt mir im linken Auge eine Ader. Auf einmal sehe ich alles blutrot verschwommen. Ich fange an zu fluchen, heule, brülle. Nach zwei Stunden, in denen ich knapp zwei Kilometer zurückgelegt habe, gebe ich auf. Es hat keinen Zweck. Während ich mühsam mein Lager aufschlage, geht mir ständig der Ausdruck »Kampf gegen die Elemente« im Kopf herum. So ist das also, denke ich, krieche endlich in den nassen, klammen Schlafsack und schlafe völlig erschöpft ein.

Über Nacht läßt der Sturm nach, und am frühen Morgen mache ich mich wieder auf den Weg. Nach einigen Stunden kommt mal ganz kurz ein Sonnenstrahl heraus, für vielleicht 20 Sekunden, nicht direkt bei mir, weiter weg, dennoch ein Lichtblick – im wahrsten und im übertragenen Sinn des Wortes. In so einem Moment versteht man nur allzu gut, warum die Menschen früher einem Sonnengott huldigten, die Megalith-Menschen, die Majas, die Inkas, die Ägypter, die Germanen ... Na ja, vergessen wir mal die Ägypter, die Inkas und die Majas, denn bei denen schien meistens die Sonne. Doch wer in Regionen lebte, in denen die Sonne rar war, in Germanien oder hier oben im Norden, mußte der Sonne unweigerlich enorme Kraft zusprechen und ihr seine Verehrung schenken. Sie ist Energie, Motivation und Wärme, sie ist Kraft und Zuversicht, sie baut dich in der Seele auf. Sie stärkt dich, gibt dir neuen Mut, weiterzumachen und durchzuhalten. Ich springe jedes Jahr zur Sommersonnwende über das Feuer, und zur Wintersonnwende gibt es Geschenke für die Jungs.

Ein paar Stunden später höre ich nach fast zwei Wochen das erste Mal wieder Anzeichen von Menschen. Drei Jungs in einem Motorboot kommen den Fluß herunter. Einer davon ist Teddy, ein anderer Enu. Sie sind auf dem Nachhauseweg. Dann erscheinen Franklin, Elsa und Diana. Das Baby haben sie, in seinem Strampelanzug und in Tücher dick eingewickelt, unter eine Plane zu dem getrockneten Karibufleisch gelegt. Sie geben mir zum Abschied jede Menge von dem Fleisch, das zwar außen trocken, innen aber noch roh und vor allem nicht gewürzt ist. Am Abend halte ich es längere Zeit übers Feuer und streue ein paar Gewürze darüber. Es schmeckt wundervoll – und Cita klaut mir in einem Moment der Unachtsamkeit prompt das beste Stück: ganz mager, leicht angeräuchert. Mahlzeit, Cita!

Es wird höchste Zeit, mal wieder in eine Siedlung zu kommen. Meine Autobatterie, mit der ich die Akkus für das Satellitentelefon und vor allem, das ist das Entscheidende, für die Videokameras auflade, gibt allmählich den Geist auf. Das Trockenfleisch ist aufgebraucht, meine Vorräte schwinden rapide. Mein Jagdbogen kommt auch nicht zum Einsatz. Hier gibt es keine Gänse und keine Schneeschuhhasen. Einen Elch will ich nicht schießen, denn Cita und ich könnten das viele Fleisch gar nicht verzehren. Ein Karibukalb wäre genau das richtige. Abzüglich des Fells, der Knochen und der Innereien hätten wir damit um die 15 Kilo Fleisch. Doch die Karibus sind wie von Geisterhand verschwunden.

Ich treibe langsam an den Ausläufern einer Bergkette entlang, den letzten großen Bergen vor der Küste, danach ist nur noch platte Tundra, bis zur Beringsee. Der Fluß hat hier aufgrund seiner Breite überhaupt keine Strömung mehr, so daß ich fast auf der Stelle dümple. Vor ein paar Tagen waren die Bergspitzen über Nacht mit frischem Schnee eingezuckert worden, und ich hatte auf wenn auch kaltes, so doch klares, gutes Wetter gehofft – und jetzt? Es regnet. So stark, daß ich während des Paddelns wieder schöpfen muß. Nicht zu fassen! Wo, verdammt noch mal, kommt nur all das Wasser her?

Endlich entdecke ich eine einigermaßen windgeschützte Stelle, an der ich mein Zelt aufschlagen kann. Alles ist triefnaß, so daß es mir nicht gelingt, ein Feuer anzumachen. Wenn es mal ganz kurz brennt, löscht es der Regen wieder. Ich opfere mein letztes Küchenrollenpapier, knülle fünf, sechs Blätter zusammen, tränke es mit Gas von meinem kleinen Kocher – und entfache ein Riesenfeuer. So groß, daß ich mir meine Regenjacke daran versenge. Aber es wärmt! Cita läßt sich ganz nah am Feuer ihr Fell trocknen und dampft in der Hitze zufrieden vor sich hin.

Schwer zu glauben, aber am nächsten Tag kommt tatsächlich die Sonne heraus. Schön. Dafür wird es langsam wirklich kritisch mit den Lebensmitteln. Schon morgens gibt es Nudelsuppe, weil ich nichts anderes mehr habe. Bestandsaufnahme: vier Trockeneintöpfe mit Nudeln, drei Beutel Tee, sechs bis sieben Löffel brauner Zucker, zwei Streifen Kaugummi, drei Müsliriegel, eine halbe Tüte M&Ms, was nicht schlecht ist. Jede Menge Trockenfutter für Cita. Zur Not kann ich das essen, überlege ich, ein paar Tage kann ich also noch durchhalten. In den letzten 14 Tagen habe ich vier, fünf Kilo verloren. Das ist für mich eine Menge. Momentan wiege ich schätzungsweise knapp 70 Kilo. Bei einer Größe von 1,78 Meter und relativ vielen Muskeln ist das verdammt wenig. Vielleicht kann ich mir einen Biber schießen? grüble ich. Angeln hat keinen Zweck, weil das Wasser so trüb ist, daß die Fische den Köder nicht sehen. Wenn die drei Teebeutel aufgebraucht sind, werde ich mir aus Fichtennadeln ein Gesöff brauen müssen. Wohl bekomm's!

Ich muß an Thommy aus Hoyerswerda denken. Der sitzt jetzt wahrscheinlich irgendwo im Warmen und löst seine Maggiwürfel auf. Wahrscheinlich ist er mittlerweile im sonnigen Kalifornien oder in Oregon angekommen. Die Idee, zu Fuß von Alaska bis nach Südamerika zu gehen, finde ich gut. Aber den Alaska Highway hinunter, 2500 Kilometer lang Autos an dir vorbei? Grauenhaft. Das würde mich auf Dauer aggressiv machen. Manchmal sind mir selbst Windgeräusche zu viel, wenn ich entspannen und abschalten will.

Ich glaub, mich tritt ein Elch

Ich bin noch nicht lange unterwegs, da kommt ein Boot direkt auf mich zugeschossen, dreht erst 200 Meter vor mir ab und wird langsamer. Zwei alte Inuits sitzen darin, um die 70 Jahre, beide mit einer Brille so dick wie Fensterglas. Während der eine steuert, hält der andere ein Gewehr schußbereit in der Hand. Ich denke, na, das kann ja heiter werden, bin ich hier irgendwie in einem Privatgebiet gelandet oder was?

»*Oh, sorry, we thought you are a moose*«, ruft da der eine.

Die dachten, ich sei ein Elch!?

»Na, ihr habt wohl schon länger keinen Paddler mehr gesehen.«

»Ja«, lachen sie, »und schon gar nicht um diese Jahreszeit.«

»Habt ihr Karibus gesehen?« frage ich sie, denn die kleinen Grüppchen, die bislang den Yukon querten, können nur die Vorhut einer größeren Herde gewesen sein.

»Keine Ahnung, die sind dieses Jahr sehr spät dran, deshalb weichen wir ja auf Elche aus.«

Kurz darauf komme ich an einem Steilufer vorbei, in das dicke Wechsel eingetreten sind. Wie in der Masai Mara in Kenia, wo die Gnus auf ihrer Wanderung den Mara durchqueren, in dem die Krokodile lauern. Und ich sehe jede Menge frische Fährten. Da müssen in den letzten Tagen ein paar hundert Karibus entlanggezogen sein. Ich quäle mich den glitschigen Steilhang hoch und habe einen wunderbaren Blick über die Tundra. Im Vordergrund stehen ein paar Schwarzfichten, an einigen Espen hängen sogar noch gelbe Blätter, und mittendrin liegt ein See. Ein Biber ist emsig damit beschäftigt, Weidenzweige für den Winter zu sammeln und im Futterdepot unter seinem Bau zu verstauen. Biber halten ja keine Winterruhe.

Auf einmal entdecke ich eine Herde von vielleicht 90 Karibus. So viele auf einem Haufen habe ich lange nicht gesehen! Sie kommen zunächst genau auf mich zu, drehen dann aber einen Kilometer vor mir nach rechts ab und ziehen in ein Tal hinein. Ich sage mir, das schaffst du, renne zurück ans Ufer, mache das Kanu fest, binde Cita an, schultere Rucksack und Kamerastativ und hetze durch Weidengebüsch und Erlen in Richtung Karibus. Nach ungefähr zwei Meilen höre ich vom Fluß her eine wilde Schießerei, kann aber nichts erkennen, weil mir Bäume und Sträucher die Sicht verdecken.

Ich stolpere durch das Gestrüpp ans Ufer, sehe die Herde im Wasser, sehe Motorboote, dann pfeift eine Kugel wenige Meter an mir vorbei. Die Karibus machen kehrt und schwimmen direkt auf mich zu. O nein, nicht schon wieder, denke ich. Doch zwei der Jäger haben bereits jeweils zwei Bullen aus der Herde herausgeschossen, das scheint ihnen zu genügen. Die Karibus drehen ein bißchen ab und peilen in 30, 40 Meter Entfernung von mir das Ufer an. Es ist ein herrlicher Anblick. Nur die Köpfe ragen aus dem tiefblauen Wasser, und die Abendsonne läßt die Geweihe rotgolden leuchten. Ich halte mich mucksmäuschenstill, um die aufs äußerste erregten Tiere nicht zu verscheuchen. Ein Teil der Herde kommt im Gegenlicht aus dem Yukon, schüttelt sich erst einmal das Wasser aus dem Fell. Obwohl die Boote noch auf dem Fluß kreuzen, haben die nichts Besseres zu tun, als sich zu schütteln!, fährt es mir durch den Kopf. Das ist für Karibus offensichtlich ein Muß, bevor sie an Land weiterziehen. Ich kann ein paar schöne Bilder drehen, bevor die Tiere in die Tundra verschwinden. Und ich sehe in ziemlicher Entfernung noch zwei Karibuherden mit 60, 70 Tieren. Hier tut sich was, denke ich, ein guter Platz zum Filmen.

Wieder bei Cita, entdecke ich die Überreste eines Elchbullen. Der Schädel liegt noch da, das Geweih ist herausgeschlagen, der Nasenschwamm und die Zunge sind herausgelöst sowie der ganze Rücken mit den Beckenknochen. Es sind ziemlich viele Grizzly-Spuren daran. Von nicht allzu großen Bären. Na ja, was heißt nicht allzu groß, durchaus 300 Kilo schwer. Die Spuren sind ganz frisch. Da ist es sicher ratsam, das Lager nicht hier, sondern auf der Insel mitten im Fluß aufzuschlagen. Auch kein schlechter Platz, wie ich bald feststelle, denn quer über die Insel verläuft ein Karibuwechsel.

Den Gedanken habe nicht nur ich. Kurz nach Mitternacht reißt mich lautes Bärengebrüll aus dem Schlaf. Wegen des hellen Mondlichts kann ich bis zum Ufer hinübersehen. Zwei große dunkle Klumpen machen sich an den Überresten des Elchs zu schaffen. Die Bären streiten. Sollen sie doch, denke ich und schlafe wieder ein. Gut zwei Stunden später werde ich wieder geweckt – von einem Geräusch in nächster Nähe. Schlagartig bin ich hellwach, schieße aus dem Schlafsack, Cita bellt. Drei, vier Meter vor dem Zelt steht ein Grizzly und macht mit seinem Fang Klapper- und Schnaubgeräusche. Ich brülle ihn an, verursache soviel Lärm wie nur möglich, aber den Bären scheint das nicht sonderlich zu beeindrucken. Der macht überhaupt keine Anstalten zu verschwinden! Und meine sonst so tollkühne Cita traut sich nicht aus dem Zelt, bellt praktisch aus ihrer Hütte heraus! Mist! Nichts hier, außer einer kleinen Lampe. Das Kanu liegt am Ufer, ungefähr 70 Meter vom Zelt entfernt. Darin ist mein Jagdbogen. Aber gut, der würde mir nicht viel helfen. Auch der kleine Benzinbrenner, mit dem man eine Art Bunsenflamme erzeugen könnte, steht am Flußufer, da ich extra wegen der Bären nicht den Geruch von Lebensmitteln und Küche nah am Zelt haben wollte.

Der Bär springt hin und her, läuft ein paar Meter nach links, kehrt zurück, macht wieder Drohgebärden, rennt auf einmal auf mich zu. Eineinhalb Meter vor mir bremst er ab, und seine Attacke entpuppt sich im letzten Moment als Scheinangriff. Dann dreht er ab, geht zehn Meter von uns entfernt in Lauerstellung. Einen Moment später kommt er wieder angeprescht, als ob er uns aus dem Zelt vertreiben wolle. Ich stehe einfach nur da und brülle, was das Zeug hält, und Cita – noch immer im Zelt – bellt. Endlich stürmt sie heraus. Doch statt sich auf den Bären zu stürzen, wagt sie sich nur zwei Meter nach vorn und täuscht eine Art Gegenangriff an. Immerhin verunsichert das den Grizzly dermaßen, daß er sich in die Büsche schlägt. Dort hören wir ihn noch lange rumschnauben und Kehllaute machen.

Irgendwann verschwindet der Bär, doch für mich ist die Nacht natürlich gelaufen. Ich würde gern ein großes Feuer machen, aber auf der ganzen Insel ist kein Holz zu finden, kein einziges Stück. Nur grüne Weidenbüsche. Ich bin noch immer überrascht, daß Cita den Bären nicht gleich attackiert hat. Bisher ist sie Grizzlys gegenüber doch immer so taff gewesen. Na ja, andererseits: Da macht ein großes Etwas direkt vor dir ein Riesentheater, brüllt, brummt, klappert mit dem Kiefer. Da sagt man sich nicht so einfach, ich renn da jetzt mal in die dunkle Nacht hinaus und greife an. Vielleicht war es ganz gut so.

Am Morgen suche ich mit dem Fernglas alles ab und finde die Stelle, an der der Bär die Insel verlassen hat. Er ist zum Elchkadaver zurückgekehrt und hat den Kopf den ganzen Hang hochgeschleppt. Man kann deutlich die Schleifspur sehen, wo er ihn in die Tundra hineingezogen hat, um ihn zwischen den Fichten, Espen und Erlen zu verstecken.

Trotz allem will ich eine weitere Nacht auf der Insel bleiben, in der Hoffnung, in dieser Gegend auf noch mehr Karibuherden zu stoßen. Als ich aber während des ganzen Vormittags von meinem Aussichtspunkt aus nur ein einzelnes Tier ausmache, das völlig verstört durch die Tundra zieht, packe ich meine Sachen zusammen und mache mich wieder auf den Weg. Das ist seit langem mal wieder ein Nachmittag, an dem ich das Kanu für eine Stunde treiben lassen kann. Die Sonne wärmt mir den Rücken. Ich schaue einfach nur in die Gegend, trinke meinen kalten Tee und lasse es mir gutgehen – so gut es halt unter den gegebenen Umständen geht. Viel zu selten sind solche Momente. Meist fehlt die Muße. Klar sitzt man bei so einer Tour mal abends am Lagerfeuer und stiert in die dunkle Nacht. Doch oft heißt das auch: Der Rücken ist naß und kalt, der Bauch ist warm – oder umgekehrt – und man hofft, daß man trocknet und es einem wieder einigermaßen warm wird. Das ist mit Sicherheit nicht die Form von Romantik, wie sie sich die meisten Menschen vorstellen.

Ich entdecke ein verlassenes Jagdlager. Eigentlich ist es eher eine Müllhalde. Fünf Dosen Dr. Pepper, zwei Dosen Ölsardinen, eine Schachtel Aspirin, zwei Schachteln Marlboro, drei Dosen Coca-Cola, eine Karibugeweihstange, fünf Patronenhülsen, eine Flasche Capri Sun sowie eine Aluminiumflasche Energy Drink liegen verstreut. Ich kann nur noch den Kopf schütteln.

Kurz danach, ich bin noch nicht weit von der Insel entfernt, auf der ich die letzte Nacht verbracht habe, sticht mir ein schöner Lagerplatz ins Auge. Der Wind steht günstig. Wenn sich der angriffslustige Grizzly noch in der Nähe seiner Beute herumtreibt, kann er mich jedenfalls nicht wittern. Ich schlage das Zelt auf, mache ein Feuer und überlege gerade, was von meinen spärlichen Vorräten ich mir zum Abendessen genehmige, als Cita mit einem Riesenstück Pansen ankommt. Der muß von dem Elch sein, den der Bär in der Nacht irgendwo in den Büschen vergraben hat. Und Cita hat nichts Besseres zu tun, als sich auf die Fährte zu heften und dem Bären sein Futter zu klauen! Sie hat sich offensichtlich schon an Ort und Stelle richtig vollgefressen. Plötzlich bin ich nicht mehr so optimistisch, daß wir von dem Bären verschont bleiben. Verrückter Hund.

Endspurt

Nach einer ruhigen Nacht – ohne Störung durch den Bären – paddle ich bei relativ gutem, aber sehr kaltem Wetter bis nach Marshall, wo ich in einem kleinen Laden endlich meine Autobatterie aufladen, mir den Bauch vollstopfen und mich mit Vorräten versorgen kann. Das gibt mir Auftrieb, und so setze ich mich gleich wieder ins Kanu. Der Yukon ist mittlerweile durch seine Breite so ruhig wie ein See, jeder Meter muß erpaddelt werden. Aber wenigstens bläst mir nicht ständig der Wind ins Gesicht. Wenn das Wetter wenigstens ein bißchen hält, denke ich, bin ich bald am Ziel. Doch schon in der folgenden Nacht kommt wieder ziemlich heftiger Sturm von der Beringsee her auf und bläst mir Unmengen von Sand ins Zelt, ganz feinen Flugsand von den Ablagerungen des Yukon. Ich habe ihn in der Nase, im Mund und in den Augen. Saharagefühl in Alaska. Darauf könnte ich gut verzichten. Also Gegenwind hin, Gegenwind her: auf nach Mountain Village, der letzten Station kurz vor der Beringsee, kurz heißt 130 Kilometer bis zum Delta.

Nach zwei Stunden Paddeln gegen den Sturm und meterhohe Wellen bin ich völlig ausgepowert und habe doch nur fünfeinhalb Kilometer zurückgelegt. Mein Oberkörper ist durch die Anstrengung gut durchgewärmt, aber unterhalb der Gürtellinie bin ich ein Eisklotz, habe ganz taube Beine. Die Temperatur scheint von Stunde zu Stunde zu sinken. Mit bleischweren Armen sammle ich ein Häuflein Holz zusammen, gerade genug für ein Feuer, das mich ein bißchen wärmt. Sobald ich wieder Gefühl in den Beinen habe, krieche ich in meinen Schlafsack. Doch obwohl ich furchtbar müde bin, kann ich lange nicht einschlafen. Arme und Rücken tun mir weh, und ich finde keine bequeme Position. Vielleicht werde ich langsam zu alt für solche Unternehmungen, überlege ich.

Am nächsten Morgen ist der Yukon im Uferbereich von

einer dünnen Eisschicht bedeckt, und das Land um mich her glitzert vom Rauhreif. Das hätte es nun nicht auch noch gebraucht, schimpfe ich leise vor mich hin. Im Schneckentempo arbeite ich mich gegen den nach wie vor heftigen Wind voran, und die Versuchung, Randy anzurufen, damit er mich schon in Mountain Village statt erst im Yukondelta aufgabelt, wird fast übermächtig, doch jedesmal meldet sich – wie schon vor ein paar Tagen, als ich das Satellitentelefon schon in der Hand hatte – mein Stolz. So kurz vor dem Ziel aufgeben? Nein, kommt nicht in Frage. Wenn es wenigstens die Aussicht gäbe, hier noch seltene Tierbegegnungen zu haben oder schöne Aufnahmen machen zu können! So kämpfe ich mich einfach nur stur Tag für Tag, Kilometer um Kilometer weiter.

Kurz nach Mountain Village passiert etwas völlig Unerwartetes: Der Sturm schläft fast vollständig ein. Ich kann es kaum fassen. So kurz vor der Mündung um diese Jahreszeit? Wahnsinn! Das muß ich ausnutzen, wer weiß, wie lange diese Ruhe anhält, denke ich und lege einen Zahn zu. Gegen Mittag fängt es zu schneien an. Die dicken Flocken schlucken jedes Geräusch und legen in kürzester Zeit eine flauschige weiße Decke über die Landschaft. Mir kommt es vor, als wäre ich allein auf der Welt. Zufrieden mit meinem Tagespensum paddle ich am späten Nachmittag zum Ufer und stelle fest, daß sich die Eisschicht im Lauf des Tages ein gutes Stück in den Yukon vorgeschoben hat. In wenigen Tagen, so vermute ich, wird es schon Treibeis auf dem Fluß geben. Bis dahin will ich an der Beringsee sein. Auch am nächsten Tag habe ich Glück mit dem Wetter und schaffe wieder ein gewaltiges Stück.

Bitte, bitte, flehe ich am Abend den Himmel an, schenk mir noch einen solchen Tag. Doch der Wettergott zeigt kein Erbarmen. Über Nacht braut sich ein so gewaltiger Sturm zusammen, daß ich das Kanu am Morgen erst gar nicht startklar mache. Ich habe keine Lust, wie ein Verrückter zu paddeln und keinen Meter vom Fleck zu kommen, möglicherweise sogar flußaufwärts getrieben zu werden. Nicht mit mir, mein Lieber. Zur Untätigkeit verdammt, liege ich den ganzen Tag in meinem Zelt. Mal flehe ich inständig um besseres Wetter, mal verfluche ich den Yukon, den NDR, diese ganze Unternehmung.

Die nächsten beiden Tage mobilisiere ich all meine Kräfte und kämpfe mich trotz Wind und Regen mühsam voran. Ich paddle fast wie in Trance, nehme meine Umgebung überhaupt nicht mehr wahr. Mehrere Stunden ziehe ich mit einer Leine vom Ufer aus das Kanu flußabwärts. Ich *muß* die Beringsee erreichen, ich brauche für mich dieses Ziel. Und dann schlägt völlig unerwartet über Nacht das Wetter um. Als ich am nächsten Morgen meine Nase aus dem Zelt strecke, begrüßt mich ein klarer Himmel. Langsam wird es hell, und die Sonne kommt hoch. Der Yukon zeigt sich gnädig, hält seine Wellen im Zaum und trägt mich gemächlich die letzten Kilometer ans Meer. Wenige Stunden später stehe ich – nach sieben Monaten und insgesamt über 3500 Kilometern, die ich auf dem Yukon River und anderen Flüssen verbracht habe – erschöpft, aber stolz und zufrieden am Ziel. Lange schaue ich aufs Meer.

»Na, Mädchen, das haben wir doch gut hingekriegt«, sage ich zu Cita, drücke ihr einen Kuß auf die feuchte Nase und kraule ihr den Hals. Sie guckt mich aus großen Augen an und genießt die Streicheleinheiten. Sie spürt, wie entspannt ich bin. Ich ziehe einen kleinen Karibuknochen hervor und halte ihn ihr unter die Nase. »Hier, das interessiert dich sicher noch mehr.«

Langsam sinke ich neben meinem Kanu in die Knie, lehne mich an die Bordwand und ziehe Cita in den Arm. Ich schließe die Augen, und wie im Zeitraffer laufen die vergangenen Monate noch einmal vor mir ab. Als ich dann spüre, wie mich die Sonne mit ihrer letzten Kraft wärmt, bin ich zufrieden und mit allem versöhnt.

Nachklang

Unter dem beruflichen Aspekt war meine Reise mehr als erfolgreich. Mir sind ein paar sehr seltene Aufnahmen gelungen, und ich kam mit einer Fülle guten Filmmaterials nach Hause. Meine Auftraggeber beim Fernsehen waren hochzufrieden – und ich ebenfalls.

Was den eher privaten Teil anlangt, so war eines meiner Ziele für die Zeit mit Erik allein und für die Wochen mit der Familie gewesen, den Jungs Basics, wie ich es gern nenne, beizubringen: wie man in der Wildnis überlebt, wie man unter schwierigen Bedingungen ein Feuer macht, sich mit Nahrung versorgt, sich Wildtieren gegenüber verhält. Und ich wollte, daß sie sich in einem höheren Sinn mit der Natur auseinandersetzen und erkennen, daß der Mensch nicht allmächtig ist, sondern sich – zumindest in manchen Regionen der Erde – der Natur unterordnen, sich ihr anpassen muß. Außerdem wollte ich ihnen da draußen bestimmte Werte vermitteln und ihnen bestimmte Dinge vor Augen führen, etwa, wie wichtig Teamgeist ist und wie sehr man in der Wildnis aufeinander angewiesen ist, oder: daß man auch ein glückliches Leben führen kann, selbst wenn man wenig Geld zur Verfügung hat und man sich nicht alles leisten kann, was man sich wünscht.

Inwieweit ich es geschafft habe beziehungsweise weiterhin schaffen werde, meinen Kindern solche Erkenntnisse nahezubringen, wird erst die Zukunft zeigen. Noch sind die Jungs recht bescheiden, haben bodenständige Berufsziele. Erik will Förster oder Fischer werden. Alles, was er tut, macht er mit Ruhe. Zeit spielt für ihn keine große Rolle. Thore hat es mehr mit der Landwirtschaft. Er will Bauer werden. Säen und ernten. Ihn faszinieren große Landmaschinen, deren Stärke und Technik.

Gerade für die Kinder ist es schwerer denn je, die Bodenhaftung nicht zu verlieren. So richtig bewußt wurde mir das nach dem ersten Männerurlaub mit Erik in der Beringsee. Mich interessierte natürlich, wie Eriks Mitschüler, seine Freunde, sein Umfeld in unserem Dorf in der Eifel, auf das, was er erlebt hatte, reagierten. Sie sahen ihn im Fernsehen – der Film »Der Bärenmann« lief ja wiederholt in verschiedenen Programmen, und Erik und ich wurden zu mehreren Talkshows eingeladen – und in der Presse wurde über ihn berichtet. Als er damals seinen Mitschülern oder anderen Kindern von unserem Abenteuer erzählte, hörten einige sehr interessiert zu, aber dann sagte einer, ich habe am Wochenende mit meinem Nintendo 20 Hubschrauber abgeschossen, und alle anderen Kinder: echt? Welchen Level hast du denn erreicht? Und auf einmal war Erik abgemeldet, weil diese andere Welt viel näher schien. Es liegt meiner Ansicht nach eine große Gefahr darin, wenn sich die Jugend mehr für die virtuelle Welt interessiert und darin besser zurechtfindet als in der realen. Es gab aber immer auch ein paar Kinder, die nachhakten und nachfragten, was Erik noch alles erlebt hatte. Und dabei stellte sich heraus, daß es oft die kleinen Sachen waren, die Erik begeistert hatten, Dinge, die wir Erwachsenen gar nicht wahrnehmen. Das Große ist für uns wichtig, das Segelboot im Sturm. Erik erzählte hingegen davon, daß wir uns abends einen Ofen gebaut hatten, nur aus Steinen, daß wir glücklicherweise Alufolie dabeihatten und daß ich komische Gewürze ins Essen getan hatte, aber es echt super geschmeckt hätte. Wo ich mir oft dachte, wie, was? Ja klar hatten wir einen Ofen.

Erik lebt hier in einer Welt, in der man eigentlich nur cool ist, wenn man tolle Klamotten trägt und die neuesten Playstation-Spiele hat und in der sich Leute, zumindest in seinem Alter, nicht sonderlich für Naturerlebnisse – ob nun eigene oder Eriks – interessieren. Trotzdem begeistert er sich für die Natur und läßt sich darin nicht beirren.

Bei Thore ist das ein bißchen anders. Ich glaube, er war für diese schwierige Reise, bei der so mancher Erwachsene aufgegeben hätte, einfach noch zu jung. Andererseits war er nicht mehr jung genug, um Schwierigkeiten und Gefahren nicht wahrzunehmen oder zu erkennen. In seiner kindlichen Sichtweise erschien ihm die Wildnis oft weit bedrohlicher und unberechenbarer als uns. Und Thore ist eher ein Mensch wie die frühen amerikanischen Siedler, die das Abenteuer und die Strapazen während des Trecks nicht scheuten, aber einmal am Ziel angelangt, ihre ganze Kraft und Energie in die Schaffung einer neuen Heimat steckten – im Unterschied zu mir und auch Erik, die wir beide Entdeckertypen bleiben: Wir müssen erkunden, was hinter dem nächsten Hügel, auf der anderen Seite des Flusses, jenseits des Tales ist.

Letztlich war diese Reise auch eine Art Experiment für uns als Familie. Denn noch nie hatten wir vier so lange und auf derart engem Raum so intensiv zusammengelebt. Und das wurde zu einer harten Bewährungsprobe, die uns – allen voran Birgit und mich – oft an unsere Grenzen führte. An die Grenzen unserer Geduld, des gegenseitigen Verständnisses und der Toleranz.

Nachwort von Birgit Kieling

Andreas und ich sind uns einig darin, unseren Kindern bestimmte Werte und Basics fürs Leben vermitteln zu wollen, ob aber eine Fahrt mit einem Segelboot auf einem dazu völlig ungeeigneten Fluß der richtige Weg dafür ist, wage ich zu bezweifeln. Wenn ich geahnt hätte, was uns erwartet, hätte ich mich nie auf diese Reise eingelassen.

Aber auch Andreas hat es nicht gewußt, denn eines hat er ganz sicher nicht gewollt: daß seine Frau und sein jüngerer Sohn froh sind, wenn der Urlaub vorüber ist. Thore hat einen unbändigen Bewegungsdrang und kann nie längere Zeit still sitzen – drinnen schon gar nicht, er will immer raus, raus, raus. Das Abenteuer auf dem Yukon war ihm dennoch zuviel. Zuviel Aufregung, zuviel Angst. Mir ging es nicht anders. Diese Wochen boten weit mehr Aufregung, als ich brauche, geschweige denn will. Ich mag es beschaulich, ruhig, entspannt.

Und so ist es zwischen Andreas und mir eigentlich ganz gut geregelt: Ich bin der ruhende Pol in der Heimat, während Andreas in der Welt umherzieht – und das sage ich ganz ohne Neid und Mißgunst. Andreas ist für solche Urlaube und vor allem für seine Abenteuerreisen wie geschaffen, einerseits neugierig auf die Welt da draußen, andererseits in sich ruhend und ausgeglichen (zumindest die meiste Zeit), einerseits nicht vorschnell oder unüberlegt handelnd, andererseits zupackend und energisch. Obwohl ich das weiß, werde ich nicht aufhören, mich immer ein bißchen zu sorgen – ihm nicht zu vertrauen, wie er es nennt –, wenn er in der Wildnis unterwegs ist.

Was mich angeht, werden mich jedenfalls keine zehn Pferde mehr zu einem solchen Abenteuerurlaub überreden können. – Behaupte ich jetzt, aber wer weiß? 1991 hatte ich auch gesagt, nie wieder! Und vielleicht sitze ich ja in einigen Jahren mit Andreas in einem Boot auf dem Amazonas. Oder dem Nil? Dem Ganges? Im Moment kann ich es mir zwar beim besten Willen nicht vorstellen, doch wie heißt es so schön: Sag niemals nie!

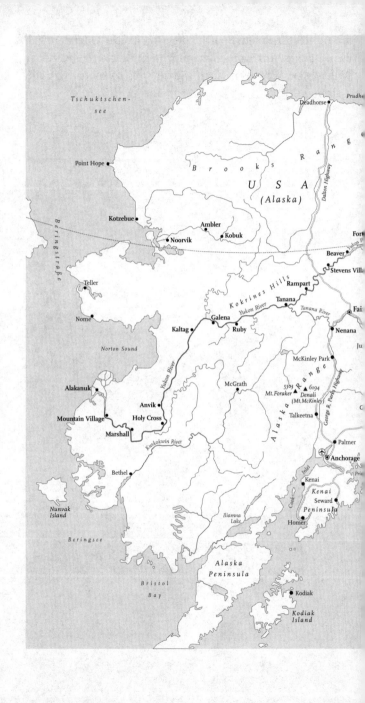

Der Autor

Andreas Kieling, 1959 im thüringischen Gotha geboren, floh 1976 als Sechzehnjähriger aus der DDR. Er reiste durch Grönland, fuhr mit dem Mountainbike durch den Himalaja, arbeitete als Seemann und Förster. Seit 1990 bereist Kieling als Naturfotograf und Dokumentarfilmer die Welt. Für ihn sind Abenteuer nicht Selbstzweck; sie dienen ihm dazu, das Leben in der Wildnis zu dokumentieren, davon zu lernen, ohne die eigenen Grenzen zu vergessen.

Heute ist Andreas Kieling einer der bekanntesten deutschen Tierfilmer; seine Filme wurden vielfach preisgekrönt. Vor allem den großen Grizzlys kam er bei seiner Arbeit besonders nahe. Kaum jemand hat soviel Zeit mit den braunen Riesen verbracht und ist mit ihren Gewohnheiten und Eigenarten so vertraut wie er. Als im Sommer 2006 Braunbär Bruno Deutschland in Atem hielt, war Andreas Kieling als Bärenexperte vielfach in den Medien.

Mehrere Monate im Jahr ist er auf Expeditionen und Drehreisen rund um den Globus unterwegs, vorwiegend in den dünn besiedelten Gegenden Alaskas. Die restliche Zeit lebt Andreas Kieling mit seiner Frau Birgit und seinen Söhnen Erik und Thore auf einem Bauernhof in der Eifel. Er veröffentlicht Reportagen und Aufnahmen in zahlreichen Tageszeitungen sowie großen Magazinen wie »Geo« oder »Stern«. Zuletzt erschienen seine Bücher »Im Reich der Riesenbären« und »Der Bärenmann«.